国际金融法论丛

保险公司资金运用监管研究

李敏 著

金融与实业分离视角

Research on the Regulation of Insurance Company Fund Investment

From the Separation of Finance and Industry Perspective

北京大学出版社
PEKING UNIVERSITY PRESS

图书在版编目(CIP)数据

保险公司资金运用监管研究：金融与实业分离视角 / 李敏著. -- 北京：北京大学出版社，2024.8. -- (国际金融法论丛). -- ISBN 978-7-301-35442-1
Ⅰ.D922.284.4

中国国家版本馆 CIP 数据核字第 2024AZ6299 号

书　　　名	保险公司资金运用监管研究——金融与实业分离视角 BAOXIAN GONGSI ZIJIN YUNYONG JIANGUAN YANJIU ——JINRONG YU SHIYE FENLI SHIJIAO
著作责任者	李　敏著
责任编辑	张新茹　王　晶
标准书号	ISBN 978-7-301-35442-1
出版发行	北京大学出版社
地　　　址	北京市海淀区成府路 205 号　100871
网　　　址	http://www.pup.cn
新浪微博	@北京大学出版社　@北大出版社法律图书
电子邮箱	编辑部 law@pup.cn　总编室 zpup@pup.cn
电　　　话	邮购部 010-62752015　发行部 010-62750672 编辑部 010-62752027
印　刷　者	大厂回族自治县彩虹印刷有限公司
经　销　者	新华书店
	965 毫米×1300 毫米　16 开本　17 印张　287 千字 2024 年 8 月第 1 版　2024 年 8 月第 1 次印刷
定　　　价	68.00 元

未经许可，不得以任何方式复制或抄袭本书之部分或全部内容。
版权所有，侵权必究
举报电话: 010-62752024　电子邮箱: fd@pup.cn
图书如有印装质量问题，请与出版部联系，电话: 010-62756370

本书系 2023 年度国家社科基金重大项目"防范系统性风险与健全金融稳定长效法律机制研究"(项目批准号:23&ZD157)的阶段性研究成果。

内容简介

我国保险公司举牌上市公司以及被实际控制人利用而作为融资平台,暴露了我国保险资金运用监管制度未能有效防范保险公司金融力量的滥用。这不仅给保险公司自身带来了巨大风险,而且影响了实业公司的正常经营管理。本书聚焦于美国保险投资监管的百年历史经验,为完善我国的保险资金运用监管制度提供借鉴。

美国保险业上百年监管历史所沉淀的保险资金运用监管制度,既致力于保障保险公司的偿付能力,又防范保险业金融力量滥用风险。保险公司金融力量可能借由权益投资而被滥用:保险公司通过权益投资来控制其他实业公司,或者被其他主体通过权益投资而控制以满足私利。因此,约束保险公司的投资行为和股权结构,使得作为金融机构的保险公司与一般实业公司分离,便成了防范保险业金融力量滥用的核心路径。具言之,一方面,对保险公司的转投资进行监管,限制保险公司利用其大体量资金进行股票投资,进而控制实业公司;另一方面,对保险公司股权进行监管,约束实业公司通过收购保险公司的股权来实现对其充沛现金流的支配权。

"金融与实业分离原则"是美国对保险资金运用监管遵循的政策,其根植于保险公司与实业经营主体过度密切所引发的潜在风险,并且延续至今。首先,在保险公司与实业分离方面,美国于20世纪初就开始对保险资金投资股票的行为进行监管,目前已形成两种监管模式。针对险资投资股票的行为,确立起一般监管原则,其监管思路反映出从"严格数量限制"到"审慎监管"的转变。而对于投资型保险产品独立账户资金投资股票的行为,则确立了特殊监管模式。相关产品以司法判例的形式被认定为"证券",经营产品的独立账户则被认定为"投资公司",从而可以运用1940年《投资公司法》的严格投资比例要求对账户资金的投资行为进行监管。通过两种监管模式的结合,美国相对成功地控制了金融资本向实业企业的扩张，保障了美国实业经济的有序发展。其次，美国保险监管约束实业控制保险业的重任由《保险控股公司示范法》承担。在控股公司体系下，保险公司可能被置于那些无意经营保险主业或与保险业经营利益关联不大的人手中，他们会肆意缩减、扩大甚至从根本上改变保险经营。《保险控股公司法》将保险监管的范围扩大至保险公司以外的主体（如通过股权或其他方法控制保险公司的个人或企业），目的在于保护保险资金免受非保险公司甚至个人的滥用。

　　2015年下半年，我国市场上出现的保险公司实际控制人利用万能险资金进行收购、举牌上市公司的行为引起了社会公众和保险监管部门的高度关注。此后，密集出台的保险监管新规使得保险公司从提供保险产品、资金运用到股权管理均受到了全方位规制，其在获得监管实效的同时，也依然存有疏漏。事实上，我国的保险监管制度在借鉴域外监管经验时只吸收了最新的偿付能力监管，注重险资运用安全性，而忽略了美国百年保险监管历史所沉淀和累积的防范险资金融力量滥用的监管制度，无法有效管控保险公司与实业主体之间过度融合而衍生的风险。具言之，在保险公司转投资问题上，我国存在与美国险资运用一般监管原则相对应的规定，有相应的制度体现（尽管不完善），但是未能建立起针对投连险、万能险产品的相对完备、清晰的监管制度。目前存在的规范多数囿于账户分立原则的确立层面，尚未形成针对投资行为的具体标准。此外，在保险公司股权结构和保险控股公司组织体系方面的监管亦存在不完善之处。

　　因此，美国的"金融与实业分离"政策对于我国保险监管制度的完善具有重要借鉴意义。我国的保险监管须在注重保险公司偿付能力监管之外，借鉴美国上百年保险监管经验，构筑起金融与实业间的适当分离之墙，以防范保险资金金融力量滥用的风险。

序 一

一

当李敏博士告诉我,其关于险资运用监管的研究成果即将付梓出版时,一下子勾起了我对2016年那个火热夏天的记忆。

彼时,万科—宝能之争从商战进入法律战,北大经济法诸同仁都充满激情地投入了"这一堂非常好的公司法证券法普法课"(高西庆语)。与同事们更多关注公司治理(如董事会决议之争)或证券监管(如重组停牌)不同,我痴迷于宝能身后庞大、神秘的资金杠杆局,并意外地发现,自己在支付宝—招财宝平台购买的一年期理财产品——前海聚富三号终身寿险(万能型)——竟然成了宝能收购万科的排头兵!透过《前海聚富三号终身寿险(万能型)产品合同》《产品说明书》以及《招财宝客户特别声明》等一系列文件,我得以一窥宝能杠杆局中的保险部分如何悄然打通金融市场各个子版块:类似于债券的中短存续期万能险产品,通过互联网金融触达公众,源源不断地汲取资金,先在股灾中抄底,后亮相于上市公司收购……

梳理宝能杠杆局,一方面,我不得不承认宝能从融资融券、资管计划到万能险投资的一系列操作,在当时的法律与监管规则下并无不当之处;另一方面,我也真切地感受到万科以及后来格力电器等实体企业在面对资本市场的压力、特别是险资收购的威胁时,迸发出的那种愤懑与强烈的不公平感,因为它们手中缺少类似前海人寿这样的"提款机",无法对抗"蛇吞象"式收购中有备而来的买方。可以说,险资从资产配置到收购工具的异化,不仅对保险资金本身的安全性造成威胁,更破坏了实体经济中不同企业公平竞争的基本前提。宝能杠杆局将金融与产业资本之间的复杂纠葛公昭天下,而监管者囿于法律的缺失,对此间的边界与失序却是鞭长莫及。

二

也正是在宝万之争的那个秋天,李敏选择从金融与实业关系的视角切入险资运用的监管问题以作为博士论文主题。我既喜且忧。喜的是希望借此解释我国保险法为何遗漏了监管险资金融力量之滥用这个重大问题,忧的是该选题对于法科生的挑战性。监管是历史经验的总结而非法学概念的演绎,需要研究者对于被监管领域商业实践的深刻理解与洞察。而保险相对于银行或证券,是金融市场里小众但技术性极强的领域。无论是花样百出的保险产品的底层设计逻辑,还是以责任准备金为核心的保险资金之报表反映(表内还是表外),抑或保险资金在投资运用时的组织方式(普通账户还是独立账户)及其内部治理结构,以及保险公司经营在证券监管、产业关系、公平竞争等层面引发的张力等,皆非传统监管研究的进路——博览、比较、借鉴各国相关法条或规则——所能覆盖。

李敏博士以她的韧性成功应对了挑战。她先是去北大经济学院旁听了保险资金投资、保险监管法律制度等课程,掌握保险资金运用与监管方面的知识;后又赴美国加州大学伯克利法学院访学一年,收集整理美国保险监管演进的历史资料,以此对比我国的保险资金运用监管制度,看看我国在借鉴域外监管经验时学到了什么,忽略了什么,遗留了什么问题,该去如何完善。这个勤奋治学的过程很有画面感:我曾听她说起在伯克利图书馆踩着梯子找书架顶端尘封已久的美国保险监管历史藏书,也曾亲眼在清晨六点半的勺海长廊见到她挑灯夜读后却不曾耽误的十公里晨跑的身影。这一趟发现之旅的终点便是本书。如其所言,我国在借鉴域外监管经验时只吸收了最新的偿付能力监管,注重险资运用安全性,但忽略了美国百年保险监管历史所沉淀和累积的防范险资金融力量滥用的监管制度,因此无法有效管控保险公司与实业主体之间过度融合而衍生的风险。2015年前后险资在资本市场的兴风作浪,即为我国保险公司金融力量被滥用的现实例证,在更深层次上则反映出金融资本与实业资本之间的紧张关系。由此,也指明了我国保险监管制度可以完善的方向与路径。

三

然而,本书并非止于为我国险资运用监管开药方。金融监管问题研究、特别是基于热点事件的研究,内含着时效风险,监管的变化可能一夜之间令研究失去意义甚至成为废纸。2017年开始我国保险业经历了雷霆万钧的强监管,保险姓保,穿透监管,甚至喊出"不能把保险办成富豪俱乐部,更不允许保险被金融大鳄所借道和藏身"的时任监管主官都因受贿失职而锒铛入狱,宝万之争暴露出的监管短板似乎已经被迅速补上。这可能也解释了十余年来国内金融学界与法学界关于险资运用监管的研究寥寥无几。

本书的最大亮点,在于完整且生动地再现了美国保险资金运用监管的百年演进史,同时展示了保险业追随社会经济环境的变化,不断进行产品创新、投资模式创新以及由此带来的风险积聚、爆发及其被管控的过程。真佛只说家常话,魔鬼都在细节中。读史以明鉴,本书为关心我国保险行业以及金融市场健康发展的从业者、监管部门以及学界呈上了一份精神食粮。不同于以英国、加拿大等为代表的自由放任模式或以德日为代表的严格限制股权投资模式,美国选择了边发展、边治理的自然演进模式。作为全球最大的保险市场和证券市场,美国产生出多样化的保险业态及其险资投资运用形态,同时也将保险金融力量潜在的滥用方式展现得最为充分,从而为监管的进化提供了丰富滋养。这一切,对包括我国在内的后发国家的市场发展与监管实践都提供了难得的参考价值。

从金融与实业分离视角看,金融力量的集中与可能的滥用主要体现在银行、保险、基金三个子行业,因为三者具有合法汲取公众资金的权利,有投资运用的天然诉求,并基于杠杆化的资本结构而内含高昂的委托—代理成本,容易引发强烈的利益冲突。在美国,保险业百年监管历程可以分为三个阶段:一是以1905年阿姆斯特朗调查为起点,立法禁止保险资金投资股票,从而彻底遏制险资金融力量对实业以及其他金融子行业可能造成的侵扰。这个立法过程甚至比1933年《格拉斯—斯蒂格尔法案》限制银行的股票投资、1936—1940年间《税收法案》及《投资公司法案》限制基金的股票投资要早三十年,(据说)成功地帮助保险公司逃脱了1929—1933年大萧条的冲击,进而将保险公司塑形为资本市场中坚定的长期、消极机构投资者。二是20世纪60年代投资型保险产品兴起后，基于独立账户投资运作特点与证券投资基金的相似性，此类保险产品被定性为证券，独立账户运作被定位于基金投资，从而受制于《投资公司法》对基金股票投资的监管。由此一方面约束了险资金融力量的滥用，另一方面也协调了保险业与证券业、基金业之间的公平竞争。三是20世纪80年代彻底取消险资股票投资的比例限制后，监管转向从偿付能力和审慎投资人两个维度约束现代保险公司的投资运作，因此，控制险资金融力量的滥用内化为审慎投资人决策的考量因素。这也是当前域外各国对于险资运作的主流监管模式。此外，为防范实业借道或滥用险资的金融力量，美国保险监管部门也通过《保险控股公司示范法》，对来自非保险业的大股东或实控人掏空保险公司的行为加以必要的防范与约束。

太阳底下无新事。对标美国百年险资运作与监管历程，我们可以找到本土保险公司经营与投资运作中诸多乱象的前身，甚至1905年阿姆斯特朗调查的导火索——保二代浮夸炫富——也与我国当下不时曝出的行业整顿诱因神似。相应地，本土监管者似乎本可以从中、特别是域外长达半个多世纪的限制险资金融力量滥用的监管经验中获得启发，而不是一方面匆匆放开险资的股票投资，另一方面却伤感或失望于本土保险公司不能承担起监管希冀的长期消极机构投资者的角色。利益险中求是人之本性，市场主体的理想行为范式并非监管者几句口号或呼吁就能塑形，而是需要法律变革与市场洗礼的充分结合，这是一个长期的过程。当然，近二十年来民营资本进入保险业后的弯道超车或急功近利，也使得某些所谓创新远超域外前辈，比如万能险从终身寿险产品迅速异化为短期融资工具，再如实业过度渗入金融导致保险公司成为实控人对外敌意收购的提款机等，这些无疑给缺乏经验的本土监管者带来了从未有过的挑战。

但是，万变不离其宗。以史为鉴，他山觅石，毕竟是我国能够在短短几十年间建立起相对完整的金融市场以及相对完善的社会主义市场经济法律体系的关键。只不过，本书的研究提醒国人，借鉴域外经验并不能只盯着所谓"最新发展"或"国际最佳实践"，而是应切实意识到我国与域外发达市场在发展阶段上存在的"世纪落差"，即我国虽然引进了具有现代技术或思想的商业工具或治理手段，但同时也大量存在域外市场早期（类似域外19世纪末20世纪初）原始粗糙的竞争手段甚至欺骗伎俩。后者是商业本能，而本能的驯化需要学习，需要时间。譬如，作为保险业的从业者，保险公司须明晰自身作为经营风险的组织所牵涉社会利益之广泛性,懂得作为金融机构所具备的力量性与脆弱性,从而进行资产负债匹配管理下的审慎投资;同时,知晓保险公司的金融力量会通过何种途径被滥用,并予以有效应对。而作为监管者的金融主管部门,也应意识到老问题与新乱象杂陈是本土当下的行业常态,因此既不能单纯基于与国际接轨而放弃一些看似简单但行之有效的监管工具,也不能因回归"保险姓保"而否认保险本身的金融属性,完全阻断实业与金融力量之间的必要链接。毕竟,中国金融市场既需要耐心的资本,更需要耐心的监管。

四

世事变幻。宝万之争八年后,两位主角某种意义上都像是命运沉浮不由己。本土金融市场的实践、立法与监管也正处于一个新的十字路口。在无法掌控的大环境面前,个体唯有不断诉诸内心的坚定与持守,才能站稳脚跟并持续前行。李敏博士毕业后进入中央财经大学法学院工作,渡过了前期留任的科研压力,后续教学工作也逐渐步入正轨。如今,看到李敏博士论文研究成果要付梓出版,作为她博士阶段的导师,非常开心。学术之旅崎岖孤独,唯热爱可滋供养。期望李敏博士能够秉持对学术和教学事业的热爱,努力进步,梦想成真!

刘 燕
2024 年 7 月 29 日
于酷暑北京

序 二

前些日子,李敏来电请我为其专著作序。我甚是惶恐,印象中作序这种事情是那些学养深厚、德高望重的老人家才有资格做的事。我既不是她的指导教师,对这个领域也不熟悉,赶着鸭子上架,勉为其难吧。这本书由她的博士论文修改而来,题目是《保险公司资金运用监管研究》。李敏在北大攻读博士学位,师从刘燕教授。刘燕教授为我国金融法领域知名学者,精通财务会计原理,这使得她的研究成果以专业、细致著称。"名师出高徒",刘老师治学严谨、一丝不苟,从李敏的博士论文选题来看,切口细微,以小见大,颇具其师之风。

商业保险源于中世纪地中海地区的海上贸易,工业革命后开始向全世界蔓延,迅速发展成为现代社会不可或缺的金融业之一。商业保险与我们每个人的生活息息相关,我们也常常听到保险公司这类宣传语:"人人为我,我为人人""平时注入一滴水,难时拥有太平洋"。形象地描写了保险的作用与意义。但是,我们也要清醒地认识到,保险公司并非慈善组织,而是营利性机构,追求利润最大化是它的商业本性。正是因为这一点,保险业才得以产生与发展。"商业是最大的慈善",保险业为了追逐利益,必须提供更好的服务,以吸引更多的客户;同时,行业的良性竞争,也并不会使得保险产品价格上涨。但是,这一逻辑仅限于在一个闭环的保险行业内适用。

保险是用"大基数的小费用"去覆盖"小基数的大费用",而保险事故的发生是小概率事件,一般保险公司收取的保费数额远远大于预期赔付的保险金数额,这类资金因为随时变动而被称为浮存金(float)。巨额、零成本的浮存金如同一块芳香四溢的诱人蛋糕,很难让人不想咬上一口。"股神"巴菲特就是个中高手,他控制的伯克希尔—哈撒韦公司以保险为主业。在巴菲特2006年致股东的信中,他明确表示:"伯克希尔早期的做法,就是将大部分的保留盈余及保险浮存金(insurance float),投资包括股票在内的有价证券,该公司选择股票的眼光独到,长期的投资成长率惊人"。[1] 本书对此有较为深入的论述,作者认为:"巴菲特保险资金运用模式是在确保偿付能力的情况下再追求收益率,且资产负债匹配,所以符合美国险资监管要求。如果只关注巴菲特保险公司用险资大规模在二级市场上进行股票投资的这一表象,这显然是个美丽的误会。"

对于我国许多保险公司的管理层和实际控制人来说,他们或许会"误会"伯克希尔公司运用浮存金的商业逻辑,但是巴菲特的操作手法却一学就会。最为著名的例子就是2015—2016年发生的"宝万之争",宝能系旗下前海人寿公司动用约100亿元,在二级市场购入万科A的股票。当时的法律规定并未禁止保险公司用险资投资二级市场,后来原保监会出台的《保险资金运用管理办法》也明确规定保险资金可以买入股票。但保险公司运用浮存金投资最大的风险在于影响其主营业务的偿付能力,制度设计与监管措施也应该围绕着保险公司的偿付能力进行。根据投资目的的不同,投资者购入股票有两种类型:一是财务投资;二是战略投资。财务投资以获取投资回报为目的,战略投资以参与公司经营为主要目的。保险资金投入二级市场,如果是财务投资,在法律许可的范围内不但不应禁止,还应该鼓励。如果是战略投资,则背离了保险资金运用的目的,也有可能会影响其偿付能力。《保险资金运用管理办法》明确规定:"保险资金运用必须以服务保险业为主要目标,坚持稳健审慎和安全性原则,符合偿付能力监管要求"。从后来该事件的进一步发酵来看,前海人寿与钜盛华一致行动,提出更换万科董事会的行为已经不属于单纯的财务投资,本书认为这"可被认定为'参与管理',从而应适用保险资金一般股权投资规则,而万科所处房地产开发行业不属于当时保监会允许保险资金进行股权投资的领域",其投资行为合法性存疑。但更重要的是,前海人寿沦为被实际控制人完全操纵的融资平台,蕴含着巨大的风险。"宝万之争"以宝能系退出为最终结局,有意思的是,宝能系获利约300亿元左右,险资也相应取得了丰厚回报。当然,"宝万之争"涉及的保险资金运用是否违规问题尚有争议,但该事件对我国保险业的影响深远。不但是制度层面

---

[1] https://www.berkshirehathaway.com/letters/2006ltr.pdf.,最后访问时间:2024年8月27日。

的,甚至改变了我国金融监管的模式与格局。本书对此也有自己独到的见解与制度完善建议。

保险资金介入上市公司收购是"宝万之争"的主要问题之一,这类行为应该受到严格监管的原因有三:一是防止保险公司成为资本大鳄们的融资工具;二是二级市场的剧烈波动可能会影响保险公司的偿付能力;三是在分业监管的模式下,极易引发系统性金融风险。对此,本书认为,防范险资金融力量滥用的核心是约束保险资金的权益投资,借鉴美国监管经验中的"金融与实业分离原则"。本书对此着墨很多,并以此理论线索展开论证。所谓美国保险监管中的金融与实业分离原则,是指"在金融与实业分离层面,美国法以保险产品性质为界分,对保险公司表内保障型保险产品的普通险资,及表外以独立账户方式存在的投资型保险资金,实行互异但效果趋同的投资监管模式,从而防范保险公司金融力量滥用"。这一原则被美国奉行了百余年,是美国保险业监管的圭臬。不过,在我看来,该原则只能适用于保险资金的运用,不能上升到整个金融层面。因为金融与实业是不能分开的,不但不能"分离",还应该紧密连接。"实业是金融的根基,金融是实业的血脉。"本书作者也意识到这一点:"保险资金运用对整个金融市场和社会经济的平稳发展也具有重大影响。保险公司作为金融机构,将聚集的大量资金用于投资,为经济发展提供必需的资本,属于重要的机构投资者,在国家经济结构中占有重要地位。"

根据国家金融监督管理总局披露的信息,截至 2023 年底,保险行业资产总额达到 29.96 万亿元。保险业资金运用余额 27.67 万亿元。其中,银行存款、债券、股票和证券投资基金占比分别为 9.84%、45.41%、12.02%。[1] 这一天量资产如何运用事关保险业的健康发展、事关千家万户的财产安全、事关我国的系统性金融安全。这不仅需要高明的顶层设计,也需要监管机关严密监管,更需要保险业转变观念,不要再把保险公司当作"现金奶牛"(cash cow),保险资金也不是随意可以动的奶酪。我认为,对此本书给出了有一定建设性的答案。

本书起源于"宝万之争"这一当年坊间热议的话题,七年过去了,涉事

---

[1] 朱艳霞:《2023 年保险业资产总额近 30 万亿》,《中国银行保险报》2024 年 1 月 29 日,第 1 版。

各方的情况耐人寻味。宝能系已经在时代大潮中折戟沉沙,万科也风波不断,安邦已无迹可寻,恒大负债两万多亿。巴菲特老爷子依然喝着肥宅快乐水谈笑风生,伯克希尔—哈撒韦公司每股市值的增幅为 15.8%,GAAP 净资产高达 5610 亿美元。沧海桑田,有人起高楼,有人楼塌了,有人宴宾客,有人陷囹圄……

是为序。

赵 磊
2024 年 3 月 18 日
于北京

目　录

导　论 　1
　一、问题提出 　3
　二、研究对象的界定 　8
　三、研究意义 　28
　四、文献综述 　30
　五、主要研究思路和主要内容 　41
　六、主要研究方法 　46
　七、本书的创新之处 　47

第一章　保险公司资金运用监管的理论基础 　49
　一、金融与实业分离原则及其争论 　51
　二、金融与实业分离原则在美国金融监管法中的演进 　59
　三、保险监管中的金融与实业分离政策 　71

第二章　美国保险公司资金运用监管历史梳理 　81
　一、美国保险监管格局——州和联邦政府争夺保险监管权的
　　　拉锯战 　83
　二、美国保险公司资金运用监管历史梳理 　92
　三、历史镜鉴：保险资金运用监管的重点 　118

第三章　保险资金运用监管中的"金融与实业分离" 　119
　一、保险公司普通账户的投资监管 　121
　二、投资型保险独立账户的投资监管约束 　138

三、巴菲特保险资金运用模式解析　　　　　　　　　　151

第四章　美国保险监管中的"实业与金融分离"　　　157
一、保险控股公司的兴起——实业控制保险业的契机　　159
二、保险控股公司体系的风险及监管回应　　　　　　　163
三、《保险控股公司示范法》的具体内容　　　　　　　167
四、《示范法》约束实业控制保险业以自利的机制　　　174

第五章　我国保险公司资金运用缺乏"金融与实业分离"　177
一、我国市场上的险资运用乱象：宝万之争中的前海人寿　179
二、宝万之争中险资运用的合规性分析　　　　　　　　184
三、宝万之争中前海人寿引发问题的复杂性及其风险　　191

第六章　我国保险公司资金运用监管存在的问题及完善建议　197
一、宝万之争前我国保险公司权益投资和股权监管规则梳理　199
二、宝万之争后的监管反思与回归：从弱监管到强监管　207
三、我国保险资金运用监管疏漏的比较法视角分析　　　219
四、美国经验借鉴：完善我国保险资金运用监管制度　　223

结　论　　　　　　　　　　　　　　　　　　　　　237

参考文献　　　　　　　　　　　　　　　　　　　　243

后　记　　　　　　　　　　　　　　　　　　　　　255

导 论

一、问题提出

保险资金运用对保险公司至关重要。它是保险公司业务驱动的双轮之一,是其核心竞争力的重要体现;保险资金运用效果直接影响保险公司的偿付能力,关涉保险业的健康发展。此外,保险资金运用对整个金融市场和社会经济的平稳发展也具有重大影响。保险公司作为金融机构,将聚集的大量资金用于投资,为经济发展提供必需的资本,属于重要的机构投资者,在国家经济结构中占有重要地位。保险资金运用风险防控不到位不仅可能导致保险公司的财务危机和破产倒闭,更可能将金融风险蔓延至其他保险公司、金融企业,以及整个金融行业甚至国民经济体系,引发难以估量的损失。因此,必须对保险资金运用实施监管,保障保险公司的偿付能力,并防范保险资金金融力量滥用。

随着我国经济下行压力增大,加上存在低利率、资产荒等情况,保险资金的成本始终处于高位,进而导致保险公司资产负债率的契合压力与难度明显加大。[1] 随着固收类产品收益的下降,权益类资产的价值逐渐凸显。由此,股权类或其他投资方式成为保险资金运用的新选择,甚至还包括通过投资成为战略投资者或上市公司控股股东。[2] 然而,这些投资方式隐含着杠杆积聚、脱离保险保障本质、资产负债不匹配、影响保险公司独立性等风险因素。2015—2016年夏的宝万之争、恒大人寿短炒、宝能进驻南玻引发高管集体辞职等事件,引起了证券市场对险资举牌的普遍关注,加剧了市场对金融资本的恐惧,同时引发了社会公众及监管者对前海人寿万能险[3]

---

[1] 卢晓平:《曹德云:大资管市场进入活跃期和快速增长期》,载《上海证券报》2015年11月28日。

[2] 傅苏颖:《保监会再度重申保险姓保 将及时干预激进股权投资行为》,载《证券日报》2016年11月30日。

[3] 万能险是兼具保险保障和投资功能的新型投资型人寿保险,具有保额可调整、缴费灵活、非约束性的特点。投保人可以选择一次性交清保费,也可以选择分次交清,只需首期交纳的保费(通常有最低限额规定)在扣除费用和死亡给付分摊额后仍具有现金价值。投保万能险客户在保险公司拥有一个独立的账户,每一期保险费在被扣除初始费用后,进入到保单账户中。客户交纳的保费在扣除初始费用、风险保险费、保单管理费、手续费等费用以及死亡给付分摊后,通常会作为机构投资者进入资本市场进行投资,以获得较高的投资收益率且一般和市场利率挂钩。值得注意的是,同投资连结险不同,万能险产品有最低保证利率的规定,投保人只承担超过最低保证利率的风险,以保护保险消费者的正当利益。参见江崇光、王君、姚庆海:《中国万能险问题研究及监管策略》,载《山东社会科学》2018年第4期。

资金的风险,及保险公司被大股东作为融资平台使用所潜伏风险的担忧。前述风险在更深层次上反映出金融资本与实业资本之间的边界问题:一方面,保险公司通过股票投资控制实业上市公司,不仅影响险资的安全性,还会影响实业公司的正常有序运营;另一方面,宝能利用险资去收购万科,暴露出保险公司的实业控制者滥用金融机构的资源优势以谋取私利的问题。

因此,需要防范金融资本与实业资本过度融合所引发的风险,既要约束金融资本的无序扩张,也要防止别有用心的实业资本通过控制金融机构而自利。事实上,金融监管制度中沉淀下来的金融与实业分离原则就致力于恰当处理二者之间的关系,其核心在于约束金融机构的转投资和股权结构,使金融与实业保持安全距离,从而防范金融力量与实业力量过度结合而引发的风险和问题。金融与实业分离原则在美国几经变迁的银行监管制度中虽有所松动,但仍贯穿始终,主要是基于两点考虑:保护竞争和维护金融安全。保险公司与银行既强大又脆弱的属性相似,因此,其与实体企业过度融合会引发两方面问题:一是经济力量集中而衍生的垄断与反竞争后果,二是金融风险的失控。这是美国对保险资金运用的监管也在一定程度上践行"金融与实业分离"原则的原因,其具体做法是:一方面,限制保险公司利用其大体量资金进行股票投资,进而控制实业公司;另一方面,约束实业公司通过收购保险公司的股权来实现对其充沛现金流的支配权。

上述监管政策蕴含在美国上百年的保险监管历史中。保险公司是现代资本市场上最主要的机构投资者之一,其为工商业发展提供坚实资本支持的同时,也引发了公众对其金融力量过度影响产业运行的顾虑。若从时间维度看,美国约束银行对外投资始于《1933年银行法》,而约束保险公司的对外投资始于1905年的阿姆斯特朗调查(Armstrong Investigation)及随后的从严立法,这意味着防范险资金融力量滥用实际上构成了美国监管金融力量与实业之间关系的第一个环节。20世纪初期,由于美国的银行受分散化经营约束,其业务通常仅限于各州之内,而保险公司的保单销售却可以在全国范围内开展。因此,保险公司跃居大型金融机构之首,成为金融市场上重要的投资力量。不断积累的资金体量使得保险公司获得了强大经济权力。再加上当时各州对保险资金运用监管上的宽松政策,许多寿险公司凭借其雄厚的经济实力从事种种不当行为,包括集中投资于普通股,进而控制被投资企业。当巨额保费收入使得保险公司具有庞大金融力量并垄断实业的融资来源,甚至通过权益投资控制各类实业公司之际,美国也正处于对大企业进行反垄断立法改革的时代。[1] 因此,保险公司混乱发展所引发的政治反应(阿姆斯特朗调查)正是这一时代的缩影。阿姆斯特朗调查奠定了 20 世纪保险业监管的基础,在此后的半个多世纪中,保险公司被禁止持有任何股票,直到 20 世纪 80 年代这一禁令才开始松动。[2] 但由此衍生并确立的保险公司消极机构投资者的基本定位和险资投资管理基本原则,至今仍然被全球保险界和投资界奉为圭臬。[3] 20 世纪 90 年代,美国对保险公司实施以风险资本为基础的偿付能力监管,相应的保险资金运用监管政策转向"大类投资比例限制"与审慎人原则相结合,这意味着监管者将权益投资的比例交由保险公司自主审慎决策。只是此时,保险公司消极机构投资者定位及与此相匹配的投资行为范式已内化至保险业资金运用的基因中,保险公司并不会利用其金融力量控制实业,作出明显违背行业惯例的非审慎投资行为。总结来看,美国防范险资金融力量滥用的监管历程源于 20 世纪初保险金融资本对于其他工商业的觊觎,先后经历了严格的数量限制到审慎监管的灵活调整,塑造了保险金融资本与实业经营之间的合理边界。实业主体可以吸收较为充足的金融资本支持,同时也不用担心强大的金融资本入侵而失却对自身经营的控制力。

投资型保险的出现使得针对传统寿险资金运用的监管制度失灵,最终催生出了美国防范投资型保险独立账户资金金融力量滥用的特殊路径。20 世纪 60 年代,为了对抗通货膨胀、满足消费者需求及维持保险业的竞争力,变额年金等投资型保险出现。投资型保险兼具保险与投资双重功能,其将独立账户的投资收益作为计算保单现金价值的基础,并将现金价值进一步作为保险给付额。投资型保险的混合属性使其超出了保险监管范畴,延伸至证券监管领域,颠覆了美国传统上基于金融分业监管而形成的监管格局,引发了监管挑战。对于投资型保险及其独立账户的定性争议,本质上关涉美国保险和证券分业经营、分业监管格局下如何更好地保护投资者,及构建同类金融产品的公平竞争环境等问题。前述争议

---

[1] 〔美〕马克·J. 洛:《强管理者 弱所有者:美国公司财务的政治根源》,郑文通等译,上海远东出版社 1999 年版,第 93—108 页。
[2] 同上书,第 82 页。
[3] 张佳康、李博:《证保分业及险资股票投资的分水岭——基于 1905 年美国阿姆斯特朗调查报告的研究探索》,载《证券市场导报》2018 年第 2 期。

最终经由司法判例解决。随着判例法对投资型保险"证券"属性的界定，并将经营投资型保险的独立账户视为发行"证券"的"投资基金"，美国塑造出了防范保险公司独立账户资金金融力量滥用的特殊监管模式，即独立账户资金对外投资需遵循1940年《投资公司法》等对于投资基金的监管约束，从而借助美国防范投资基金金融力量滥用的举措来实现对保险资金金融力量的管控。因此，不同于保险公司普通账户资金运用直接由州保险法规定严格的投资比例限制，美国对于投资型保险独立账户资金金融力量的防范走了一条相对"曲折"的路。

此外，美国保险监管中约束实业控制保险公司的监管规则由《保险控股公司示范法》承担。20世纪60年代，保险控股公司组织结构的兴起，引发了监管者对于保险公司资产和准备金被滥用的担心。[1] 因为在控股公司体系下，保险公司可能被置于那些无意于经营保险主业或与保险业经营利益关联不大的人手中，他们会肆意缩减、扩大甚至从根本上改变保险经营。《保险控股公司示范法》赋予保险监管者对于收购保险公司事前的全面审查权、收购后关联交易及分红等的控制权，从而实现对拟控制保险公司主体的筛查，并降低控制保险公司后的实业股东对保险资金滥用的可能。需要注意的是，美国市场上并未出现（实业）股东控制金融业，再利用金融机构的资金去并购（同类）实业的先例，这得益于《保险控股公司示范法》出台之际，美国保险资金运用仍处于阿姆斯特朗调查后对险资投资严格监管的延续阶段。保险资金运用监管制度有效防范了保险公司金融力量滥用，切断了保险公司股东利用保险资金对实业的肆意控制。因此，美国《保险控股公司示范法》的监管重心仅在于防范保险公司股东掏空公司，以契合其保险实践需求。

总体上讲，如果以规模和金钱来衡量，保险公司位于"权力巨人"的行列；其金融力量可借由权益投资而被滥用，即保险公司利用所聚集的巨额资金控制其他实业公司，或者被其他实业主体借由股权投资而控制以满足私利。因此，约束保险公司的投资行为和股权结构，使得作为金融机构的保险公司与一般实业公司分离，便成了防范保险业金融力量滥用的核心路径。这也构成了美国上百年保险监管历史所遵循的"金融与实业分

---

[1] John R. Dunne, "Intercompany Transactions within Insurance Holding Companies", *The Forum of American Bar Association* (Section of Insurance, Negligence and Compensation Law), Vol. 20, No. 3, Spring, 1985, p. 446.

离原则"。在金融与实业分离层面,美国法以保险产品性质为界分,对保险公司表内保障型保险产品的普通险资,及表外以独立账户方式存在的投资型保险资金,实行互异但效果趋同的投资监管模式,从而防范保险公司金融力量滥用。需要注意的是投资型保险资金监管的特殊性。在功能性监管路径下,美国将通过独立账户经营的投资型保险产品纳入"证券"进行监管,将独立账户视为"投资基金",从而使独立账户资金的投资遵循联邦法下关于"投资公司"对外投资的严格规定,进而实现了对金融资本滥用的严密控制。在实业与金融分离层面,美国《保险控股公司示范法》并没有像《银行控股公司法》那样严格限制产融结合,即并不要求实业主体控制保险公司后需在两年内处理掉自身的实业经营,其防范保险公司股东对险资滥用的措施在于授权保险监管者对收购保险公司事前的全面审查权,以及收购保险公司后对关联交易和分红等的控制权。

2015—2016年,我国市场上的万能险在急速增长的同时,出现了卷入宝万之争、频繁举牌上市公司等问题。其中,发行万能险的保险公司沦为个别股东和实际控制人在资本市场兴风作浪的"提款机",则是保险公司金融力量被滥用的现实例证,同时也暴露了我国保险资金运用监管制度的缺陷。事实上,在美国保险发展史上曾出现过保险公司通过投资而滥用其金融力量,甚至因陷入高风险投资而最终走向破产的案例。因此,累积至今的美国保险资金运用监管体系,既有防范险资金融力量过于强大而被滥用的制度,又有防范保险公司本身破产风险的偿付能力监管制度。尽管目前的保险资金运用监管采用审慎人原则,放松了险资股票投资监管,但历史上曾出现的强有力监管措施已将保险公司塑造为"没有权力的巨人",所以保险公司如今依旧只是资本市场上消极的机构投资者。然而,我国的保险监管在借鉴域外监管经验时一味求新,只吸收了最新的偿付能力监管制度,忽略了美国百年保险监管历史过程中沉淀和累积的防范保险公司金融力量滥用的监管制度。为了解决我国保险实践中新旧问题并存之困,需要从历史维度梳理清楚美国的保险资金运用监管经验,从而对标借鉴。

我国学界对于保险领域问题的研究偏重于保险合同的研究,对保险业法的研究长期缺位;也鲜见对于作为金融机构的保险公司如何与实业分离的讨论,对于实业主体控制保险公司(金融业)从而谋求自身利益的研究更是匮乏。美国保险监管的百年历史经验中所体现的"金融与实业分离原则",其不仅强调金融业和实业分离,而且控制实业与金融业的过度结合,对解决我国保险市场中的问题具有重要借鉴意义。本书以翔实的比较法资料来梳理美国上百年保险资金运用监管经验,从金融与实业分离视角来分析保险公司作为金融机构与实业过度结合所衍生的风险,并探讨如何防范保险资金金融力量滥用,最终为完善我国保险资金运用监管制度提供借鉴。

二、研究对象的界定

(一) 保险资金概念界定及分类

1. 保险资金的定义和范围

保险资金是指由保险公司所控制的可进行投资使用的资金。保险公司拥有相对较多的资金来源,可通过多种方式吸收资金,但并非全部均可用于投资。[1]目前,我国通过非穷尽列举的办法对保险资金的含义进行界定,覆盖了能被公司使用的大多数资金种类,[2]具体包括资本金、各项准备金、公积金、未分配利润及其他资金。[3]

资本金是指保险公司成立时的资本,其获得主要有三个来源,在公司成立初期股东缴纳的股本金、政府拨款资金以及个人实际资本。考虑到保险资金的负债性特点,资本金可以用来填补赔偿金的资金缺口,为保险业务的有序运行和经营保驾护航。保险公司通常将规定上缴的保证金[4]之外的资本金用于投资以获得更多的利润。此外,资本金属于保险公司自有资金,有一定的使用条件,只有在公司偿付能力不足、经营不善或者遭遇重大赔付事件时才能使用。

---

[1] 刘喜华、杨攀勇、宋媛媛:《保险资金运用的风险管理》,中国社会科学出版社2013年版,第10页。

[2] 保险公司缴纳保险保障基金由中国保监会集中管理,统筹使用,因而不是由保险公司控制的资金,也无法由保险公司进行运用。参见金涛:《保险资金运用的法律规制》,法律出版社2012年版,第31页。

[3] 根据2018年4月1日起施行的《保险资金运用管理办法》,保险资金是指"保险集团(控股)公司、保险公司以本外币计价的资本金、公积金、未分配利润、各项准备金以及其他资金"。

[4] 保险公司按注册资本总额的20%提取的保证金,存入中国保监会指定的银行,除公司清算时用于清偿债务外,不得动用,因而保险公司也无法自行运用保证金。参见金涛:《保险资金运用的法律规制》,法律出版社2012年版,第31页。

准备金在一定程度上属于保险公司负债的范畴,是从盈余中提取的能够承担相应保险责任的金额。在发生意外事件时,保险机构可用提存的准备金履行约定的赔偿给付义务。通常情形下,各国和地区均在立法上规定保险公司应提存的保险准备金,从而保障保险公司的稳定运行。准备金可进一步分为法定准备金和任意责任准备金。其中,法定准备金最为重要,它是依据保险法规定所提存的各种责任准备金,并根据保险公司经营业务的不同而有所差异。财产保险法定责任准备金的范围包括未满期保费准备金[1]、特别准备金[2]和赔款准备金;人寿保险业法定责任准备金范围则包括责任准备金[3]、未满期保费准备金[4]、特别准备金[5]和赔款准备金[6]。保险公司法定准备金的不同类型源于其差异化的功能。首先,预收的保费必须提存责任准备金(长期保单)和未满期保费准备金(短期保单);其次,为了避免巨灾或危险变动等情形影响保险公司的清偿能力,必须逐年提取特别准备金予以应对;最后,对于已发生尚

---

[1] 财产保险公司的未满期保费准备金:产险业经营之业务系属短期保险,其因保险契约之年度与营业会计年度通常不一致,故于年底会计结算时,对于保险期间尚未届满或尚未终止之契约,应依据各险未到期之自留危险计算未满期保费,并按险别提存未满期保费准备金。

[2] 财产保险公司的特别准备金:财产保险为了因应未来发生重大事故所需支付巨额赔款、或因损失率异常变动、或因其他特殊需要所需提存之准备金。

[3] 人寿保险公司的责任准备金包括:(1)采躉交保费方式之人寿保险契约:于保险契约成立时,保费即一次收取完毕,惟保险人之保险责任却长达数十年。因此,保险人自应将其次年以后部分之保费予以提存,以备将来给付保险金之用;(2)采分期缴费方式之人寿保险契约:理论上,保险费如采取分期交付者,应采用自然保费(natural premium)方式逐期收取保费,亦即保险费应以被保险人每一期预定之危险率为计算基础,例如死亡保险之保险费率,应随着被保险人之年龄而递增。惟在人寿保险实务上,因考量要保人保费负担方面方便,且寿险业行政处理亦较简易,目前实务上长期寿险契约多采平准保险费计收方式,故实际所收取保费(采平准保险费)与应收保费(采自然保费)之差额,仍应提存责任准备金。

[4] 人寿保险公司的未满期保费准备金:寿险业经营,其因保险契约之年度与营业会计年度通常不一致,故于年底会计结算时,对于保险期间一年以下(包括人寿保险、健康保险、伤害保险),保险期间尚未届满之有效契约,应依据各险未到期之自留危险计算未满期保费,并按险别提存未满期保费准备金。

[5] 人寿保险公司的特别准备金:人寿保险业为了因应未来发生重大事故所需支付巨额赔款、或因损失率异常变动、或因其他特殊需要(寿险保费不足)所需提存之准备金。

[6] 赔款准备金:年度会计结算时,对于保险期间一年期以下之保险(包括人寿保险、健康保险)自留业务,应按险别分别提存已报未决保险赔款准备金(依实际相关资料估算)及未报未决保险赔款准备金(依过去理赔经验估算)。

未报告,以及已发生并报告但尚未给付的保险赔款,须计提赔款准备金。[1] 由于不同险种准备金的期限长短不同,因此可开展有针对性的投资,尤其是寿险业务具有延续性和长时间的特点,准备金的提存和支付之间存在较长的时间差,继而形成了一笔具有累积性、平稳性的可使用资金。[2]

除资本金和准备金外,保险资金的范围还包括从盈余中提取的公积金和未分配利润等。总体上,保险资金除来自股东的自有资金外,大部分来自保户缴纳保费所计提的各项责任准备金,属于外来资金,在会计上被列为保险公司负债。[3] 但从法律视角看,无论是自有资金还是外来资金,保险公司均对其拥有法人财产权,享有完全的占有、使用、收益和处分权能。[4]

此外,保险公司可依据保险合同的约定和原保监会[5]对投连险资金运用单行条例和规范,使用投连险产品投资账户的资金,那么,独立账户资金也属于保险公司可进行投资的资金范围,只是其法律和会计属性不同于保险公司自有资金和传统的寿险产品资金,下文会对此详述。

2. 保险资金的分类:以保险产品为据

(1) 来源于不同产品的保险资金

源于不同类型保险产品的资金在投资行为和监管规范方面存在差异。本书对保险资金按照来源的保险产品不同划分为三种:普通人寿保险资金、新型人寿保险资金以及非寿险业资金。下文将详细阐述其各自的范围和相关投资原则。[6]

第一,来自传统人寿保险产品的资金。传统寿险产品是指在产品定

---

[1] 陈明珠:《保险业资金参与并购之法律相关问题》,台北大学2006年硕士学位论文,第93—116页。
[2] 刘喜华、杨攀勇、宋媛媛:《保险资金运用的风险管理》,中国社会科学出版社2013年版,第11页。
[3] 陈惟龙:《保险资金之运用与公司治理》,台湾大学2006年硕士学位论文,第129—130页。
[4] 金涛:《保险资金运用的法律规制》,法律出版社2012年版,第29页。
[5] 原保监会,全称为"中国保险监督管理委员会",职责为统一监督管理全国保险市场,维护保险业的合法、稳健运行。其于2018年3月被撤销,与原银行业监督管理委员会合并为"中国银行保险监督管理委员会",简称"银保监会"。2023年3月,国家在"银保监会"基础上组建国家金融监督管理总局。由于本书内容涉及我国保险监管者的名称更替,为便于理解,文中后续使用"保监会"来指代历史上发布诸多保险监管规则的"中国保险监督管理委员会"。
[6] 孙赫:《美国保险资金股票投资监管研究》,北京大学2017年硕士学位论文,第4页。

价时采用固定的利率、死亡率和费率确定保费缴纳方式和数额及保险金额的寿险产品。从险种看,传统寿险产品主要包括定期寿险[1]、终身寿险[2]、两全保险[3]、年金保险[4]等。其可以进一步概括为两类:人寿保险和年金,其目的分别对应"保死"和"保生"。人寿保险的主要目的是保护保单持有人免受因死亡而造成的不利经济后果的影响,其方式是在被保险人死亡时向受益人支付保险金。相反,年金产品则是防止被保险人生存年限超出预期年龄的退休储蓄工具。[5]

由于人们难以实现对死亡、伤病、衰老等事件的准确预测,出于提前防范、分担风险的目的,传统人寿保险应运而生。当意外情况发生时,保险产品能够实现意外风险在受益人和保险公司之间分担,受益人可获得一定的损失补偿。总体而言,传统人寿保险产品旨在为保险受益人提供一定程度的保障,而不是通过资金运作来增加收益。[6] 因此,传统寿险产品主要有两个特点。一是高保证,寿险公司保证在被保险人与寿险公司约定的未来特定时期内发生保险事件时,被保险人会收到保险合同所约定的足额保险金。这一高保证指向承诺的明确性,而非获赔的保险金

---

[1] 定期寿险,即定期死亡保险,是指以死亡为给付保险金条件,并且保险期限为固定年限的人寿保险。定期寿险只对在保险期限内死亡的被保险人负有支付保险金的责任,保险期限可长可短。定期保险购买方一般是价格敏感型的人,且认为定期保险较容易更换,因此定期保险解约率一般比其他保险解约率高。参见陈文辉等:《中国寿险业经营规律研究:费用、盈亏平衡、资本需求》,中国财政经济出版社2008年版,第32—33页。
[2] 终身寿险,即终身死亡保险,是指以死亡为给付保险金条件,并且保险期限为终身的人寿保险。由于死亡事件的发生是一定的,所以保险公司一定会支付保险金(免责条款规定的情形除外);终身死亡保险具有极强的储蓄性。参见陈文辉等:《中国寿险业经营规律研究:费用、盈亏平衡、资本需求》,中国财政经济出版社2008年版,第33页。
[3] 两全保险:又称生死合险,是指在保险期间内以死亡或生为为给付保险金条件的人寿保险。因此两全保险既提供死亡保障,又提供生存保障。其死亡保障的给付对象是受益人,而生存保障的给付对象是被保险人。保险人在两全保险上提供两项承诺:在保险期间内被保险人死亡时,支付保单规定数额的保险金;在保险期间届满,被保险人仍生存时,给付保险金,若特定期间届满后发生死亡时,则无任何给付,第二项承诺其实是生存保险。因此,两全保险其实是定期保险和生存保险的混合型险种。参见陈文辉等:《中国寿险业经营规律研究:费用、盈亏平衡、资本需求》,中国财政经济出版社2008年版,第33页。
[4] 年金保险:是指以生存为给付保险金条件,按约定分期给付生存保险金,且分期给付生存保险金的间隔不超过一年(含一年)的人寿保险。目前较为常见的年金保险,主要有限期交费终身年金保险、最低保证年金保险和变额年金保险。参见陈文辉等:《中国寿险业经营规律研究:费用、盈亏平衡、资本需求》,中国财政经济出版社2008年版,第33页。
[5] 沈烈:《保险公司资产负债管理》,经济科学出版社2009年版,第126页。
[6] 孙赫:《美国保险资金股票投资监管研究》,北京大学2017年硕士学位论文,第4页。

金额高低。二是固定收益,不与保险公司投资业绩挂钩。传统寿险产品以风险保障为主,尽管寿险公司在计算保费时考虑了利率的影响,会通过预定利率给投保人一定比例的贴现,但预定利率与保险公司的投资收益无关。[1]

第二,来自新型人寿保险产品的资金。新型人寿保险是相对于传统寿险产品而言的,其不仅具备保障和储蓄功能,还具有投资功能,因此又被称为"投资型保险"。投资型保险是指在传统"风险转移"之外,具备"投资"性质的保险契约,即保户将部分保费投资在相结合的投资工具上,未来保险给付的额度将会直接受到该投资效果的影响,保户必须自行承担全部或部分投资风险的保险产品。新型人寿保险的特征包括:灵活的缴费方式、可变的保额、浮动的保单利率、更加透明的保单结构。[2]

需要注意的是,由于新型人寿保险产品在不同国家或地区出现和发展的历史不同,加之各地还存在语言文化差异,投资型保险产品在不同国家和地区拥有不同名称。在美国,这一产品被命名为"变额保险"(Veriable Insurance),体现其保险给付随投资收益而变化的特点。在英国,则被称为"单位连结保险"(Unit Linked Insurance),强调投保人持有单位或份额这一概念。我国台湾地区称其为"投资型保险"。目前,我国大陆地区暂未形成统一确定的名称,[3]而是按照产品特性来分别命名,具体包括投资连结保险、万能保险和分红保险。[4]

第三,来自非寿险保险产品的资金。本书中的非寿险保险产品,是指除上文中提及的人寿险产品之外的其他保险产品,[5]主要为各类财产保险产品。为了挽回由于自然灾害或意外事故而导致的财产损失,非寿险业务应运而生。其与人寿保险不同,非寿险保险赔偿的几率并不会因为投保人年龄的增加而变大,所以保险公司无需提存大笔资金作为准备金。就资金的特征而言,非寿险资金更像存储于银行的活期资金,且与寿险资金相比在总体规模上要更小。

---

[1] 陈文辉等:《中国寿险业经营规律研究:费用、盈亏平衡、资本需求》,中国财政经济出版社2008年版,第32页。
[2] 同上书,第33—34页。
[3] 孙赫:《美国保险资金股票投资监管研究》,北京大学2017年硕士学位论文,第4页。
[4] 陈文辉等:《中国寿险业经营规律研究:费用、盈亏平衡、资本需求》,中国财政经济出版社2008年版,第33—34页。
[5] 主要包括财产损失保险、责任保险、短期健康保险、意外伤害保险、信用保证保险及再保险业务等。

(2) 比较法视野下的新型人寿保险产品

规范认识的前提首先是所使用术语或概念的清晰、统一。我国对于投资型保险产品的分类以及是否经由独立账户运作与美国的保险实践均存在差异。我国人寿保险公司提供的"投资型保险"包括投资连结保险、万能保险与分红保险等。[1] 对应于美国，与此相似的概念有变额年金(Variable Annuity)、变额寿险(Variable Life Insurance)、万能险(Universal Life Insurance)、变额万能寿险(Variable Universal Life Insurance)等。眼花缭乱的概念背后，不仅是无法对标借鉴监管经验的问题；更存在若仅按字面含义对接而忽略不同产品在实践中具体特征或其本质上所属种类的风险，势必出现"差之毫厘，谬之千里"。因此，为方便后文讨论，须首先厘清中美投资型保险概念范围上的差异。

第一，美国的新型人寿保险产品。由于20世纪中叶以来的高通货膨胀率和利率波动，许多消费者从原来购买终身保险保单转向了购买共同基金(mutual fund)及其他市场敏感型投资工具。这使得美国寿险公司丧失了通过销售终身保险保单而低成本获得资金并赚取低风险收益的可能，因此，其被迫开发投资型保险产品以保持自身的竞争力。[2] 变额年金、变额寿险和变额万能寿险是美国投资型保险的主要类型，[3] 由于其共同带有"变额"字眼，也被统称为变额产品或变额合同(Variable Products or Contracts)。其中，"变额"是针对"保单的投资绩效"而言，意指投资报酬率直接随着保单投资收益而波动。[4]

在美国，最早的投资型保险产品是变额年金，后来出现了变额寿险。变额万能寿险相当于变额寿险的"升级版"，由寿险公司将变额寿险与万能寿险结合，推出了变额万能寿险。变额年金的特点在于将投保人按期

---

[1] 1996年之前，我国保险产品基本上都是提供保障确定的普通寿险产品。在高利率环境下，以高定价利率的普通寿险为主，降息过程中出现一些利差返还型产品以期抵御利率波动风险。1996年到2001年上半年，由于原有高利率保单的利差损教训，1999年监管部门规定了2.5%的定价利率上限，而利率上限使得普通型产品相比其他金融产品吸引力下降，投连险、万能险、分红险等人身保险新型产品相继推出。参见田静：《我国人身保险新型产品的投资功能属性及法律框架》，载《比较》第85辑。

[2] "Commingled Trust Funds and Variable Annuities: Uniform Federal Regulation of Investment Funds Operated by Banks and Insurance Companies", *Harvard Law Review*, Vol. 82, 1968, pp. 435-468.

[3] Eversheds Sutherland, *Insurance Regulation Answer Book (2017-2018 Edition)*, Practising Law Institute, 2018, Chapter 9: "Regulation of Life and Annuity Insurers", pp. 4-8.

[4] 江瑞雄：《寿险业兼营投资型保险之研究》，淡江大学2002年硕士学位论文，第11—12页。

支付的保费大部分用于投资股权类证券,保费中用作保险公司投资基金的组成部分通过独立开设的账户经营,[1]不同的投保人依照所支付保费的不同来分配投资基金中对应的份额。保单届期之前,投保人有权利选择退保,其可获得的退保金额取决于之前投保人所占投资基金份额的价值。[2]保单届期之后,投保人有权利一次性提取所有保险金,保险金的额度取决于投保人所占投资基金份额的价值。另外,投保人也可要求在死亡前按期提取保险金,每一期提取的保险金额度则取决于当期投资基金份额的价值变动。[3]总体上,变额年金的特征在于保险人不会对所支付保险金数额的下限作出保证,而是根据保费的投资收益来确定。[4]变额寿险与变额年金的运作机制相似,区别仅在于保障属性上的差异,即变额寿险以死亡为给付保险金的条件,而变额年金以生存为给付保险金的条件。[5]

变额万能寿险是结合变额寿险与万能寿险[6]特性的险种。万能险的首要特征在于保费缴纳和保险金额方面的"灵活性"(flexibility)。[7]在缴纳初始保费后,不存在保费到期日,也不存在必须的保费支付,只要保单现金价值能够覆盖应交保费,保险合同便不会失效。同时,保单所有人可根据自身财务状况自主增加或减少保费支付。[8]尽管死亡收益在

---

[1] 江瑞雄:《寿险业兼营投资型保险之研究》,淡江大学2002年硕士学位论文,第24—29页。

[2] Eversheds Sutherland, *Insurance Regulation Answer Book (2017-2018 Edition)*, Practising Law Institute, 2018, Chapter 9: "*Regulation of Life and Annuity Insurers*", pp. 6-8.

[3] "Regulation of Variable Annuity Sales: The Aftermath of SEC v. VALIC", *Washington University Law Quarterly*, Vol. 1959, Issue. 2, 1959, pp. 206-219.

[4] 张巍:《从美国经验剖析:万能险究竟是不是证券? 该如何监管?》,载《新财富杂志》2016年12月16日,网址 https://mp.weixin.qq.com/s/Ot2DedOkgYSvbt8Zg4EpYw?,最后访问日期:2024年6月23日。

[5] Clifford E. Kirsch, *Variable Annuity and Variable Life Insurance Regulation (Second Edition)*, Volume 1, Practising Law Institute, 2017, Chapter 1: Clifford E. Kirsch and Dodie Kent, "An Introduction to Variable Insurance Products", p. 3.

[6] 万能人寿保险于1979年推出,万能可变人寿保险由证券交易委员会(SEC)于1984年11月批准。参见 Stephen P. D'Arcy and Keun Chang Lee, "Universal Variable Life Insurance Versus Similar Unbundled Investment Strategies", *The Journal of Risk and Insurance*, Vol. 54, No. 3, Sep., 1987, pp. 452-477.

[7] Richard G. Shectman, "New Concepts in Life Insurance Planning Universal Life", *Cumberland Law Review*, Vol. 13, No. 2, 1982-1983, pp. 219-238.

[8] 比如,在收入高峰期,投保人可以增加保费从而累积现金价值,而在其退休后,可以减少甚至停止保费支付,使得前期累积的现金价值可以覆盖保费。参见 Joel Kabaker, "Universal Life Insurance—A Ticking Time Bomb", *Journal of Practical Estate Planning*, June-July, 2007, pp. 11-12.

保单发行时已经确定,但投保人在提供可保证明后,保单持有人可以根据自己的意愿和偏好改变保险金额。[1] 此外,万能寿险允许投保人从账户中提现而无须经由保单贷款获得资金。保费支付、提现以及死亡收益方面的灵活性使得投保人只需购买一份保险来保障终身,还能同时实现不同人生阶段的需求,因此被称为"万能险",其对消费者非常有吸引力。[2] 变额万能寿险则是将传统万能险的保费弹性与变额寿险的投资机会相结合,[3] 从而产生了一个享有税收优惠的金融工具,即内含于变额人寿保单现金价值中的投资收益可以递延纳税。[4] 变额万能寿险与万能险的差异在于独立账户的设置和投保人承担投资风险的程度。万能险保费扣除必要费用后的余额由保险公司统一投资,并不设置独立账户经营,而且其最低保证利率的设计使得投保人承担的投资风险小。[5] 然而,变额万能寿险经由独立账户运作,其现金价值和死亡保险金随着独立账户的收

---

[1] Alan Lazarescu and Harold Leff, "Universal Life Insurance: Legal, Regulation and Actuarial Aspects", *The Forum* (American Bar Association. Section of Insurance, Negligence and Compensation Law), Vol. 17, No. 4, 1982, pp. 1000-1011.

[2] Douglas I. Friedman, "Universal Life Product Development and Tax Aspects", *Cumberland Law Review*, Vol. 13, No. 3, 1982-1983, pp. 499-516.

[3] 变额万能寿险的特点包括:(1) 在某限度内可自行决定每期之保险费金额;(2) 任意选择调高或降低保额,但仍受最低保额之限制;(3) 保单持有人自行承担投资风险;(4) 其现金价值就像变额保险一样高低起伏,如果投资结果不良,也可能会降低至零,此时若未再缴付保费,该保单会因而失效;(5) 放在分离账户中的基金,与保险公司一般账户的资产是分开的,当保险公司遇到财务困难时,账户的分开可以使变额万能保险之保单持有人不受保险公司的财务影响。参见江瑞雄:《寿险业兼营投资型保险之研究》,淡江大学2002年硕士学位论文,第24—29页。

[4] Stephen P. D'Arcy and Keun Chang Lee, "Universal Variable Life Insurance Versus Similar Unbundled Investment Strategies", *The Journal of Risk and Insurance*, Vol. 54, No. 3, Sep., 1987, pp. 452-477.

[5] 万能寿险保费支付在扣除保险成本后计入投保人账户并归集投资收益,其现金价值投资于收益率变动的基金(如股票市场、长期债券和货币市场基金等)。只要投资收益高于保险公司普通账户的收益率,那么万能保单现金价值增长的潜力较大,此时保单持有人将会获得高收益。购买万能险的收益率由两部分构成:一是保险公司提供的保证利率,即无论公司的投资业绩如何,都会按保证利率支付收益;二是超额利率,由保险公司定期或外部指标决定。因此,万能险保单持有人承担的投资风险较小。参见 Joel Kabaker, "Universal Life Insurance—A Ticking Time Bomb", *Journal of Practical Estate Planning*, June-July, 2007, pp. 11-12; Stephen P. D'Arcy and Keun Chang Lee, "Universal Variable Life Insurance Versus Similar Unbundled Investment Strategies", *The Journal of Risk and Insurance*, Vol. 54, No. 3, Sep., 1987, pp. 452-477; Douglas I. Friedman, "Universal Life Product Development and Tax Aspects", *Cumberland Law Review*, Vol. 13, No. 3, 1982-1983, pp. 499-516.

益而变动,因此投保人承担了较高的投资风险。

不难发现,投资型保险通常与独立账户挂钩,即投资型保险资金通过独立账户进行管理和投资。[1]具言之,保单持有人购买并缴纳保费后,保险公司将保险费中的风险保费及附加保费归入普通账户操作,从而实现传统的保险保障功能;将剩余部分归入保险公司的独立账户或其子账户(subaccounts of a separate account)进行投资管理,每个账户对应特定的投资组合。独立账户及其子账户通常会向保单持有人提供多种投资组合选择,比如,具有不同投资目标和策略的共同基金。[2]保险公司最终会根据独立账户的实际投资绩效而向保单持有人分配保单收益。

独立账户的设置不仅在于衡量保险公司基于投资型保险合同对保单持有人的责任,[3]更重要的是将独立账户资产与保险公司传统寿险业务的普通账户资产进行风险隔离,[4]从而使独立账户资产不受保险公司普通债权人的追溯,仅用于担保投资型保险购买者的债权实现,[5]以避免保险人信用风险。[6]因此,投资型保险产品资金归属于投保人或受益人所有,保险公司对于独立账户资金的运用只是"代客理财"。从法律关系看,投保人与保险人的关系为信托关系,视投保人与受益人是否为同一人可分为自益委托或他益信托。[7]

需要说明的是,并非所有的投资型保险都通过独立账户经营,投资型保险中那些保障功能浓郁的产品在美国保险实践中依然通过保险公司普通账户经营。投资型保险保单持有人获得的保险保障和所承担的风险会

---

[1] 孙赫:《美国保险资金股票投资监管研究》,北京大学 2017 年硕士学位论文,第 7 页。

[2] Clifford E. Kirsch, *Variable Annuity and Variable Life Insurance Regulation* (Second Edition), Volume 1, Practising Law Institute, 2017, Chapter 1: "An Introduction to Variable Insurance Products", p. 17.

[3] 在投资型保险项下,保险公司只承担死亡风险,投资风险已经转嫁给了保单持有人。在这种情况下,从会计核算角度看,保险公司的总体财务状况不受该类投资风险的影响。因此,设置独立账户,将投资型保险的投资收益在会计处理上与传统寿险资金的一般账户分开是合理的。类似的州法通常规定,独立账户的收入、收益和损失(无论是否实现)均应确认计量,并与保险公司的其他收入、收益和损失分离。参见 New York Insurance Law, Section 4240(a)(1), (2) and (7)。

[4] 江瑞雄:《寿险业兼营投资型保险之研究》,淡江大学 2002 年硕士学位论文,第 17—19 页。

[5] Stephen E. Roth, Susan S. Krawczyk and David S. Goldstein, "Reorganizing Insurance Company Separate Accounts under Federal Securities Laws", *The Business Lawyer*, Vol. 46, No. 2, 1991, pp. 537-621.

[6] 江瑞雄:《寿险业兼营投资型保险之研究》,淡江大学 2002 年硕士学位论文,第 24—29 页。

[7] 金涛:《保险资金运用的法律规制》,法律出版社 2012 年版,第 29—33 页。

因产品形态不同而呈现差异化,进而影响其缴纳的保费纳入保险公司何种账户经营。比如,保单持有人所承担投资风险的差异,会影响投资型保险产品这类混合型金融工具中保险属性与投资属性的配比,进而影响监管者对其性质的界定和相应资金监管规则的适用。具言之,变额年金、变额寿险和变额万能寿险的保单持有人几乎承担全部的投资风险,因此这类产品的投资属性明显强于其保险保障目的,所以纳入保险公司独立账户经营。然而,由于保险公司的最低收益保证,使得万能险、超额利息年金[1]、权益指数年金[2]和保证投资合同[3]等的保单持有人仅承担一定程度的投资风险,其投资属性并未完全超过产品的保险保障功能,因此,在符合法定监管要求的条件下,美国保险实践中将该类产品资金纳入保险公司普通账户进行投资和管理。

第二,我国的新型人寿保险产品。与欧美国家不同,我国推出新型人寿保险产品并非源于消费端的需求驱动,而是保险公司在经营传统寿险产品过程中,由于利率定价高而造成了利差损失。于是,保险公司将目光转向了利率风险较低的投资型保险。此外,居民不断强化的风险规避理念和对除银行储蓄之外其他投资途径需求的与日俱增同样给投连险和万能险的产生准备了市场条件。[4] 我国人寿保险公司推出的投资连结保险、分红保险、万能保险和变额年金这些新型人寿保险产品(见表0.1),既能满足投保人分散风险和储蓄的需求,又能满足其投资需求,形成了中

---

[1] 超额利息年金(Excess Interest Annuity):有最低利率保证,但同时允许保险公司自主宣布超额利息。Eversheds Sutherland, *Insurance Regulation Answer Book* (*2017-2018 Edition*), Practising Law Institute, 2018, Chapter 9: "Regulation of Life and Annuity Insurers", pp. 6-8.

[2] 权益指数年金(Equity-Indexed Annuity):根据外部指数(如标准普尔500)来决定利率。投保人在市场行情上扬时可以获得高利息,保险公司也提供最低现金价值保证来避免市场行情下行风险。Eversheds Sutherland, *Insurance Regulation Answer Book* (*2017-2018 Edition*), Practising Law Institute, 2018, Chapter 9: "Regulation of Life and Annuity Insurers", pp. 6-8.

[3] 保证投资合同(Guaranteed Investment Contracts):通常被视为趸交递延年金的一种,其向保单持有人提供保证收益。合同保证特定期间的收益率,并在合同持有人死亡时支付扣除费用后的累积合同价值。Eversheds Sutherland, *Insurance Regulation Answer Book* (*2017-2018 Edition*), Practising Law Institute, 2018, Chapter 9: "Regulation of Life and Annuity Insurers", pp. 6-8.

[4] 丁昶、李汉雄主编:《投连险和万能保险的原理与监管》,中国财政经济出版社2009年版,第11页。

国版的投资型保险。[1]

在我国的诸多投资型保险产品中,投保人承担投资风险的程度具有差异性,以下按照风险递减顺序依次介绍各类保险产品。投资连结保险(投连险),是指包含保险保障功能且至少在一个投资账户拥有一定资产价值的人身保险产品。投连险的收益与保险公司投资的盈利与否有直接关系,保险公司不会承诺能获得收益的底线,投保人自负所有投资风险。[2] 分红保险,是指保险公司把自身实际的经营损益按照定价假设的盈亏,并依据相应比例而对保单持有人配额的保险产品。[3] 分红险本质上是一种投保人享有保单盈余分配权的产品,但由于保险公司经营业绩并不确定,而且保险监管部门并没有明确规定分红险的最低保证利率,因此,保单持有人的红利分配也具有不确定性,可能出现有些年度分红较少甚至不分红的情形。万能保险(万能险),是指灵活缴纳保险费、保额能够按照投保人自身需求作出相应调整的弹性寿险。万能险保单会承诺投保人所能获得收益的下限,保证利率以外的金额则取决于保险公司依照投资结果的分配方案。变额年金保险,是指保单利益与连结的投资账户投资单位价格相关联,同时按照合同约定具有最低保单利益保证的人身保险。[4] 变额年金保险能够承诺的最低保单利益包括:最低身故利益保证、最低满期利益保证、最低年金给付保证、最低累积利益保证。

---

[1] 1996年之前,我国保险产品基本上都是提供保障确定的普通寿险产品。在高利率环境下,以高定价利率的普通寿险为主,降息过程中出现一些利差返还型产品以期抵御利率波动风险。1996年到2001年上半年,由于原有高利率保单的利差损教训,1999年监管部门规定了2.5%的定价利率上限,而利率上限使得普通型产品相比其他金融产品吸引力下降,投连险、万能险、分红险等人身保险新型产品相继推出。参见田静:《我国人身保险新型产品的投资功能属性及法律框架》,载《比较》2006年第85辑。

[2] 根据2000年中国保监会颁布的《投资连结保险管理暂行办法》,投资连结保险,"是指包含保险保障功能并至少在一个投资账户拥有一定资产价值的人身保险产品,通常不设定最低保证利率"。2015年中国保监会《关于规范投资连结保险投资账户有关事项的通知》,进一步强调"投资连结保险产品投保人有权利选择投资账户。保单账户价值应当根据该保单在每一投资账户中占有的单位数量及其单位价格确定。投资账户产生的全部投资净损益归投保人所有,投资风险完全由投保人承担"。

[3] 目前,我国保监会规定经营分红险的公司至少应当将分红业务当年度可分配盈余的70%分配给保单持有人,前述盈余来源于死差益、利差益及费差益。

[4] 参见《变额年金保险管理暂行办法》。

表0.1 我国传统人寿保险与新型人寿保险的比较

	传统人寿保险	分红险	万能险	投资连结险
具备理财	否	是	是	是
风险承担	保险公司独自承担	定价利率以上保单持有人承担风险	保单持有人承担最低保证收益率以上的风险	保单持有人独自承担
账户类别	一般账户	单独一般账户	单独一般账户	独立账户
收益来源	预定利率	预定利率+利差益(分红)	结算收益率(包括最低收益)	净值变动
最低收益	保证预定利率	保证预定利率	保证最低收益率	不保证
收益调整频率	无	每年	每月	每日
收益平滑	无	是	是	否
权益类投资比例	上季度末总资产的30%	可进一步增持蓝筹股,总比例不超过40%	投资账户权益类占该账户不超过80%	投资账户权益类占该账户不超过100%

尽管在美国,投资型保险主要通过保险公司的独立账户进行经营,但我国的具体实践则呈现出差异性。我国寿险公司既有风险承担意义上的普通账户和独立账户区分,也有会计核算上的普通账户和单独账户界分。根据我国法律,保险公司必须划分普通账户和独立账户,对资产配置分账户开展管理;普通账户投资风险由保险公司部分或全部承担,独立账户投资风险则全部由投保人或受益人承担。[1] 根据我国保险资金配置的相

---

[1] 《保险资产配置管理暂行办法》第12条:保险公司应当根据保险业务和资金特点,划分"普通账户"和"独立账户",实行资产配置分账户管理。普通账户,是指由保险公司部分或全部承担投资风险的资金账户。保险公司资本金参照普通账户管理。独立账户,是指独立于普通账户,由投保人或者受益人直接享有全部投资收益的资金账户。第26条:保险公司开发寿险投资连结保险产品、变额年金产品、养老保障委托管理产品和非寿险非预定收益投资型保险产品等,应当根据中国保监会有关规定,设立独立账户。第13条:保险公司从事普通账户资产配置,应当严格执行中国保监会有关投资比例规定。计算普通账户各资产的投资比例,其计算基数应当扣除债券回购融入资金余额和独立账户资产金额。第14条:保险公司应当根据自身投资管理能力和风险管理能力,遵循独立、透明和规范原则,为投保人或者受益人利益,管理独立账户资产。独立账户资产的投资范围,执行本办法第十八条规定。各资产的投资比例,由保险公司通过书面合同与投保人或者受益人约定。

关法律规定,投连险资金和变额年金资金均应纳入独立账户运营,[1]属于保险公司的表外资金;而尚未对万能险和分红险产品的独立账户运营作出规定。这主要源于万能险最低收益保证和分红险盈余分配比例保证,使得这两类保险产品的投资风险并未由投保人或受益人完全承担。但从方便各类保险产品资金管理和收益分配的会计核算出发,保险公司依据会计准则对万能险和分红险设立单独账户核算。[2]这种会计核算意义上的"单独账户"并不具有法律意义上的资产与风险隔离功能,因此,单独账户资金仍然属于保险公司的表内资金,适用与保险公司普通账户相同的资金运用监管要求。

第三,中美新型人寿保险产品的比较。我国对于投资型保险产品的分类以及是否经由独立账户运作与美国均存在差异。比如,美国对万能险纳入普通账户经营,但对变额万能险设置独立账户经营,而我国的万能险均通过保险公司普通账户运作。此外,尽管均通过保险公司独立账户经营,但在我国单独作为一个险种的投资连接险,对应到美国则泛指变额年金、变额寿险和变额万能寿险等多个险种。因此,需要在准确对标中美投资型保险产品概念、属性和实践的基础上,来思考美国险资监管经验对我国制度完善的具体借鉴。

3. 保险资金的法律属性与会计分类

人寿保险公司保障型产品资金与投资型产品资金的法律性质不同。从法律属性上看,保障型产品的资金由保险公司享有完全的占有、使用、

---

[1] 《关于加强和改进保险资金运用比例监管的通知》(简称《比例监管通知》)第七条第(一)款,2014年1月。

[2] 2014年财政部的《保险公司投资连结产品等业务会计处理规定》(以下简称《会计规定》)对这类产品的会计处理作出了详细规定。根据《会计规定》,保险公司应为投保人投资建立独立账户,划清独立账户和公司其他账户的界限,并单独核算和报告;在其会计报表附注中,有专门的独立账户的资产负债表、投资收益表和净资产变动表,反映一定时期各类投连险产品的资产、负债和净资产及经营业绩情况。对于分红险,《会计规定》较为笼统,但根据中国银保监会的《分红保险精算规定》,保险公司应为分红保险业务设立一个或多个单独账户,单独账户应单独管理、独立核算。对于万能险,根据《会计规定》,比照投资连结产品和分红产品的会计处理原则进行会计处理,但不进行估值。根据《万能保险精算规定》,保险公司应为万能保险设立一个或多个单独账户;万能险单独账户的资产应当单独管理,应当能够提供资产价值、对应保单账户价值、结算利率和资产负债表等信息,满足保险公司对该万能险单独账户进行管理和保单利益结算的要求;保险公司应当定期检视万能险单独账户的资产价值,以确保其不低于对应保单账户价值。参见田静:《我国人身保险新型产品的投资功能属性及法律框架》,载《比较》2006年第85辑。

收益和处分权,但投资型保险产品独立账户资金并非由保险公司享有所有权的财产,而是由投保人或受益人所有。因此,保险公司对于保障型产品的资金运用属于管理自有资产的行为,而保险公司对于投资型保险产品的资金运用则属于"代客理财"。

保险产品资金法律属性的不同会影响其会计分类。从资产负债表的视角看,保险公司的资金分为表外资金和表内资金。保险公司的表外资金源于投资型保险独立账户中的资金,表内资金则主要是源于传统保障型保险普通账户中的资金;表内资金可进一步划分为权益性资金和负债性资金。保险公司的权益性资金包括股东所投入的资本金、公积金、未分配利润等,负债性资金则主要由保险公司为履行保险责任或应付未来发生的赔款而从所收取保费中提存的各类保险责任准备金。[1] 需要注意的是,保险公司独立账户资金的运用并不受普通账户下保险资金运用额度与比例等限制,而是受保险合同制约。因此,二者受到的监管程度和方式存在差异。

(二)保险资金运用的原则及资金来源约束

保险资金关乎保险公司是否能够及时偿付投保人保险标的的损失。严格来讲,保险资金仅可用于赔偿被保险人的财产损失,而不能将其投资于其他领域。然而,保险责任准备金的提取和给付并非同时发生,而是存在一定的时间差,并且会长时间保有相对不变的数额,这就构成了保险公司能够使用资金的主体部分。[2] 尽管从不同角度出发会对保险投资与保险资金运用有不同的理解,[3] 但我国 2009 年《保险法》第 106 条规定的保险资金运用即为保险投资,因此,本书亦将二者等同对待。保险资金运用(保险投资),是指保险公司在其运营过程中,充分利用投保资金积累与保险金赔付所形成的时间间隔,以及保险费收取与保险金支出的时间间隔,使用保险资金来获得增值,达到稳健运营、分散风险目的的资金运

---

[1] Peter M. Lencsis, *Insurance Regulation in the United States: An Overview for Business and Government*, Praeger, 1997, pp. 33-34.

[2] 金涛:《保险资金运用的法律规制》,法律出版社 2012 年版,第 33 页。

[3] 比如有学者认为,从严格意义上说,保险投资与保险资金运用是有区别的。在会计上,资金运用专指企业资金占用和使用的情况,它既包括企业拥有的各种财产,也包括企业的各种债权。而保险投资是指增加企业债权或金融资产的活动,它只是资金运用的一种主要形式,因而其范围要小于保险资金运用。参见孙祁祥等:《中国保险业:矛盾、挑战与对策》,中国金融出版社 2000 年版,第 92 页。

营活动。[1]

1. 保险资金运用的意义

保险资金运用对于保险公司至关重要。它是保险公司业务驱动的双轮之一,是其核心竞争力的重要体现;保险资金运用效果直接影响保险公司的偿付能力,关涉保险业的健康发展。此外,保险资金运用对整个金融市场和社会经济的平稳发展也具有重大影响。保险公司作为金融机构,将聚集的大量资金用于投资,为经济发展提供必需的资本,属于重要的机构投资者,在国家经济结构中占有重要地位。

第一,保险资金运用是维持保险业务正常运转的关键。其直接决定了保险公司绩效的优劣,也关系着保险公司自身价值的构建和增长。保险资金运用和承保、理赔等环节构成了现代保险公司业务的支柱。传统意义上,保险公司能否实现稳健经营取决于承保业务的盈亏状况;随着国际保险业发展态势的变化,保险公司能否实现成功经营则很大程度上取决于保险资金的运用效果。由于保险行业的竞争日趋激烈,保险公司因承担保险责任所能获得的利润空间不断被压缩,在此种态势下,如果无法实现保险资金运用目标,保险公司的持续运营将难以为继。[2] 投资组合的收益是保险公司(尤其是寿险公司)向保单持有人履行保险责任的资金来源。然而,由于风险和收益成正比,保险资金运用是一把"双刃剑"。保险资金如果运用得当将会实现资金增值,提高公司的偿付能力;如果运用不当,不仅会对国家的相关产业造成冲击,还会增加保险公司自身的风险。一旦发生大型保险事故或连续发生保险事故,保险公司将面临偿付不能的风险。因此,能否实现保险资金的科学经营与管理,决定着保险公司的生死存亡。[3]

第二,保险资金运用对于维护社会经济的平稳发展举足轻重。其一,保险资金的成功运用能够保障保险公司的收益水平,实现经营利润,这对保险业务的有效运行和实现有效的社会风险控制具有重要作用。其二,保险资金的成功运用会促进更多资金由储蓄转向投资并提高效率,进而实现社会经济的健康平稳发展。[4] 保险公司,尤其是人寿保险公司,是

---

[1] 申曙光等:《中国保险投资问题研究》,广东经济出版社2002年版,第1页。
[2] 朱南军:《保险资金运用风险管理研究》,北京大学出版社2014年版,第60页。
[3] 傅延中:《保险法学》,清华大学出版社2015年版,第239页。
[4] 朱南军:《保险资金运用风险管理研究》,北京大学出版社2014年版,第17—18页。

资本市场上能够理性进行投资的主要机构投资者和长期稳定的资金来源方;其以保险基金的方式,通过股票、债券投资等形式参与二级市场的证券流通,不仅有助于向资本市场提供稳定的资金流、提升资本市场资本流动性,而且有助于资本市场扩大规模、优化结构和提升市场效率,[1]最终会带来金融体系的稳定及社会经济整体的有序运行。

2. 保险资金运用的原则

保险资金的力量性与脆弱性并存,须谨慎规范地运用。保险资金作为资本市场上重要的机构投资者,在国家经济结构中占有重要地位;与此同时,其体量庞大的保险资金主要源于保险公司计提的各项保险准备金(负债属性)。因此,保险资金运用有效与否不仅严重影响保险业的清偿能力,还会影响国民经济的整体运行效率。资产负债匹配原则是投资管理技术原则的一种,用以保证保险资金的安全性、收益性和流动性。事实上,保险投资理论中获得普遍认可的保险投资原则也主要是"安全性、收益性和流动性"三原则。[2]

其一,安全性原则。安全性是指保险公司的所有资产能够产生的价值不能少于其总负债的价值。换言之,保险投资要能够保证投保资金的按时返还,[3]实现保险人在保险事件出现时对被保险人进行偿付。保险业的特性在于其应对可能发生的保险事件,补偿被保险人损失以保证社会经济的安全稳定。保险经营本质上是负债经营,且所负债务对寿险公司而言是在未来很久之后才到期,因此,保证用以偿还债务的资产安全性可谓是保险投资的第一原则。安全性原则包括两个方面:一是不能投资于风险过高的项目,从而避免投资失误,以保证资金安全;二是进行组合投资,将投资风险平均分散于各个投资对象。[4]比如,行业类别的分散、企业类别的分散、地区类别的分散等。但需注意,强调安全性原则并非要求每一个投资项目均需确保绝对安全,而是就保险资金的整体运用而言

---

[1] 金涛:《保险资金运用的法律规制》,法律出版社2012年版,第35—35页。
[2] 郑玉波著,刘宗荣修订:《保险法论》(修订八版),三民书局2010年版,第201页。
[3] 需注意,保险资金的返还,不仅是垫付本金的返还,而且包括一定的投资效益。如果仅仅是本金的返还,就会造成资金的贬值,以致保险业务入不敷出,同样不符合安全性要求。参见金涛:《保险资金运用的法律规制》,法律出版社2012年版,第39页。
[4] 刘喜华、杨攀勇、宋媛媛:《保险资金运用的风险管理》,中国社会科学出版社2013年版,第12—13页。

必须安全。[1]

其二,收益性原则。收益性是指在保险资金运用的过程中应尽量使保险资金增值,从而使保险公司的偿付能力不断提高。[2] 在多元投资模式下,保险投资应投资于不同盈利水平的产品或项目,而非使所有投资均受安全性要求的限制。保险投资需要以总体上的安全为前提,竭尽全力地提升投资回报率。在特定的保险产品中,保险公司对投保人保证了最低投资收益率,这就要求保险资金运用的收益率必须高于其所承诺的最低收益率,那么,此时能否获得较高的投资收益率对于保险公司的生存发展十分重要。[3]

其三,流动性原则。流动性是指在任何时间、以合理的价格可以获取现金以履行保单责任和其他责任的支付能力,即投资标的变现能力。[4] 保险资金具有负债性的特点,保险公司需要对保险期间出现的保险事故履行赔偿或给付责任,但保险事故的出现具有很强的偶然性,且损失时间和数额也不确定,因此用于投资的保险资金需要具有充分的流动性,来随时应对保险赔偿和给付。[5] 当然,流动性原则并非要求任一投资均体现流动性,而是要保证合理的投资结构,把一部分资金运用于变现能力强但收益低的项目,另一部分资金则用于变现能力较弱但收益高的项目,并基于资金的来源不同做差异化匹配,从而能够总体上保证资金的流动性。[6]

保险资金投资的安全性、收益性和流动性三原则之间相辅相成,对立统一。一致性体现在流动性是保证安全性的必要手段,而安全性则是收益性的基础,追求利润最大化又是安全性和流动性的最大目标。[7] 同

---

[1] 因为投资风险总是与投资活动相伴随的,如果强调每个项目的安全性,就会使投资者束手束脚,不敢涉足高收益高风险的投资,如此反局限了保险投资的整体风险规划。因此要理解,即使部分专案发生损失,只要保持总体的投资收益,也无损于安全性原则。参见陈明珠:《保险业资金参与并购之法律相关问题》,台北大学 2006 年硕士学位论文,第 101—105 页。

[2] 傅延中:《保险法学》,清华大学出版社 2015 年版,第 279 页。

[3] 金涛:《保险资金运用的法律规制》,法律出版社 2012 年版,第 39 页。

[4] 陈明珠:《保险业资金参与并购之法律相关问题》,台北大学 2006 年硕士学位论文,第 101—105 页。

[5] 傅延中:《保险法学》,清华大学出版社 2015 年版,第 279 页。

[6] 金涛:《保险资金运用的法律规制》,法律出版社 2012 年版,第 40 页。

[7] 陈明珠:《保险业资金参与并购之法律相关问题》,台北大学 2006 年硕士学位论文,第 101—105 页。

时,三者之间具有矛盾性,相互制约。一般来讲,流动性强、安全性高的资产,其盈利性较低;而盈利性较强的资产,其流动性较弱、风险较大。这就要求保险公司在运用保险资金的过程中必须统筹考虑三者的关系,权衡利弊,做到科学地运用资金。具体而言,要以保持安全性为原则,争取较好的流动性,实现经营效益的最大化。从这个意义上讲,在前述三原则中,安全性是根本,收益性是目的,流动性是前提。[1]

3. 保险资金运用的影响因素

保险资金来源的多元化和负债性特征,使得在对保险资金进行风险管理时一定要将各种保险产品的特性及对应保险资金的支付方式全面纳入考虑范围。[2] 保险资金的来源不同、性质差异等均会影响其运用,比如,寿险保费形成的资金、财险保费形成的资金、投资型保险保费形成的资金,对运用的期限、收益率、安全性、流动性要求并不相同。因此,对不同类型的保险资金需要匹配不同的运用方式。

(1) 产、寿险资金来源差异对投资的约束

世界各国保险立法例均规定财产保险与人身保险分业经营,原因包括:二者经营形态和管理方式不同;寿险业务和非寿险业务的资金来源构成和特点互异。[3] 由此决定了财产保险资金(以下简称产险资金)和人寿保险资金(以下简称寿险资金)特性差异及其对资金运用的不同约束。

产、寿险资金在诸多方面存在差异。首先,二者对偿还或报酬的需求不同。财产保险是一种具有补偿性的合同安排,如果能保证合理的风险管理,通过精算保费而获得的收入通常能够满足赔付要求,所以产险资金的运用压力相对而言并不大。而人寿保险具有补偿与储蓄功能,尤其是投资型保险具有保障与投资双重属性,这使得寿险资金运用的压力相对较高。因此,财产保险的赔偿主要限于风险责任的范围,慎重地选定保险标的并合理地划定费率通常能够实现这一目标,并不过度追求资金运用的高收益率,但寿险资金则不然,需以较高的收益率为运用目标。其次,二者的期限与规模存在区别。财产保险的保单责任期限通常不超过一年,资金来源基本上是短期资金;另外,保险费高频率地收取和支出,由此

---

[1] 傅延中:《保险法学》,清华大学出版社2015年版,第279—280页。
[2] 刘喜华、杨攀勇、宋媛媛:《保险资金运用的风险管理》,中国社会科学出版社2013年版,第10页。
[3] 陈明珠:《保险业资金参与并购之法律相关问题》,台北大学2006年硕士学位论文,第147—156页。

无法准确预知资金积累的存量大小,这会限制产险资金的运用规模。然而,人寿保险的保单期限通常会超过一年,因此寿险资金的可运用期限较长,趸缴保费部分尤其如此。因此,寿险资金无论是初始规模抑或存量规模均相对更大,表现出存量资金多、来源稳定、运用期限更久的特性。最后,二者的风险结构不同。对于财产保险而言,其标的受到意外损失具有更高的不确定性,事前也难以估计损失的程度,所以负债的风险也会更高;[1]由于潜在的负债风险高,这就要求产险资金运用更加小心慎重,且保有流动性。人寿保险则不同,由于其赔付时间和数额大多均已事先明确约定,[2]寿险公司能够事前备好资金以保证赔付客户,赔付风险表现出的不确定性更低,资金来源对于寿险资金运用风险的约束相对要小一些。[3]

产、寿险资金来源和特性的不同会对二者的资金运用策略产生影响。财产保险资金的流动性较强,除资本金外,任何时点均可能存在保险费的收入与保险金的支付。由于财产险业务的保险期限较短,且保险事故的发生具有随机性,所以产险投资通常不适合闲置过多资金,也不适合不动产等长期投资,而是更重视短期投资及其收益,偏好流动性较好、收益率相对高的投资产品。而人寿保险属于长期保险,许多寿险产品具有储蓄的性质,流动性较差,因此,寿险通常具有保险期限长、安全要求性高等特点,因而适合选择安全性和盈利性均比较高的投资工具。[4] 总体上,产险准备金的"短期负债"特性使其运用此等资金投资时,应注意最高的安全性及流动性,尤其对流动性应多加考虑,能够随时变现。换言之,产险仅适宜为短期流动性的投资,对安全性与流动性的要求应较收益性为高。而寿险对于其资金运用须遵循安全性、收益性与流动性原则之间的平衡;

---

[1] 财产保险所承保之危险事故,于保险期内,可能不发生,但亦可能于顷刻间同时发生,造成严重之损失,例如地震、火灾、水灾或台风等灾害所致之损失,因此产险业须随时备有充分之现金,以供理赔之需要。参见《保险法论文(第二集)》(增订四版),政治大学学报报业书1988年版,第146—147页(保险业资金运用及其监督之研究)。

[2] 人寿保险多以被保险人死亡为承保事故,而人无有不死者,给付约定保险金额乃保险人之确定义务,但死亡事故通常系逐一发生,因此无须储备巨额现金以供给付。参见《保险法论文(第二集)》(增订四版),政治大学学报报业书1988年版,第146—147页(保险业资金运用及其监督之研究)。

[3] 刘喜华、杨攀勇、宋媛媛:《保险资金运用的风险管理》,中国社会科学出版社2013年版,第13—14页。

[4] 陈明珠:《保险业资金参与并购之法律相关问题》,台北大学2006年硕士学位论文,第147—156页。

在安全性的前提下追求收益性,同时保证一定程度的流动性。[1]

(2) 负债和权益资金对投资的影响

站在保险公司资产负债表的角度,保险资金分为权益性资金和负债性资金。保险公司权益性资金包括股东所投入的资本金、公积金、未分配利润等;负债性资金主要包括保险人为了履行保险责任或应对未来发生的赔付,从所收的保险费中提存的各类保险责任准备金。

保险业提存各项责任准备金,既源于保费的"预收"性质,又基于保险业安全经营的考量。保险行业具有"先收费后提供服务"的特点,因此,保险公司在经营时需要从保费中预留相应的准备金来应对后期的赔付。[2]具体而言,保险产品的保费先于保险赔付发生,保单销售获得的保费收入属于预收账款,[3]由于保险事故在整个保险期限内随时可能发生,保险公司必须保证随时持有足够多的资产来支付突如其来的赔付,因此保险公司不能将保费收入确认为利润并予以分配。[4]而且,在任何时点保险公司都必须谨慎估计未来可能发生的保险赔付要求,未来赔付的估计金额即为从保险收入中提存的各类保险责任准备金,是保险公司负债的主要构成部分。[5]

保险资金的负债或权益属性会产生不同的投资约束。保险公司的权益性资金属于自有资金,其运用受到的约束限制很少。然而,对于负债性资金,保险公司仅为此类资金的管理者,所以必须审慎投资,追求安全性和收益性的平衡,从而保证保险公司的偿付能力,担保其履行未来保险责任。一般而言,保险准备金投资的基本理念应"在最高的安全性中获取最大利润"(Maximum Security Combined with Optimum Yield),即保险业

---

[1] 参见《保险法论文(第二集)》(增订四版),政治大学学报报业书1988年版,第148—149页。

[2] 朱南军:《保险资金运用风险管理研究》,北京大学出版社2014年版,第182—183页。

[3] 人寿保险业的责任准备金,是指保险公司为将来要发生的债务而提存的资金,累积生息的最终积累值,或者说保险公司还没履行保险责任但是已经收取的保险费。人寿保险采用平准保费收取的方式是产生保险责任准备金的原因。因为在按平准保费交付的情况下,保险消费者在交费初期所交保费高于纯保费,即是有一部分剩余,于是就形成了责任准备金,主要用来保证保险公司履行将来的给付义务。参见陈明珠:《保险业资金参与并购之法律相关问题》,台北大学2006年硕士学位论文,第93—116页。

[4] 丁昶、李汉雄主编:《投连险和万能保险的原理与监管》,中国财政经济出版社2009年版,第62—63页。

[5] Peter M. Lencsis, *Insurance Regulation in the United States: An Overview for Business and Government*, Praeger, 1997, pp. 33-34.

应力求在最低的风险下,寻求创造最大收益率的最佳投资组合,并保障未来对投保人或被保险人保险给付的最高安全性。

(3) 传统和新型寿险产品资金对投资的影响

寿险公司的产品既包括传统的保障型保险产品,还包括新型人寿保险产品。与传统寿险产品相比,新型人寿保险产品体现出不同的风险分担模式和投资功能,使得此类产品的资金运用会偏好风险更大的长期公司债和股票等。新型人寿保险产品的出现不但深深地影响了保险公司的业务模式,还提高了投资业务对公司发展的作用力,具体阐述如下:

与传统人寿保险设置预定利率不同,投资型保险可能并无最低的保证收益,投资风险由保户自行承担,其保险保障与保单现金价值随着投资收益的多寡而变动。当投保人自担投资风险时,保险公司会通过独立账户的设置,将投资型保险资产与保险公司的资产分离,以便于衡量保险公司基于投资型保险合同对保单持有人的责任,并通过资产隔离来防范保险人信用风险。另外,投资型保险出现的首要目的在于对抗通货膨胀,利率波动性风险的对冲需要使得保险公司不得不放弃传统的固定收益类投资策略,转向价值随着被投资公司的经营业绩、价格水平和生活成本的变化而波动的股票投资。[1] 这在美国的保险实践中有着深刻的体现。由于美国各州的保险法并不限制独立账户资金的投资行为,因此其理论上可以不受限制地进行多元化的投资。然而,从实际发生的数据看,独立账户中的资金基本上投向了股票市场,由此带来的最终结果是:美国的人寿保险公司的资产配置结构被改变。[2] 相应地,投资业务在保险公司的整体经营中作用凸显。

三、研究意义

(一) 对于保险行业的意义

如果以规模和金钱来衡量,保险公司位于"权力巨人"的行列;其金融力量可能借由权益投资而被滥用:保险公司利用所聚集的巨额资金控制

---

[1] E. A. M., Jr. "Variable Annuity—Security or Annuity?", *Virginia Law Review*, Vol. 43, No. 5, 1957, pp. 699-712.

[2] 孙赫:《美国保险资金股票投资监管研究》,北京大学 2017 年硕士学位论文,第 7—8 页。

其他实业公司，或者被其他主体借由股权投资而控制以满足私利。宝万之争中，发行万能险的保险公司沦为个别股东和实际控制人在资本市场兴风作浪的"提款机"，是保险公司金融力量被滥用的现实证明。保险公司本应为资本市场上的审慎机构投资者，却沦为了追求高风险收益的"对冲基金"，即某主体通过获取保险公司控制权，循环发行保险产品募集资金、进行上市公司收购，迅速扩张资产规模，循环加杠杆以获得高收益，类似于对冲基金的高风险运行模式。这不仅影响保险公司的稳健经营，还使得金融资本干扰实体经济运行。

本书借鉴美国上百年保险资金运用监管经验，从金融与实业分离角度来阐释保险公司作为金融机构与实业过度结合衍生的风险，并总结归纳防范保险资金金融力量滥用的监管路径。这能够使保险公司明晰自身作为经营风险的组织所牵涉社会利益的广泛性和重要性，懂得作为金融机构所具备的力量性与脆弱性，从而进行资产负债匹配管理下的审慎投资；同时，知晓保险公司的金融力量会通过何种途径被滥用，并予以有效应对。因此，本书的研究有利于促使保险企业在践行机构投资者社会责任的同时合法合规地完成其保险资金的运用目标，获得多利共赢的结果。

(二) 对于监管部门的意义

如何优化保险监管及跨业的金融监管，既是理论研究谜题，也是市场实践难点。在险资收购实业上市公司的问题上，我国的监管规则主要是从保险监管角度出发，考虑的是保险资金的安全性，忽略了险资金融力量的滥用风险。然而，保障保险公司偿付能力的监管制度并不能有效约束保险公司实际控制人利用险资举牌甚至收购上市公司而干扰实业公司经营、谋取私利的行为。如何在发挥保险公司这一重要的机构投资者作用的同时还能防范其与实业公司相互控制利用，亟需监管回应。本书通过对美国保险资金运用监管的历史进行梳理，从金融与实业分离原则来审视我国保险资金运用监管中存在的问题，并合理借鉴域外监管措施来提出完善建议，这有利于为我国保险监管部门提供有效的监管对策建议，助力其配置有效的监管措施，从而构建完善的保险资金运用监管体系，有效平衡保险公司保障偿付能力、获得保费投资收益，及扮演金融中介角色之间的矛盾。

(三) 对于学术研究的意义

理论界对于保险资金运用、保险监管,及金融与实业分离原则的研究呈现分散化的状态。如果孤立地看,前述各个领域都有数量浩繁的研究文献,但将各个领域的内容整合在一起来探讨防范保险业金融力量滥用的保险资金运用监管规则的成果非常少。比如,虽然美国和我国台湾地区的学者对金融与实业分离原则有诸多讨论,但多数研究均针对银行这类金融机构与实业的分离,鲜见对于作为金融机构的保险公司如何与实业分离的讨论;对于实业控制保险公司(金融业)从而谋求自身利益的研究更是极度缺乏。因此,本书的研究既可以推动保险资金运用监管研究的深化,还能拓展金融与实业分离原则的应用范围。

四、文献综述

(一) 国外的主要研究

国外的保险业起步较早,也推动了关于如何运用保险资金以保持行业可持续发展的原则、具体投资策略的早先研究。随着保险业的实践和监管日趋成熟,域外的保险资金运用便转向了以量化研究为基础的精细化投资因素分析,促进保险业更好的风险管理。

1. 保险资金运用的原则与具体策略

最早关于保险资金运用的原则探讨由英国的经济学家和保险精算师提出。1862年,英国经济学家贝利(Bailey)首次提出了人寿保险业进行投资需要遵循的原则:安全性原则;最高实际收益率原则;资金分别投向能及时变现和不可及时变现的证券;投资到对人寿保险事业的健康长远发展有利的产业。这些原则以人寿保险运营为视角,表现出了以综合权衡的方式运用保险资金的策略。1948年,英国的精算师佩格勒(Pegler)经过认真仔细地对贝利提出的投资原则进行研究并结合金融市场出现的新变化,提出了运用人寿保险进行投资的四大原则:获得最高预期收益;应尽量分散;结构多元化;兼顾经济和社会效益。其将资金运用的收益性作为第一考虑要素,将资金的安全性列居其次,还首次创造性地提出了保险投资应该兼顾社会效益,并强调其与经济效益同样重要的观点。[1]

在保险资金运用的具体策略方面,既包括一般的投资理论,也包括保险资金运用的特殊投资策略。因为保险资金运用是金融投资的重要组成部分,它一方面符合金融投资的一般性规律,另一方面会因保险经营与保险资金的特性而呈现出自身的特殊规律。

首先,关于投资的基础理论,首推马科维茨(Markowitz)于20世纪50年代所提出的资产组合学说。[2] 此学说旨在解决如何将资金在不同的资产之间按比例分配,从而实现经济主体以最低的投资风险获得相对最大的预期收益。马科维茨提出用证券收益的方差来度量证券风险,用证券组合收益的协方差来分析证券组合降低风险的作用,旨在探索不确定条件下如何通过证券投资组合实现更大的投资收益及消除投资风险。其结论契合了人们早在投资过程中摸索出来的惯常实践逻辑,即"勿把鸡蛋放在一个篮子里"。

20世纪60年代,夏普(Sharpe)在马科维茨的基础上提出了著名的资本资产定价模型(Capital Assets Price Model,简称CAPM),[3] 阐述了通过资产组合理论开展投资时如何形成均衡的市场状态。夏普用了一个较为简单的线性模型来表达资产预期收益与预期风险之间的关系,即某一公司股票的期望收益率等于无风险收益率加该股票的风险溢价,而该股票的风险由衡量其风险的尺度(β值)来度量。因此,某个资产的预期收益率与该资产的风险(β值)之间具有正相关关系。此外,CAPM区分了证券市场的系统性风险与非系统性风险,为权衡投资活动内在的风险与回报提供了一个分析框架。后来,林特纳(Lintner,1965)[4]、特里诺(Treynor,1965)[5]和莫辛(Mossin,1966)[6]等人继续完善了夏普的

---

[1] 孙祁祥:《中国保险业:矛盾、挑战与对策》,中国金融出版社2000年版,第95—96页。
[2] Markowitz H., "Portfolio Selection", *The Journal of Finance*, Vol.7, No.1, 1952, pp.77-91.
[3] Sharpe W. F., "Capital Asset Price: A Theory of Market Equilibrium under Conditions of Risk", *The Journal of Finance*, Vol.19, No.3, 1964, pp.425-442.
[4] Lintner J., "The Valuation of Risk Assets and the Selection of Risky Investments in Stock Portfolios and Capital Budgets", *The Review of Economics and Statistics*, Vol.47, No.1, 1965, pp.13-37.
[5] Treynor J. L., "How to Rate Management of Investment Funds", *Harvard Business Review*, 1965, Vol.43, No.1, pp.63-75.
[6] Mossin J., "Equilibrium in a Capital Assets Market", *Econometrica*, Vol.34, No.4, 1966, pp.768-783.

理论,使其逐渐成为现代金融市场的核心定价理论,并普遍运用到投资决策和公司理财领域,该理论也在很大程度上支持了保险资金的理性运用。

1973年,布莱克和斯科尔斯(Black and Scholes)[1]与莫顿(Merton)[2]几乎同时提出了期权定价理论,为保险公司产品定价及保险投资实践提供了新的理论工具,也对金融投资界产生了深远影响。

其次,关于保险资金运用特殊性的研究,哈特(Hart,1965)认为尽管存在着监管约束,保险公司本质上是长期性的固定收益投资者。因此,即使州保险法不对保险公司的权益投资进行限制,寿险公司也不会大量持有权益类资产。[3] 这一观点肯定了贝利在1862年提出的观点,即寿险公司的首要责任是确保安全和稳定,并非投资回报。[4]

琼斯(Jones,1968)根据寿险公司1946年至1964年累积的行业数据来研究寿险公司的资产和利率关系,分析其资产组合的选择,研究寿险公司内部投资目标和外部投资约束(包括监管)对其投资决策的影响。但琼斯的研究结论与哈特的观点完全相反。琼斯研究发现,投资监管和资产估值的法律是约束寿险公司接受更高投资风险的首要因素,如果不存在前述监管约束,寿险公司将大量投资于公司股票。[5]

伦尼(Rennie,1977)通过分析寿险公司1952年至1975年的投资策略,发现其投资组合选择的变化源于内外部因素的共同作用。具言之,单个保险公司的投资策略取决于其财务能力、高管对于风险和风险承担的态度,以及对未来赔付的特殊考量。实践中,寿险公司首选的投资资产是债券和抵押贷款。尽管伦尼注意到了寿险公司持有普通股数量不断增长,尤其是20世纪70年代早期,但前述增长主要源于独立账户的权益投

---

[1] Black F. and Scholes M., "The Pricing of Options and Corporate Liabilities", *Journal of Political Economy*, Vol. 81, No. 3, 1973, pp. 637-654.

[2] Merton R. C., "Theory of Rational Option Pricing", *Bell Journal of Economics and Management Science*, Vol. 4, No. 1, 1973, pp. 141-183.

[3] Orson H. Hart, "Life Insurance Companies and the Equity Capital Markets", *Journal of Finance*, Vol. 20, 1965, pp. 358-367.

[4] A. H. Bailey, "On the Principles on Which Funds of Life Assurance Societies Should Be Invested", *The Journal of the Institute of Actuaries*, Vol. 10, 1862, pp. 142-147.

[5] Lawrence D. Jones, *Investment Policies of Life Insurance Companies*, Harvard University Press, 1968, pp. 3-10.

资增幅,而寿险公司一般账户的投资组合中普通股比例仍低于1960年。[1]

赫斯曼(Hershman,1977)聚焦于史上最严格的纽约州保险法来研究监管对寿险公司投资行为的影响。通过审视监管规则对于寿险公司进行公司债券、抵押贷款、房地产、优先股和普通股投资的影响,赫斯曼认为,保险监管试图放松公司债券投资的质量限制,这或许会对寿险公司投资低评级债券有一些影响,但由于大部分公司并未利用此种放松管制而投资不符合收益要求的证券,因此前述影响很小。比如,1976年,尽管保险监管允许寿险公司投资抵押贷款的上限为50%,但保险业累计投资抵押贷款的比例远低于这一限制(仅为31%)。类似地,以获得收益为目的的不动产投资也没有达到法律允许的投资上限。因此,赫斯曼关于险资投资普通股的法定约束所能带来的影响与哈特的观点一致,即无论保险监管是否限制寿险公司持有普通股,结果无差。但赫斯曼认为,由于普通股投资在年末以市价的1/3来折算保险公司的风险资本,这会对寿险公司的准备金和盈余产生即刻的负面影响,进而挫败其进行权益投资的意愿,同时强化传统的投资策略。[2]

此外,劳伦斯(Lawrence,1986)将投资组合管理理论引入保险投资行业,并且全面研究了影响人寿保险公司进行投资决策的因素。[3]罗伯特(Robert,1996)提出,保险公司应该运用保险资金开展多种途径的长期性投资,尤其是人寿保险公司所积聚的保险资金,基于其固有的长期性和稳定性特征,更应该进行有效投资组合,而不能像游资那样只为逐利驱动,从而引发证券市场的不安和震荡。[4]

2. 保险资金运用的风险管理

早在1949年,肯尼(Kenney)就提出保险公司的投资风险和承保风

---

[1] Robert A. Rennie, "Investment Strategy for the Life Insurance Company", in J. D. Cummins ed., *Investment Activities of Life Insurance Companies*, Homewood, 1977, p. 31.

[2] Mendes Hershman, "The Impact of Life Insurance Company Regulation", in J. D. Cummins ed., *Investment Activities of Life Insurance Companies*, Homewood, 1977, p. 327.

[3] Lawrence J. D., *Investment Policies of Life Insurance Companies*, Harvard University Press, 1968, p. 56.

[4] Robert K. E., "The Federal Deposit Insurance Fund That Did Not Put a Bite on Taxpayers", *Journal of Banking and Finance*, Vol. 20, No. 8, 1996, pp. 1305-1321.

险之间具有关联关系,[1]这拓展了此后学者们深入研究保险公司与投资相关风险的思路,促进了针对保险投资风险管理研究的长足发展。比如,杰克森(Jackson,1971)使用随机过程方法来探求保险投资和承保业务的关联性,提出在政策环境、市场波动与财务制度等因素的影响下,二者会表现出明显的动态相关性,结论是需要将投资风险管理和承保业务管理相结合,才能更好地进行风险管理。[2]

1967年,迈克尔森和戈谢(Michaelsen and Goshay)通过定量分析方法研究了保险资金运用风险与资本结构之间的关联关系,提出保险公司的资本结构会在很大程度上影响投资风险,并指出保险公司投资风险与保险公司资产负债比之间具有负相关性,所以他们认为保险公司应通过控制资产负债比例来管理保险资金运用所存在的风险。[3]哈灵顿和内尔森(Harrington and Nelson,1989)的研究基本支持了迈克尔森和戈谢等的结论,并进一步指出负债占保险资金的比例越高,保险公司所面临的风险会越大,所以在保险资金运用时需合理控制各部分资金来源在保险资金中的占比。[4]

1992年,巴贝尔和阿瑟(Babbel and Arthur)从系统性风险视角出发,研究如何控制保险企业所面临的风险,他们认为保险公司作为资金运用的主体,其所面临的系统性风险中最主要的是利率风险,因为利率的变动会影响其资产与负债的价值。因此,保险公司在运用资金时需要重点防范利率风险。[5] 1993年,瑞迪和穆勒(Reddy and Mueller)专门研究了人寿保险资金的运用,他们发现人寿保险资金运用的风险上升,会带来投资回报的增加,但随之而来的是监管成本和信息成本的上升。所以,保险公司在运用资金时须重点关注风险、投资收益和监管成本、信用成本之

---

[1] Kenney R., "Fundamentals of Fire and Casualty Insurance Strength (3rd)", *The Kenney Insurance Studies*, 1957, p. 68.

[2] Jackson C. J., "Stochastic Models of Risk Business Operating under the Influence of Investment Fluctuation", PHD Dissertation, University of Wisconsin, 1971.

[3] Michaelsen J. B. and Goshay R. C., "Portfolio in Financial Intermediaries: A New Approach", *Journal of Financial and Quantitative Analysis*, Issue 2, 1967, pp. 166-199.

[4] Harrington S. E. and Nelson J. M., "A Regression-Based Methodology for Solvency Surveillance in the Property-Liability Insurance Industry", *Journal of Risk and Insurance*, Vol. 53, No. 4, 1986, pp. 583-605.

[5] Babbel D. F. and Arthur B. H., "Incentive Conflicts and Portfolio Choice in the Insurance Industry", *Journal of Risk and Insurance*, Vol. 59, No. 4, 1992, pp. 645-654.

间的匹配关系。[1] 1996年,弗兰克尔(Frankel)对刚刚出现不久的在险价值(Value at Risk)方法做了系统阐述,并将其引入包括保险在内的领域加以应用,使得这种方法迅速成为金融风险管理的流行工具,对于保险资金运用风险的管理起到了很大的指导作用。[2]

(二) 国内的主要研究

我国的保险业实践起步晚,有关保险资金运用方面的理论与实践研究也相应较晚,且较为粗糙。然而,保险资金运用的监管不仅关涉保险业的有序发展,更关涉投保大众的切身利益和社会稳定。基于此,我国针对保险资金运用监管的研究颇丰,尤其是宝万之争后关于险资举牌和收购上市公司的问题成为了焦点话题。

1. 保险资金运用的理论与实践

国内最先关注保险资金运用的理论研究可以追溯到20世纪80年代。朱波在1987年的研究指出,为了分散特大自然灾害所造成的损失,必须积累充足的保险基金。[3] 到了20世纪90年代,学者对创新保险资金运用方式展开了讨论。比如,龙卫洋(1999)指出将源于人寿保险产品的资金以投资基金的方式运用,能够将人寿保险业务与资金运用业务进一步结合,并建议创设一种保险公司和投保人利益共享、风险共担的新型保险投资机制。[4]

迈向新世纪之后,国内对保险资金运用进行专门研究的文献数量激增。林义(2002)对保险资金运用可能出现的风险及应对做了研究,提出基于我国保险业长足发展的目标,需针对保险资金运用存在的各种风险,建立多元化的风险防控体系。[5] 刘新立(2004)主张将保险金按时支付作为保险资金运用的首要目标,并围绕资金的偿付能力来拓展保险投资的渠道,尽可能实现资金在安全价值和效率价值之间的平衡。[6] 陆磊和

---

[1] Reddy S. and Mueller M., "Risk-Based Capital for Life Insurers: Part II Assessing the Impact", *Risks and Rewards*, Vol. 9, 1993, pp. 6-8.
[2] Frankel F., "Risk and Value at Risk", *European Management Journal*, Vol. 14, No. 12, 1996, pp. 612-621.
[3] 朱波:《对保险资金运用的探讨》,载《天津金融月刊》1987年第9期。
[4] 龙卫洋:《保险投资基金——保险资金运用的新道路》,载《上海保险》1999年第6期。
[5] 林义:《论保险资金运用的风险控制》,载《保险研究》2002年第9期。
[6] 刘新立:《我国保险资金运用渠道的拓宽及风险管理》,载《财经研究》2004年第9期。

王颖(2005)基于我国保险资金运用在经济转型过程中的风险,从宏观和微观角度进行了实证研究,提出保险资金运用会因金融市场体制不同而呈现差异化特征;由于中国经济体制的变化,金融市场会出现较高的系统性风险,从而导致想要使保险资金实现保值增值存在相当大的困难,所以必须把金融创新作为防控体制风险的重要手段;然而,如果金融市场的体制本身就不明确,滥用保险资金以追逐高风险投资的事件发生也就不足为奇;[1]同年,魏巧琴的研究指出,致使保险公司出现破产的原因并非其本身未能实现成功经营,而是在于保险公司委托的投资公司出现各种经营风险,在资本市场产生连锁反应;因此,保险公司非常有必要设立专门运用保险资金投资的资产管理公司,并且对专门化的资产管理公司所具有的优势进行了详细阐述。[2]这为自2003年起我国逐渐设立保险资产管理公司提供了重要研究支持。郭金龙和胡宏兵(2009)阐述了中国保险公司在运用资金过程中的不足及其原因和对策。[3]郭宪勇和罗桂连(2013)提出彼时我国运用保险资金的管理体制尚有缺陷,无法适应行业发展的需要,主张必须着重强化能力的培养和建设、形成较为完备的市场竞争机制并促进监管机构职能的转变。[4]此外,高慧(2019)[5]系统梳理了保险资金运用监管法律法规和案例,并结合实践经验予以总结,旨在为保险投资的合规与规范运作提供指引。

2. 保险资金运用的监管研究

以宝万之争为界分,我国的保险资金运用监管研究前后呈现出研究问题泛化与聚焦的状态。宝万之争前,相关研究的重心并不聚焦,既有早期对域外保险投资监管制度的比较研究和借鉴,又有保险资金运用风险、监管目标和措施,以及监管制度如何完善。宝万之争后,险资激进投资引发了学界对防范保险资金运用风险的集中关注,研究内容包括两方面:保险公司资产负债匹配管理;如何防范保险资金通过股票投资举牌上市公司或参与收购的风险。具体阐述如下:

---

[1] 陆磊、王颖:《金融创新、风险分担与监管:中国转轨时期保险资金运用的系统性风险及管理》,载《金融研究》2005年第6期。
[2] 魏巧琴:《保险投资风险管理的国际比较和中国实践》,同济大学出版社2005年版。
[3] 郭金龙、胡宏兵:《我国保险资金的运用的问题、原因及政策建议》,载《中国保险报》2009年第6期。
[4] 郭宪勇、罗桂连:《保险资金运用管理创新的着力点》,载《中国金融》2013年第20期。
[5] 高慧:《保险资金运用:法律合规与风险控制》,中国法制出版社2019年版。

(1) 宝万之争前的研究

学术专著方面,我国台湾地区著名保险法专家江朝国教授详细阐述了保险资金运用的法律规则,并比较了多个国家和地区间关于保险资金运用的法律监管制度,指出严格的管制能够有效地防范保险资金运用风险,扩大保险资金运用的范围有助于增强保险资金的盈利能力。[1] 孟龙(2004)对国内保险监管中的重大问题,比如保险监管的基础理论、"监管核心原则"的落实,以及实现国内保险监管国际化的思路等进行了全面分析。[2] 孟昭亿(2005)对英、美、法、德、日、韩等国,以及我国台湾地区的保险资金运用情况,从法规、理论和实务三方面进行了深入的比较研究。[3] 陈文辉(2014)等对保险资金投资非上市企业股权的意义、可行性、投资模式和领域,及监管制度进行了全面探讨。[4] 此外,对于保险资金运用的风险管理,刘喜华(2013)[5]、朱南军(2014)[6]、熊海帆(2015)[7]和陈文辉(2016)[8]均从保险资金运用安全性角度开展了相应研究。

学术论文方面,杜墨(1999)最早发表了有关英国保险资金运用和监管方面的文章,其认为英国的部分监管方式可以为国内所借鉴来提高我国的保险资金运用监管水平。[9] 引用率最高的文献是费安玲和王绪瑾(2000)发表的有关保险投资监管法律问题的文章,他们提出应按照投资比例对保险资金投资不同类别的风险产品进行相应的规定,以此来保证保险公司在取得预期收益的同时控制风险。[10] 这是我国实行保险投资比例监管制度的最早理论支撑。胡颖(2000)对保险资金投资证券时存在的一般性风险进行了分析,还研究了保险公司的投资风险,并从宏观和微观两个角度提出了监管对策。[11] 任燕珠(2007)对我国保险资金运用监

---

[1] 江朝国:《保险业之资金运用》(修订一版),财团法人保险事业发展中心2003年版。
[2] 孟龙:《中国保险监管国际化问题研究》,中国金融出版社2004年版。
[3] 孟昭亿:《保险资金运用国际比较》,中国金融出版社2005年版。
[4] 陈文辉等:《保险资金股权投资问题研究》,中国金融出版社2014年版。
[5] 刘喜华等:《保险资金运用的风险管理》,中国社会科学出版社2013年版。
[6] 朱南军等:《保险资金运用风险管控研究》,北京大学出版社2014年版。
[7] 熊海帆:《大资管时代保险资金运用监管创新》,经济科学出版社2015年版。
[8] 陈文辉等:《新常态下中国保险资金运用研究》,中国金融出版社2016年版。
[9] 杜墨:《英国保险资金的运用、监管及其借鉴》,载《保险研究》1999年第4期。
[10] 费安玲、王绪瑾:《保险投资监管法律问题的思考》,载《北京商学院报》2000年第1期。
[11] 胡颖:《保险资金入市的投资风险及监管》,载《经济学家》2000年第5期。

管法律制度提出了立法上的改进意见,主张构建内外互补的、完善的、符合国情的监管法律制度。[1] 杨明生(2008)总结了自国内保险业务恢复以来保险资金运用的历史沿革,强调保险资金有效运用应当坚持"制度化、专业化和多元化",并以"控风险、促发展、保安全"作为保险资金运用监管的基本目标;[2] 祝杰(2011)提出以保险监管与偿付能力监管为核心,有效的保险监管制度需要构建保险监管、保险公司治理、保险行业自律和保险社会监管的"四位一体"监管体系和多维全面的制度。[3] 杨枫和薛逢源(2014)的分析则侧重于监管的技术层面,通过建立一个多期的保险资金最优配置模型,并对不同监管限制下最优的投资组合构成进行分析,他们建议审慎地、逐步地放宽投资限制,并逐渐向最优监管比例靠拢。[4] 胡良(2014)的研究以第二代偿付能力建设为基础,选取2011—2013年我国保险公司资金运用和偿付能力的面板数据,对基于偿付能力开展的资金运用风险监管进行可行性分析,证明了偿付能力水平可以作为指导保险公司投资规模和投资结构、实现资金运用风险监管的标准。[5]

(2) 宝万之争后的研究

我国市场上曾出现的险资激进投资所引发的争议,引发了学界对防范保险资金运用风险的关注与研究。主要内容可分为两大方面:一是从保险投资实务出发,强调保险公司资产负债匹配管理;二是从险资举牌上市公司或参与并购的视角来讨论如何防范保险资金投资股票的风险。在第一个方面,具有代表性的是刘生月(2017)以资产管理视角分析观察寿险经营和负债业务,提出以服务保险主业和支持实体经济为主线,使保险资产和负债之间产生良性互动,通过有效的资产负债管理,发挥保险风险管理和风险保障的特有功能。[6]

在第二个方面,张素敏、孙伊展(2016)认为保险公司将资金投资于股

---

[1] 任燕珠:《试析我国保险资金运用法律监管制度的完善》,载《学术探索》2007年第1期。
[2] 杨明生:《对保险资金运用与监管的思考》,载《保险研究》2008年第8期。
[3] 祝杰:《我国保险监管体系法律研究——以保险资金运用为视角》,吉林大学2011年博士学位论文。
[4] 杨枫、薛逢源:《保险资金运用与最优监管比例——分红险资产负债管理模型探讨》,载《保险研究》2014年第10期。
[5] 胡良:《偿付能力与保险资金运用监管》,载《保险研究》2014年第10期。
[6] 刘生月:《从资产管理的角度看保险公司负债经营》,载《中国保险资产管理》2017年第5期。

市可提高投资收益,同时指出股票投资的风险也相对较高,并分析了保险公司举牌上市公司股票的现状、动因,潜在问题及风险。[1] 叶颖刚(2016)阐释了保险资金在资本市场上进攻的路径及相关的投资逻辑,探讨了险资举牌的风险,并提出了相关的风险应对之策。[2] 吴杰(2016)以中短存续期万能险资金的属性为切入点,解释了万能险相较于其他寿险资金的优势和独特性;通过分析万能险资金的大类资产配置特点,点明万能险资金运用过程中面临的独特风险,并提出了相应的风险防范措施和大类资产配置建议。[3] 孙赫(2017)研究了美国保险资金股票投资监管的历史和规制,阐述了美国的保险资金股票投资的一般监管模式,以及针对投连险资金股票投资的特殊监管模式;据此比较分析了我国险资股票投资监管制度的缺陷,并提出了相应的完善建议。[4] 胡鹏(2017)主张从保险监管和证券监管两个方面着力,约束险资短期操作和"血洗董事会"等行为。具体而言,从负债和资产两个端口同时发力,负债端注重提高保险产品风险保障额度,回归"保险姓保"[5]的本质;资产端则注重加强偿付能力充足率监管,实现资产负债匹配,引导险资进行价值投资。资产端的举措包括完善险资和一致行动人举牌规则,准确评估险资股票投资集中度风险、强化险资信息披露义务、建立穿透式监管规则。[6] 朱南军、吴诚卓(2022)认为保险资金运用监管体系的逐步完善贯穿保险资金运用发展的全过程,对保险资金运用的规范健康发展起到了重要作用。[7]

此外,主张保险公司应作为审慎的机构投资者方面,张佳康、李博(2018)认为美国纽约州20世纪初针对当时寿险公司保险业务极不规范、公司治理与内控机制严重缺失、险资股票投资失控与政治献金等问题,而开展的阿姆斯特朗调查及其后续的从严立法,奠定了美国乃至全球保险业规范运行的基础。源于此项调查的保险公司投资股票禁令,虽历

---

[1] 张素敏、孙伊展:《保险资金举牌上市公司股票的现状、问题及政策建议》,载《北京金融评论》2016年第2辑。
[2] 叶颖刚:《保险资金频繁举牌面临的风险及对策研究》,载《保险市场》2016年第3期。
[3] 吴杰:《中短存续期万能险资金运用特点、风险防范与配置建议》,载《中国保险》2016年第10期。
[4] 孙赫:《美国保险资金股票投资监管研究》,北京大学2017年硕士学位论文。
[5] 所谓"保险姓保",是指全行业必须准确把握保险的核心价值在于提供风险保障,其功能在于帮助建立市场化的风险补偿机制的作用,而非制造系统风险。
[6] 胡鹏:《险资举牌上市公司法律监管规则的反思与完善》,载《商业研究》2017年第9期。
[7] 朱南军、吴诚卓:《保险资金运用制度演进与完善》,载《中国金融》2022年第3期。

经 80 年后最终放开,但由此衍生并确立的险资消极机构投资者的基本定位和险资投资管理基本原则,却至今仍然被全球保险界和投资界奉为圭臬。并据此提出了对于我国保险业发展及险资投资规范发展的借鉴意见。[1]

李伟群、胡鹏(2018)以堪称我国台湾地区宝万之争的"中信入主开发金控"事件,及此后台湾地区的严格修法(禁止保险业行使被投资公司的表决权来强化保险机构的财务投资属性)为分析起点,认为前述修法滥觞于"金融与商业分离"原则,本质在于防止金融业过度控制商业,但其违背了同股同权的基本法理,实有矫枉过正之嫌。通过反思我国台湾地区"保险法"的修改目的,并检讨大陆地区保险公司在股票市场长期的角色错位,作者认为当前规范保险机构股票投资行为可从两个方面突破:平衡保险资金运用的安全性与收益性,兼顾保险机构财务投资者和战略投资者的双重角色。前者应实现自有资金和准备金使用上的分离,降低股票投资的风险偏好;后者应对"保险相关事业投资"与"非保险相关事业投资"差异化监管,实现财务投资与战略投资的理性归位。[2]

需要说明的是,本书所指"金融"为银行、证券、保险等金融业务;"银行"指具有存、贷款功能的一般性商业银行;而所谓商业,则指非金融产业,包括一般从事商务和工业的公司,这些均会涉及产品生产、加工和销售,或服务提供与消费等,即涉及生产制造的经济活动,也称"实业"。实业与经营金融商品和服务的金融业在业务经营、盈利模式、运行风险、负外部性及所受监管约束等方面都存在差异。尽管严格来讲,商业或工商业与实业在意涵上并不完全等同,但其共同指向非金融业;而本书也正是基于金融业与非金融业的差异而探讨二者过度融合的风险及适度分离的规则,因此,本书在同等意义上使用"实业""商业"与"工商业"这些概念,相应地,"金融与实业分离"也可与"金融与商业分离"替换使用。

(三)评价与启示

总体上,当前学术界对于保险资金运用及其监管的研究一直在持续,对比中外相关研究成果,我们也不难发现其存在以下特征。第一,由于国

---

[1] 张佳康、李博:《证保分业及险资股票投资的分水岭——基于 1905 年美国阿姆斯特朗调查报告的研究探索》,载《证券市场导报》2018 年第 2 期。

[2] 李伟群、胡鹏:《保险机构股票投资行为的法律规制——以"金融与商业分离原则"为视角》,载《法学》2018 年第 8 期。

外的保险资金运用历史较长,其相关研究也起步较早且文献颇丰,国内则起步晚且国际影响力相对较弱。第二,国外的相关研究偏向于投资的数理理论和技术应用。国外的研究是在一个相对完备成熟的市场环境下,依据大量的实践数据并采用量化研究方法,比较关注保险资金运用过程中的效率和效益问题,且涌现出众多基于风险管理理论的分析。然而,国内的许多研究仍然拘泥于保险资金管理的原则性问题,更多考虑保险资金运用的安全性及风险控制。第三,不管中外,对保险资金运用监管历史的梳理较为单一,且探讨防范保险业金融力量滥用的保险资金运用监管规则的成果非常少。学者对金融与实业分离原则有诸多讨论,但多数研究均针对银行这类金融机构与实业的分离,鲜见对于作为金融机构的保险公司如何与实业分离的讨论;对于实业控制保险公司(金融业)从而谋求自身利益的研究更是极度缺乏。

因此,本书借鉴美国上百年保险资金运用监管经验,从金融与实业分离角度来阐释保险公司作为金融机构与实业过度结合衍生的风险,并总结归纳防范保险资金金融力量滥用的监管路径。在此基础上,合理借鉴域外监管措施来提出完善我国保险监管资金运用监管制度,有效平衡保险公司保障偿付能力、获得保费投资收益,及扮演金融中介角色之间的矛盾,防范宝万之争中险资被滥用的历史重演。

五、主要研究思路和主要内容

(一) 研究思路

本书从历史演变的维度探索美国保险资金运用监管如何防范保险业金融力量的滥用,为我国保险资金投资监管制度提供完善建议,从而有效约束保险业金融力量借由权益投资而被滥用。

我国保险资金举牌上市公司以及被实际控制人用作融资平台而进行自利交易,暴露了我国保险资金运用监管对保险公司金融力量的防范不到位。美国保险业上百年监管历史所沉淀的保险资金运用监管制度,既致力于保障保险公司的偿付能力,同时防范保险业金融力量滥用风险,这主要体现为"金融与实业分离原则"的践行:一方面,对保险公司的转投资进行约束,限制保险公司利用其大体量资金进行股票投资,进而控制实业公司;另一方,对保险公司的股权进行监管,约束实业公司通过收购保险公司股权来实现对保险资金的滥用。美国的前述监管经验对完善我国保险资金运用监管制度具有借鉴意义。

然而,借鉴的前提在于探究清楚金融与实业分离原则本身的内容,以及挖掘其如何在美国的保险监管历史中呈现,从而便于我国对标借鉴、回应本土化问题。因此,本书的体例安排回应了有侧重地平衡域外经验厘清和本国借鉴的问题。前四章内容先是理清金融与实业分离原则的内涵、曾经的争论,及其在美国金融监管历史变迁中的体现;接着,聚焦至保险监管领域,探索美国对于保险资金的监管是如何管控保险资金金融力量,从而避免金融与实业过度结合所衍生的风险。后两章内容比较分析我国市场上曾经出现的险资运用乱象,找到我国保险公司金融力量被滥用的监管制度漏洞,从而提出有针对性的完善建议。

(二) 主要内容

本书除导论与结论外共六章,具体章节与内容安排如下:

第一章阐述保险资金运用监管的理论基础,即"金融与实业分离原则"。首先,解释金融与实业分离原则的内涵及具体路径,即约束金融机构转投资和股权结构,使金融与实业保持安全距离,从而防范金融力量与实业力量过度结合而引发风险和问题。其次,梳理美国学界关于金融与实业分离原则的支持与反对意见,以求更全面地理解这一原则本身。总体上,支持分离的观点聚焦于经济资源集中、不公平竞争、防止联邦安全网扩张、利益冲突、银行体系安全与稳固等因素的考量;反对分离的观点则主要集中于金融与实业结合所能带来的规模经济效应和银行国际竞争力的提升,至于二者结合引发的风险则主张通过防火墙机制予以化解。最终发现,无论是理论上的一争高低,还是成本收益分析都无法盖棺论定金融与实业是否应该分离,同时也缺乏坚实的实践证据来支撑二者应该融合。因此,是否实施金融与实业分离原则是多重因素综合作用下的各国监管选择。再次,从美国金融监管历史来看,金融与实业分离原则在美国几经变迁的银行监管制度中虽有所松动,但仍贯穿始终。这主要是基于两方面的考量:保护竞争和维护金融安全。坚守这一原则所形成的较少利益冲突、对经济资源集中度的约束和公平授信等,是美国经济繁荣所不可或缺的要素。最后,讨论金融与实业分离原则在保险资金运用监管中的体现及意义。保险公司作为现代资本市场上最主要的投资机构,其利用保险资金投资的行为一方面为实业发展提供了丰富的资金支持,但同时也带来了实业经营遭受金融资本过度干扰问题。美国约束保险公司对外投资能力实际上是美国监管金融力量与实业之间关系的第一个环节，即1905年的阿姆斯特朗调查及随后的险资运用从严立法。金融与实业分离原则对于解决我国市场上出现的险资金融力量滥用问题具有重要借鉴意义。

第二章梳理美国保险资金运用的监管历史，从而为归纳美国管控保险资金金融力量滥用的具体路径奠定基础。在美国联邦制政体下，存在各州与联邦政府监管权限的界分与争夺，这会影响保险业以及混合性金融产品的监管权归属，所以本章首先介绍了美国的保险监管权配置。事实上，针对保险业的监管权争夺前期是一场联邦政府与州政府之间的拉锯战，由于各州对保险业的监管传统使其最终守住了手中的权力。但保险业本身的跨州经营与州层面各自为政的保险监管之间存在矛盾，于是催生出全国保险监督官协会这一自律组织来协调冲突，并通过出台示范法来推动全国保险监管规则的统一。此外，兼具保险与投资双重属性的投资型保险出现，打破了联邦证券监管权与州保险监管权的既有平衡，引发了针对投资型保险监管权的再次争夺。其次，按时间顺序梳理美国的保险资金运用监管历史，主要分为三个阶段：20世纪初的阿姆斯特朗调查及此后针对保险资金的严格投资监管，致力于反垄断以防止经济力量集中；20世纪60年代针对险资资金来源的监管，将投资型保险产品定性为"证券"，并据此将经营投资型保险资金的独立账户定性为"投资公司"，从而使其资金运用遵循投资公司的对外投资规则；20世纪90年代，对保险公司实施基于风险资本的偿付能力监管，同时将保险资金投资监管由严格的量化比例限制转向了审慎人原则。最后，总结美国保险资金运用监管的重点：既致力于保障保险公司的偿付能力，也践行金融与实业分离政策，防止保险公司利用所聚集的巨额资金控制其他实业公司，或者被其他主体借由权益投资而控制以满足私利。

第三章讨论美国保险资金运用监管中金融与实业分离原则的第一个维度，即保险业不能过度控制实业的具体监管制度。从保险公司资产负债表及账户运作视角来看，美国法下防范保险公司金融力量滥用的监管制度以保险产品资金的性质分为两个层次：一是保险公司表内资金（普通账户）的对外投资监管，二是保险公司表外资金（独立账户）的对外投资监管。两类监管既具有鲜明的差异，但又以各自完善的监管措施最终构建了完整的监管体系。具言之，20世纪初至今，美国已形成了监管传统保险产品资金运用的一般原则,以及监管投资型保险产品资金运用的特殊监管模式。一般原则体现出了从"限制数量"到"审慎监管"的思路转变;而针对投资型保险产品资金,美国则通过判例法将相关产品确认为证券,并将经营投资型保险产品的独立账户视为投资公司,从而以美国1940年《投资公司法》规定的严格投资比例来约束独立账户资金的投资行为。美国通过一般原则与特殊监管模式的结合较为成功地控制了保险金融资本向实业经营扩张的程度,维护了美国产业经济的平稳发展。最后,美国巴菲特旗下保险公司的"产业+保险+投资"业务模式,似乎与美国保险资金运用百年监管历史经验中沉淀下来的金融与实业分离政策相悖,但仔细研究发现,巴菲特保险资金运用模式下,股东权益是险资投资的重要组成部分,其投资以现金类资产对负债的基本匹配为基础,并以股票投资收益的相对稳定性为依托。这表明其事实上遵循了美国自20世纪90年代以来基于风险资本而进行的偿付能力监管和审慎人原则。

第四章讨论美国保险资金运用监管中金融与实业分离原则的第二个维度,即实业不能过度控制保险业的具体监管制度,这主要体现在美国《保险控股公司示范法》上。控股公司组织结构的兴起,引发了监管者对于保险公司资产和准备金被滥用的担心。因为在控股公司体系下,保险公司会被置于那些无意于经营保险主业或与保险业经营利益关联不大的主体手中,他们可能肆意缩减、扩大甚至从根本上改变保险经营。因此,《保险控股公司示范法》旨在扩大保险监管的范围,将保险公司之外的部分主体纳入规制范围,目的在于防范保险公司遭受非保险公司甚至个人的损害。具言之,该法在界定何为"控制"保险公司的基础上,有效锁定了保险监管者对于保险控股公司组织结构下的监管范围;然后对于获得保险公司控制权所涉及的整个过程进行全面管控,具体包括收购保险公司的报批和批准、完成控制权变更后的注册,控股公司体系内关联交易限制,以及保险公司内部治理规范。这有效防范了非保险企业或个人未经保险监管者许可而获取保险公司控制权并予以滥用的可能。

第五章对我国保险公司资金运用中背离"金融与实业分离原则"的行为进行解读分析。首先,描述和分析我国市场上曾出现的保险资金运用乱象及背后动因,澄清了"我国险资运用模式是对巴菲特'产业+保险+投资'业务模式的模仿和追随"这一误解。尽管二者粗看形似,但实则相差甚远。我国保险公司一反传统的激进投资风格,不仅带来了投资行为高风险对保险公司财务稳定性的影响,还使得金融资本干扰实业正常经营,尤其是当巨额保险资金任由保险公司实际控制人处置时。其次,通过梳理宝万之争发生之际所适用的保险资金股票投资监管规定,分析宝万之争中前海人寿行为的合规性。总体结论是:前海人寿对万科的股权投资违反了险资投资标的所处行业的要求。如此轻微的违规结论似乎与公众和监管者切身感受到的险资金融力量被滥用所蕴含的严重风险相差甚远。由此,保险资金被实际控制人利用进行激进投资所蕴含的巨大风险与捉襟见肘的机构监管形成了强烈反差,我国保险资金运用监管制度缺陷暴露无遗。最后,分析宝万之争中前海人寿引发的问题的复杂性,具体包括三方面:万能险产品异化、保险资金控制实业经营,以及保险公司大股东利用险资以自利。后两者可以说是金融与实业过度结合所衍生风险在我国市场上的集中体现。

第六章根据前文阐述的美国保险资金运用监管防范保险资金金融力量滥用的制度,来审视我国保险公司资金运用监管制度中所存在的问题,并提出相应的完善建议。首先,梳理宝万之争前我国保险资金股票投资监管规则和保险公司股权监管规则,从而回答宝万之争时既有监管规则令监管者束手无策的原因。其次,分析宝万之争后监管者重拳出击下的全方位监管政策的成效及遗留的未解之题。自宝万之争以来,监管者一方面倡导"保险姓保"的发展理念,另一方面改进具体监管制度,从强化保险产品保障功能、规范保险资金运用和完善保险公司股权监管这三方面展开监管应对。密集出台的保险监管新规使得保险公司从保险产品提供、资金运用到股权管理均受到了全方位规制,其在获得监管实效的同时,对于隐性的深层问题——金融与实业过度结合,仍存有疏漏。再次,对标美国险资监管历史的三阶段来分析我国保险资金运用监管制度,可以发现我国保险监管制度注重保障保险公司偿付能力和险资运用安全性,但在防范金融与实业过度结合方面存在制度缺位,这也奠定了其未来的完善方向。最后,阐述如何借鉴美国上百年保险监管历史所积淀的经验,来完善我国的保险资金运用监管制度。由于保险公司金融力量的滥用从两个维度展开:保险公司利用所聚集的巨额资金控制实业公司,或者被实业企业借由股权投资而控制以满足私利。因此,防范保险公司金融力量滥用的有效方法就在于践行"金融与实业分离原则"。但方法的可行有效最终与各国的具体实际情况密切相关,所以在借鉴时必须考虑我国的具体国情而进行取舍。具言之,在金融与实业分离方面,对于保险公司普通账户资金的对外投资需要施加"双向投资比例"约束;对于投资型保险独立账户资金,监管理念应转向功能性监管,扩大我国法律中"证券"界定的范围,基于投资型保险的"投资"属性将其纳入证券监管范围,并据此将投资型保险资金的监管纳入证券投资基金监管体系。在实业与金融分离方面,则须完善保险公司股权结构和分红等监管制度。

六、主要研究方法

(一) 比较研究方法

运用比较分析方法来借鉴国外保险公司资金运用监管的立法经验及具体实践。本书重点比较研究中美之间的制度与实践经验,但由于各国在社会、历史、经济及法律制度等方面存在差异,比较研究不能简单照搬照抄,而是需要着眼于我国的具体背景和现状,对我国的现实问题有更清晰的认识,然后再结合外国的相关法律制度和实践经验来提出有针对性的解决方案。

(二) 历史研究方法

使用历史分析方法梳理美国保险资金运用监管过程中监管措施产生、发展及演进的脉络,可深入挖掘保险公司资金运用所遵循监管规则的深层目的及各监管规则之间的关系,从而更好地理解和把握保险资金运用过程中的监管规则。同时,历史分析方法也将用于对我国保险资金投资监管的研究当中。我国保险业的迅速发展扩大了保险资产的规模,也使得保险资金的投资需求和范围不断增加,为此,监管机构不断放松对保险资金运用的监管要求,然而放松监管中存在险资金融力量滥用的视觉盲区,导致了未曾预料的投资乱象和金融风险,这需要采取措施予以补救。因此,历史研究有助于梳理出我国保险资金运用监管的历史沿革及其存在的问题,从而探索解决之道。

(三) 案例分析方法

本书将选取保险监管中的国内外经典案例进行分析,探究特定监管规则所赖以存在的现实争议及背后的社会经济条件,并提炼出其中反映出的监管问题,并探寻问题发生的原因,做到理论和实践相结合。

七、本书的创新之处

本书通过梳理美国保险资金运用监管的历史,归纳了美国防范险资金融力量滥用的维度和相应的防范路径,并以此审视我国保险公司作为机构投资者,其资金运用监管规则中所存在的问题,并提出相应的完善建议,创新点主要有以下几点。首先,对美国保险监管历史进行梳理,总结提炼出保险公司金融力量滥用的两个维度:保险公司利用所聚集的巨额资金控制实业公司,或者被实业企业借由股权投资而控制以满足私利。其次,在此基础上提出防范保险资金金融力量滥用的有效方法,可概括为落实"金融与实业分离原则":(1)对保险公司的转投资进行监管,限制保险公司利用其大体量资金进行股票投资,进而控制实业公司;(2)对保险公司的股权进行监管,约束实业公司通过收购保险公司的股权来实现对其充沛现金流的支配权。这两方面本质上均是通过限制权益投资而实现。最后,审视我国保险公司资金运用监管制度层面所暴露出的问题,并探索契合我国保险公司资金运用实践的制度完善路径。

第一章 保险公司资金运用监管的理论基础

本章首先解释金融与实业分离原则的内涵及具体路径,即约束金融机构转投资和股权结构,使金融与实业保持安全距离,从而防范金融力量与实业力量过度结合而引发的风险。其次,梳理关于金融与实业分离原则的支持与反对意见,以求更全面地理解这一原则本身。再次,从美国金融监管历史来看,金融与实业分离原则在美国几经变迁的银行监管制度中虽有所松动,但仍贯穿始终。最后,讨论金融与实业分离原则在保险资金运用监管中的体现及其意义。

一、金融与实业分离原则及其争论

金融资本和实业资本作为资本的两种重要形式,二者并非互相独立,反而时刻呈现出相互渗透的状态。尽管对金融资本和实业资本而言,二者的力量本身均为中性,但力量与滥用相伴相生,所以监管政策不仅要控制两股力量的无限增长,更要防止两种力量结合而引发更大范围内的经济力量集中。

(一)金融与实业分离原则的内涵

金融业与实业应予区分的概念,其实最初来自银行业务与实业经营的区分。这也是为何在讨论金融与实业分离原则时,用"金融"代称银行。银行与实业经营或一般的商业活动本质上存在差异,[1]比如业务经营、盈利模式、运行风险、负外部性及所受监管约束等方面均存在差异;若二者结合会增加监管难度,甚至使得能否有效管理成为突出问题。[2]随着20世纪90年代,金融混业经营下美国的银行可以内嵌于金融控股公司组织体系中经营,[3]从而使得传统上讨论的"银行与商业分离问题"转换为了"金融与商业分离问题"。

---

〔1〕 Carl Felsenfeld and Genci Bilali, "Business Divisions from the Perspective of the US Banking System", *Houston Business & Tax Law Journal*, Vol. 66, 2003, p. 66.
〔2〕 阮品嘉:《金融跨业经营法治上的选择及其业务规范》,载《月旦法学》2003年第92期;罗惠雯:《金融控股公司转投资之法制研究——以投资非金融事业为主轴》,东吴大学2006年硕士学位论文,第51页。
〔3〕 根据《金融服务业现代化法案》,在新法体制下,与银行有关的金融集团有两种形态:一是以银行为母公司的金融集团(母子公司形态),即银行控股公司。二是以金融控股公司为主体所形成的金融控股公司形态,透过金融控股公司来运作银行、证券及保险等金融业务的经营模式。

银行与实业的分离包括两个层次:银行投资非金融相关事业,以及非金融相关事业投资银行,后者涉及如何建构银行控制股东的适格性审查机制。[1]相应地,金融与实业分离原则由两方面构成:一是实业持有金融业股权(industrial ownership of banks),即金融股权结构问题(ownership structure);二是金融业转投资实业(for a bank to own a stake in a firm),即金融机构转投资问题(reinvestment)。[2]

(二) 金融与实业分离之辩

金融机构跨业经营非金融相关产业问题,美国传统立法例上采取"金融与实业分离原则";但此一议题在学说上仍不乏争议。总结来看,支持"金融与实业分离原则"的观点建立在经济资源集中、破坏竞争秩序、扩张联邦安全网、利益冲突、银行体系安全与稳固等因素的考量之上。反对分离的观点则主要集中于金融与实业结合带来的规模经济效应和银行国际竞争力的提升,至于二者结合带来的风险则主张通过防火墙机制予以化解。具体阐述如下:

1. 支持金融与实业分离的见解

第一,防止授信资源不当配置(misallocation of credit)及其反竞争效果。自由经济的基础原理根植于银行可以有效分配授信资源,银行与商业分离有助于保障金融机构合理公平分配授信资源,且防止利益冲突的发生。而二者结合会使银行的贷款标准失去意义,因为无论是金融业自愿抑或受商业机构胁迫利诱,二者的紧密关系都将造成银行优先放款给附属的商业企业或者其产业链中的上下游厂商,同时拒绝给关联企业的竞争者提供授信支持,这意味着银行与商业结合会带来一系列不公平竞争问题。

授信资源不当配置的潜在情形包括三种。(1)银行向关系企业提供优惠贷款。比如,银行基于其与商业企业的附属关系而愿意承担高风险的贷款业务,以利于关联企业的发展;当通货紧缩或银行采取银根紧缩政策时,银行对其关联企业仍可能以延期还款的方式变相使后者

---

[1] 王志诚:《银行业之投资规范——银行与产业之分合》,载《月旦法学》2010年第182期。
[2] 刘连煜:《金融控股公司监理之原则:金融与商业分离》,载《律师杂志》第333期。

获得资金。[1]（2）银行优先贷款给关联企业的上下游厂商。银行可以信用供给为手段来增强附属企业与其上下游厂商之间的关系，特别是在重视上下游厂商、客户脉络关系的制造业，这种情形更甚。[2]（3）银行可能拒绝向关联企业的竞争者授信。[3]在银行与特定商业机构关系密切的情况下，不难想象，金融机构可能会拒绝对该商业企业的竞争对手提供贷款等金融服务。

  授信资源的不当配置会引发不公平竞争问题。商业企业的附属银行为附属企业及其上下游厂商优先授信，同时拒绝向关联企业竞争对手授信，会增强附属企业对上下游厂商的控制力，并为附属企业提供不公平的竞争优势。附属于银行的商业企业对上下游厂商的控制并非借由平等的商业合作关系获得，而是依赖于其关联银行能够提供的优先授信机会，这不利于产业整体竞争力的提升。而且，附属商业企业优先取得授信并非基于信用评估结果和经济效率作出，银行将信用资源集中配置在内部关系企业将会对整体经济运行带来严重的反竞争效果。此外，商业与银行结合，会使附属企业有途径取得其竞争对手的商业秘密。因为商业银行从事放款业务可广泛取得被授信主体的信息，当商业企业获得银行控制权后，自然可通过其所控制的银行取得贷款企业的重要信息，若商业企

---

[1] Peter J. Wallison, "The Gramm-Leach-Bliley Act Eliminated the Rationale for the Separation of Banking and Commerce", https://policycommons.net/artifacts/1299920/the-gramm-leach-bliley-act-eliminated-the-rationale-for-the-separation-of-banking-and-commerce/1903204/, last access on Feb. 16, 2024.

[2] 以美国连锁百货商 Sears 公司为例，在 1970 年美国银行控股公司法修正案实施前，Sears 公司对一家在芝加哥地区的商业银行握有控制权。当时联邦准备银行芝加哥分行之金融检查人员发现该家银行之企业贷款对象大量集中于 Sears 公司的供应商，联邦准备银行认为此种情形为一种不健全之银行实务（banking practice），遂要求 Sears 公司解除与该商业银行之控制关系。

[3] 允许银行与一般企业之结合，银行为了维持其关系企业之竞争力，是否可能拒绝提供信用给该关系企业之竞争厂商？此问题需要分两种情形探讨：在大都会地区，经营企业金融业务之银行为数众多，仅仅一、两家银行拒绝提供贷款服务并不会有效阻断该竞争厂商获取资金之途径；然而在非都会区之小型银行市场，经营企业金融业务者，可能只有一、两家地区性之银行，当银行拒绝对其关系企业之竞争厂商提供贷款服务或是故意约定严苛之贷款期限，则该竞争厂商确实将受到严重的影响。再者，纵使银行愿意提供信用给关系企业之竞争厂商，此种贷款机会对于该竞争厂商而言其实是形式多于实质。因为企业多半不愿意与竞争对手之关系银行有信用往来关系，因为在申请贷款的过程中，企业必须提供具有机密性之企业内部资讯给银行征信，银行可能会泄露该商业秘密使竞争对手知悉。参见罗惠雯：《金融控股公司转投资之法制研究——以投资非金融事业为主轴》，东吴大学 2006 年硕士学位论文。

的竞争对手正好位列其中,由此带来的不公平竞争后果则非臆断。[1]

第二,避免银行安全网的扩张与滥用。银行破产的负外部性会扩散到其他经济部门,从而影响整体经济活动的平稳有序进行。因此,多数国家通过为银行建立安全网而控制其经营失败所产生的负外部性,这包括中央银行的最后贷款人支持和存款保险制度等。[2] 美国商业银行和其他存款机构可以获得低成本资金的方式得到联邦安全网的补贴。[3] 若银行与商业未加隔离,会使联邦政府向银行提供更大的保护网,相关补贴也更有可能被转移至工商企业,从而导致风险承担失衡和资源配置失效,进而引发其他产业的不公平竞争,并给该保护网本身带来风险。[4] 比如,当与银行有紧密关系的商业机构遭遇财务困境,银行不仅无法熟视无睹,还可能会违规帮助关联企业脱离困境;[5] 即便银行因此而陷入泥淖,其仍可以利用存款保险机制将损失扩散与分摊,而存款保险基金本身的损失最终由纳税人来承担。[6]

第三,防范风险传染(contagion risk)。一般的商业企业在市场上自由竞争,缺乏金融机构那样的专门监管者对其进行常态化的严格监管,因此,其面临更大的经营失败风险。当商业企业与银行关系过密,前者的经营危机容易使公众误以为银行也牵连其中而陷入困境。尽管二者在法律上是相互独立的责任主体,但公众对于金融机构的信心防火墙可能会被穿透,甚至出现挤提银行,最终使得商业组织的风险扩散至银行。[7] 即使通过法律手段有效地限制了银行与其关联工商企业之间的连带责任,

---

[1] Christine E. Blair, "The Mixing of Banking and Commerce: Current Policy Issues", *FDIC Law Reviews*, Vol. 16, 2004, pp. 8-15.
[2] 杨秦海:《在金融控股公司架构下如何防范银行安全网遭滥用》,政治大学 2005 年硕士学位论文,第 1 页。
[3] Financial Restructuring, "Leach Circulates GAO Study Criticizing Mixing of Banking and Commerce", Banking Policy Report, April, 7, 1997.
[4] Carl Felsenfeld and Genci Bilali, "Business Divisions from the Perspective of the US Banking System", *Houston Business & Tax Law Journal*, Vol. 66, 2003, p. 66.
[5] Peter J. Wallison, "The Gramm-Leach-Bliley Act Eliminated the Rationale for the Separation of Banking and Commerce", https://policycommons.net/artifacts/1299920/the-gramm-leach-bliley-act-eliminated-the-rationale-for-the-separation-of-banking-and-commerce/1903204/, last access on Feb. 16, 2024.
[6] 阮品嘉:《金融跨业经营法治上的选择及其业务规范》,载《月旦法学》2003 年第 92 期。
[7] 罗惠雯:《金融控股公司转投资之法制研究——以投资非金融事业为主轴》,东吴大学 2006 年硕士学位论文,第 50—54 页。

但由于消费者和市场往往会将控股公司视作单一整体,因此,这些关联工商企业的困境也难免会使人们对银行本身作出负面评价。[1]

第四,防止利益冲突(conflicts of interest)。利益冲突是由银行多种身份重叠造成的,当银行多重身份所代表的不同利益产生冲突时,可能会导致银行的非审慎经营。一般情况下,银行通过贷款业务为商业企业提供资金,若银行对同一企业兼具"债权人"及"股东"两种角色时,利益冲突问题在所难免。首先,银行可能基于关联关系而放宽贷款审查标准,这会增加银行的坏账风险。其次,经营策略选择上的冲突,这源于股东身份和债权人身份重叠而产生的矛盾,毕竟双重身份所代表的利益诉求不同,进而会影响银行对公司经营策略的选择。在法人有限责任的保护下,股东作为剩余所有权人会偏向高风险、高利润的业务项目;而债权人赚取的是固定利息收入,因此其偏向低风险、低利润的业务项目。[2] 在更广的层面上,银行与工商企业的联营,尤其是非客观的信贷决策,将使银行的信贷决策信号不再具有市场价值和可靠性,动摇银行作为传统公正的资金融通者的市场地位,从而降低稀缺资源配置的效率。[3] 此外,利益冲突的发生还存在于银行与商业联合所形成的企业集团内部,各关联主体可通过高额红利(excessive dividends)或管理报酬等方式巧取银行汇集的公众存款。[4]

第五,防止经济力量过度集中(economic concentration)及"太大而不能倒"。尽管对金融资本和实业资本而言,二者的力量本身均为中性,但力量与滥用相伴相生,所以监管政策不仅要控制两股力量的无限增长,更要防止两种力量结合而引发更大范围内的经济力量集中。一方面,如果银行可以控制工商企业,那么银行便可以利用其规模和资源主导被控制企业甚至其所在行业,并最终抑制竞争。另一方面,如果工商企业可以控制银行机构,也会使少数大企业集中掌握市场资源,并使整体经济陷入不稳定的局面。当经济资源过于集中时,拥有经济权力的企业可能会利用其相较于其他竞争者所拥有的优势地位,开展各种形式的互惠或搭售安

---

[1] J. Virgil Mattingly, Keiran J. Fallon, "Understanding the Issues Raised by Financial Modernization". *N.C. Banking Inst*, Vol.2, 1998, pp.25-32.
[2] 杨敬先:《商业银行投资股票之规范》,"中央大学"1999年硕士学位论文,第140—141页。
[3] Symons, "The Business of Banking in Historical Perspective", *George Washington Law Review*, Vol.51, 1983, pp.714-718.
[4] 刘连煜:《金融控股公司监理之原则:金融与商业分离》,载《律师杂志》第333期。

排,影响融资服务的公平性。[1] 而且,当银行规模变大后,其可能基于效率因素考量而主要服务于大企业或关联企业,从而放弃其服务于当地社区的初心。最后,金融机构与公众生活和各产业领域的经济活动息息相关,其本身规模已不容小觑,若再加上非金融产业,势必带来经济资源集中在几家大型金融企业集团,形成"太大而不能倒"之势。这会绑架政府在金融危机来临时囿于其"牵一发而动全身"的影响力而进行救助,最终将企业集团经营风险转嫁给纳税人承担。这会损害资源配置效率和社会公平正义,并无限助长经营主体的道德风险。[2]

2. 反对金融与实业分离的理由

第一,创造规模经济。松绑银行与实业分离的政策,可以使银行扩大经营规模、降低单位生产成本和管理成本,提升获利能力。第二,增加金融机构的国际竞争力。欧洲国家实施综合银行体制,其金融机构可以多元化投资或跨业到一般工商业,这会使得坚守金融与实业分离政策国家的金融机构相较于欧洲各国的金融集团失去竞争力。第三,多元化经营可降低金融机构的经营风险。根据经济学中的投资组合理论,多样化投资可以分散风险,更有助于健全经营。金融与实业结合,可以达到共业互辅、资金灵活运用,从而适度分散资金过度集中于特定行业而存在的损失风险。第四,减少信息不对称,降低交易成本和企业资金成本。在银行与商业机构的借贷关系中,相较于银行,企业更了解自身的财务及经营状况,但由于二者处于资金供需两端的交易地位,作为借款人的工商企业并不会悉数向银行提供信息,尤其是出现利空消息时。而银行为了获得企业完整的信息会花费高额成本。若允许银行成为工商企业的股东,那么建立在股权关系基础上的知情权将大大减少信贷双方的信息不对称程度,降低银行获取借款人的信息成本及监督成本,这也有利于降低工商企业的借款成本。第五,实业与金融业结合而衍生的风险可以通过完善的防火墙机制与审慎监管加以解决,如构建伞型监管(umbrella supervision)体制和实施风险导向型监管(risk-focused supervision),并不必然依

---

[1] Nancy R. Guller, "The Separation of Banking from Commerce: the Nonbank Bank Dilemma", *Annual Review of Banking Law*, Vol. 7, 1988, p. 411.
[2] 徐敦盈:《也谈恩隆效应,正视金融业跨业经营与金融控股公司监理》,载《台湾经济研究月刊》2002年第25卷第6期。

赖将金融与实业完全分离来解决。[1]

3. 小结

作为金融中介的银行兼具力量性与脆弱性。银行可以吸收公众存款,其本身所拥有的庞大资金规模彰显了力量性,银行所掌控的巨额金融资本可以为工商企业提供充沛的资金支持使其扩大生产经营。同时,银行作为依靠信用维系的金融机构又具有脆弱性。由于银行的巨额资本源于公众存款这一负债性资金,再加上现代商业银行均采用部分准备金制度,若公众对银行的信用或偿付能力丧失信心,银行就会面临严重的流动性危机,甚至可能引发系统性风险。正因为银行既强大又脆弱的属性,使得其与实业联营时会带来两方面的问题:一是经济力量集中而衍生的垄断与竞争秩序失衡,二是金融风险的失控。相应地,美国坚持金融与实业分离原则也主要出于维持市场秩序、保护良性竞争与防范金融风险、维护金融安全这两方面的考量。

前述支持金融与实业分离的观点基本上也可以归入这两方面的考量之中。防止经济资源集中是典型的保护良性竞争的表现,防范金融集团内风险传染和"太大而不能倒"是防范金融风险并维护金融安全方面的考量。防止金融安全网的扩张,一方面是因为金融安全网为与银行相关联的工商企业带来了竞争优势,另一方面则是因为工商企业的风险可能会因此传导至金融机构,并最终由纳税人承担私人行为引发的恶果。防止授信资源不当配置和利益冲突实际上是描述了在银行与工商业联营情况下,银行所处的客观状态;由此,银行可能因为利益冲突主动或被迫采取不稳健的行为,而这将使银行违背其中立地位,为关联工商企业提供竞争优势,也可能使银行因为不稳健的行为而遭受损失,影响银行的稳定经营。[2]

反对金融与实业分离的观点则是特定经济背景下的务实方案,即期待金融与实业结合所产生的规模经济和多元化经营的风险分散效应,来提升美国银行与欧洲全能银行竞争时的国际竞争力。但由于难以确定银行业与实业联合或分离的确切收益与成本,因此,无法依赖成本收益法来

---

[1] Christine E. Blair,"The Mixing of Banking and Commerce: Current Policy Issues",*FDIC Law Reviews*,Vol. 16,2004,pp. 8-15.

[2] 姚一凡:《美国银行业与工商业分离立法之研究》,载《金融法苑》2018年第3期。

作出理性选择。[1] 事实上,无法用单一标准去评价金融与实业联合或分离政策的影响,因为无论是国民经济表现或是单个企业的业绩表现,均由包括宏观经济政策、产业结构、竞争秩序、管理者和职工的动力以及教育程度等在内的多方面因素决定。因此,单一政策可能产生的效果会受到其他多种变量因素的影响,用单一标准去评价金融与实业联合或分离政策的影响不具备可行性。[2] 在有限的金融与实业联营实践中,也并非只有利而无弊。比如,在未采取金融与实业分离政策的典型国家(如德国),其银行与商业紧密融合的现象受到广泛批判与质疑;在日本,银行与大企业财团之间的紧密关系是造成日本经济体系中充满企业联合垄断的重要因素,此种交易模式也因此被西方国家所诟病。[3]

(三) 历史视野下的金融与实业分离实践

从金融业与商业的发展史来看,尽管金融资本与实业融合与渗透可以提高效率、促进产业发展的观点得到了部分学者的支持和证明,但实践中,许多国家及地区还是对两者的结合以及成立金融控股公司持谨慎态度。[4] 历史上,随着银行业态的成型,其通过转投资从事高风险业务,主宰多数交易行为以追求高额利润,于是出现了监管法规予以限制。[5] 比如,威尼斯议会曾于 1347 年禁止银行经营铜、铅、锡、藏红花和蜂蜜等,该管制的目的在于防止银行从事风险业务或垄断特定商品;1450 年,银行又被禁止向白银交易者放款以限制基于投机目的的银行贷款。[6] 17 世

---

[1] 以 Berger 与 Mester(1997)的研究为例,他们验证 6000 家银行在 1990—1995 年的资料发现,规模 100 亿美元以上银行的成本效率仅比规模小于 1 亿美元以下的银行高 2.5%,但是在获利效率方面小银行却远比大银行高。因此,美国的实证资料似乎显示,当银行变大时,它们对于成本掌控的能力较好,但是对于所创造收益的使用效率却较差。因此,银行愈大就愈好的说法是一个迷思。参见 Allen N. Berger, Loretta J. Mester, "Inside the Black Box: What Explains Differences in the Efficiencies of Financial Institutions?", *Journal of Banking and Finance*, Volume 21, Issue 7, 1997, pp. 895-947.

[2] 姚一凡:《美国银行业与工商业分离立法之研究》,载《金融法苑》2018 年第 3 期。

[3] Christine E. Blair, "The Mixing of Banking and Commerce: Current Policy Issues", *FDIC Law Reviews*, Vol. 16, 2004, pp. 8-15.

[4] 孙赫:《美国保险资金股票投资监管研究》,北京大学 2017 年硕士学位论文,第 38 页。

[5] John Krainer, "The Separation of Banking and Commerce", *Economic Review-Federal Reserve Bank of San Francisco*, Vol. 1, 2000, pp. 15-25.

[6] Bernard Shull, "The Separation of Baking and Commerce: Origin, Development, and Implications for Antitrust", *The Antitrust Bulletin*, Issue 28, 1983, pp. 255-279.

纪时的英格兰银行虽然曾获许经营商品,但旋即又因为防范商品垄断风险而被禁止从事商品经营。深受英国传统影响的美国,其早期特许银行的业务范围也同样受到此类限制,这种约束在美国脱离英国的殖民统治而独立后仍继续存在于美国金融监管体制内,但其并未阻碍美国经济的蓬勃发展。相反,将银行与实业分离所形成的较少利益冲突、对经济资源集中度的约束和公平授信等,都成为美国经济繁荣不可或缺的因素。这也是为什么金融与实业分离原则在美国几经变迁的银行监管制度中虽有所松动,但仍贯穿始终。[1]

二、金融与实业分离原则在美国金融监管法中的演进

美国立法上对于金融与实业分离原则的坚守,与对分业经营的整体管控密切相关。金融与实业分离实际上是分业经营的一个层面,即金融业与非金融业的分离;分业经营还包括金融业内部银行、证券、保险这三类业务的分离。[2]对于分业经营的第二个层面,即金融业内部的分离,由于分业和混业经营利弊兼存,[3]因此选择何种模式不只是从业主体对两者的成本收益权衡,更关涉政府出于社会整体福利的考量而对各金融机构施加的监管要求。美国金融监管立法历程体现了监管者对金融业内部分业与混业经营的进退游弋态度,在不断调试中求得保证金融体系稳定和提高金融服务效率的平衡。然而,对于分业经营的第一

---

[1] 庄书雯:《金融机构跨业经营防火墙制度研究——以金融控股公司为中心》,台湾大学2012年硕士学位论文,第107—114页。
[2] 曾彦硕:《金融与商业分离原则——金融控股公司转投资非金融事业相关问题探讨》,台湾中国文化大学2009年硕士学位论文,第7—28页。
[3] 金融机构实行分业经营,容易培养专门人才,容易在专业服务领域内积累经验,其收益时专业化经营,有利于防止在缺乏专门人才和经验的条件下进入他业而造成风险和损失;其成本是不能利用他业分散风险,不能将现有人员和物资设备作多用途使用。混业经营的收益是可以利用多业同时经营而防范单业经营的系统性风险(其前提是金融业内各业走势不一致,金融机构若在某一个单业内的经营失败,而在其他单业内的经营获得成功,则提高了其盈利能力,降低了其风险水平),可以将人员和物资设备作多用途使用(例如,柜台人员可以同时接待具有不同产品需求的客户,营业场所可以同时接待具有各种产品需求的客户);其成本是如果没有足够多的各业专门人才同时进入各单业经营,容易发生风险和损失,如果管理不当,各业之间的风险还可能互相感染。参见谢平、蔡浩仪等:《金融经营模式及监管体制研究》,中国金融出版社2003年版,第3—5页。

个层面,即金融机构跨业经营非金融相关产业,美国立法上虽有所松动,但一直坚守"金融与实业分离原则",限制金融机构介入一般实业经营。[1]

自1864年起,美国通过联邦立法来建立银行与一般商业之间的鸿沟。1864年的《联邦银行法》限制各联邦银行及其子公司的权力"仅限于银行业务所必需的附随性权力"。这一约束的具体界限通过判例法得以明晰,即银行可以从事类似于传统银行服务的业务,但不得从事商业行为。[2] 1933年的《格拉斯—斯蒂格尔法案》(Glass-Steagall Act)[3]在规定商业银行与证券业分离的同时,继续维持着联邦法下金融业与非金融业不得混业之原则。但前述两个层面的分业经营限制被银行借由控股公司以扩大经营范围的实践所突破和规避,即银行以控股公司形式实现跨业经营证券业务,甚至商业。1956年的《银行控股公司法》及其1970年的修正案对前述问题予以回应,将银行业务的扩张仅限于"与银行密切相关的业务",这虽然动摇了1933年《格拉斯—斯蒂格尔法案》中银行跨业经营证券的禁令,但由于《银行公司控股法》禁止银行涉足纯商业行为,从而使金融与商业分离的政策依然得以保留。此外,由于美国的联邦制政体,使得在各州注册的银行可以从事不受联邦银行法约束的业务,其中不乏一般的商业经营活动。1991年《联邦存款保险公司改善法》[4]致力于解决联邦及各州监管双轨制下,州立银行对联邦注册银行所允许从事业务范围的突破而带来的不公平竞争问题,最终实现了二者经营范围的一致,并强化了银行不得介入商业领域的政策。为了解决分业经营对美国金融机构国际竞争力的约束,1999年出台的《金融服务现代化法》结束了金融业内部壁垒分明的时代,但仍然继续推行传统的银行与商业分离政策。下文就美国金融监管历程中的三部奠基性立法做重点阐述。

---

[1] 罗惠雯:《金融控股公司转投资之法制研究——以投资非金融事业为主轴》,东吴大学2006年硕士学位论文,第50~54页。

[2] See National Bank of N. C., N. A. v. Variable Annuity Life Ins. Co., 513 U. S. 251. 3, 8 (1995).

[3] 也称作《1933年银行法》,本法案于1933年由国会通过,1999年停止适用。

[4] 《联邦存款保险公司改善法》12 U.S.C. § 1831 a (a)规定:所有州立银行除非得到联邦存款保险公司核定允许,否则不得从事联邦注册银行所不能从事之业务。

(一)《格拉斯—斯蒂格尔法案》

19世纪末20世纪初,以摩根集团为首的"金钱托拉斯"(money trust)对美国经济的主导引起了公愤,其被反垄断人士视为美国最大的"敌人"。因为这些金融怪兽利用"他人的钱"(other people's money)已成为垄断的掌舵人(masters of the trusts),并通过垄断来控制大众。[1] 投资银行最初在19世纪90年代通过垄断融资权强化对美国产业的控制,[2] 并通过董事兼任(interlocking directorates)、君子协定(gentleman's agreement)和利益共同体(communities of interests)来扩大和巩固这一控制。由此,银行家同时主导资本供给和资本需求机构,并因此决定股票的发行和定价。"金钱托拉斯"带来了诸多恶果,因为其鼓励以投机为目的的合并(consolidation),这些目的包括高收益的股票销售、内幕交易、丰厚的承销费;同时,它歧视小企业(small business),由此催生不负责任的所有权缺失(absentee ownership)和进一步的经济力量、财富和产业活动集中。这一体系最终将权力汇集到唯利是图者手中,他们只关心投资收益回报而非经济进步,从而使新发明被压制、经济发展被约束,以及新的经济发展路径持续受挫。最后,这一体系使得银行家可以从投资者、商人、客户及社会大众那里收取巨额费用,而收费远高于其所提供服务的价值。[3]

综上,"金钱托拉斯"所形成的金融垄断比其他行业的垄断更具危害性。其控制证券发行、占据董事会席位,以及从利益冲突的交易中获取高

---

[1] Ellis W. Hawley, *The New Deal and the Problem of Monopoly: A Study in Economic Ambivalence*, Princeton University Press, 1966, Chapter 16: "The Anti-Trustors and the Money Power", pp. 304-306.

[2] 在20世纪的前10年,若一家美国公司想要融资1000万美金以上,就必须付费购买摩根集团的投资银行的融资服务。如果摩根认为他不应当帮助该公司融资,那么该企业就不会融到资金,其扩张计划也势必流产。因此美国的投资流向和产业及企业扩张都受控于摩根及其合伙人的支持,换言之,摩根及其合伙人主导了上世纪之交美国产业发展模式。很多大型公司在摩根的支持下发行债券并任命摩根的代表作为公司的董事,摩根的合伙人对前述公司的经理人选任的战略发展有很大的话语权。参见 J. Bradford De Long, *J. P. Morgan and His Money Trust*, Harvard University and National Bureau of Economic Research, August, 1992, p. 2.

[3] Ellis W. Hawley, *The New Deal and the Problem of Monopoly: A Study in Economic Ambivalence*, Princeton University Press, 1966, Chapter 16: "The Anti-Trustors and the Money Power", pp. 304-306.

额利润；[1]在更深的层面上,"金钱托拉斯"对资本和信用的控制摧毁了美国经济原有的多样性和自由,妨碍了个体发展力量。在以布兰代斯(Brandeis)为代表的反垄断人士眼中,美国的发展依赖于个体自由,因此,解决问题的唯一方法在于让个体自由地工作和贸易,而不会时刻受到权力巨人的威胁。[2]这需要多项改革来解决前述问题,比如证券发行、证券交易和控股公司的监管,降低金融家以投资为目的过度膨胀;透明和充分信息披露将有利于投资者保护和抑制过度收费及内幕交易;严格禁止董事兼任将降低银行家的影响并消除利益冲突;投资银行与商业银行、储蓄机构和产业企业(industrial enterprise)的分离将重建竞争、降低资本成本,让投资银行家回归其正常角色。[3]

事实上,"金钱托拉斯"曾受到过两次国会调查。第一次是1912—1913年由阿尔塞内·普若(Arsene Pujo)主导、塞缪尔·昂特·迈耶(Samuel Untermeyer)作顾问的特殊委员会。调查公开了J. P. Morgan金融帝国的财务所有权和控制,强调其通过连锁董事实现控制。调查结论是,金融业的少数领导者通过股权、连锁董事、合伙与联营等方式获得并共同享有银行、信托公司、铁路、公共服务和产业公司的主导权,这使得金融与信用控制广泛存

---

[1] 比如,第一银行(First National Bank)的总裁George F. Baker是摩根的好友,事实上被摩根任命为受托人,负责处理其过世后合伙人之间的争议。Baker不仅是AT&T的董事,而且是AT&T任命Theodore Vail作为总裁时的幕后推手。Vail认为AT&T应该通过降价来牺牲短期利润以获得未来市场份额,并努力成为全国性的电话公司。当摩根合伙人推荐购买AT&T债券和股票时,他们是基于这是好的投资还是因为Baker与摩根的友谊?另外,摩根的合伙人George W. Perkins同时是纽约人寿(New York Life)的董事,其重仓持有摩根集团承销的证券。发行人期待其证券高价发行从而获得高融资,摩根集团为其证券发行提供服务。人寿保险公司为了保单持有人的利益而试图从投资中获得高收益。那么,Perkins应该将发行公司视为摩根集团客户并最大化客户利益,还是应该站在寿险公司保单持有人的立场上进行考量,抑或牺牲前两者利益,只考虑增加摩根集团作为中间人所收取的服务费。参见J. Bradford De Long, *J. P. Morgan and His Money Trust*, Harvard University and National Bureau of Economic Research, August, 1992, pp. 6-7.

[2] John Bellamy Foster and Hannah Holleman, "The Financial Power Elite", *Review of the Month*, Vol. 62, Issue 1, May 2010, pp. 1-19.

[3] Ellis W. Hawley, *The New Deal and the Problem of Monopoly: A Study in Economic Ambivalence*, Princeton University Press, 1966, Chapter 16: "The Anti-Trustors and the Money Power", pp. 304-306.

在且迅速集中于金融精英的手中。[1]尽管 Pujo 委员会的调查最终对国会的行动影响甚微,但成功引起了社会对于"金钱托拉斯"和投资银行的担忧。[2]国会第二次调查是在 1932—1933 年由费迪南德·佩科拉(Ferdinand Pecora)担任顾问的国会银行委员会开展。[3]如同 Pujo 委员会的发现,佩科拉调查揭示了大型银行所附属投资银行的投机行为,指出通过连锁董事形成了以少数金融精英为核心的复杂关系网,其中以摩根和德雷克(Drexel)为代表;佩科拉调查认为美国正被金融家掌控。[4]

关于"金钱托拉斯"的争议最终由大萧条一锤定音。股票市场的崩溃和经济大萧条使得证券业失去了政治辩护人,1933 年通过的《格拉斯—斯蒂格尔法案》正式确立了银行与证券分离制度,以确保经营安全与防范利益冲突。该法规定银行除合格证券外,不得办理证券承销及自营业务,并禁止银行与主要经营证券承销或自营买卖业务的公司组成附属企业。[5]

---

[1] 1912 年众议院银行与货币委员会发起了对"金钱托拉斯"的调查,由路易斯安那州的委员阿尔塞内·普吉(Arsene Pujo)主导。Pujo 委员会调查发现,全国金融资源的 22% 掌握在纽约的银行和信托公司手中。其公开了 J. P. Morgan 金融产业帝国的财务所有权和控制(financial ownership and control),强调其通过连锁董事(interlocking directorates)实现控制。报告指出,以摩根集团的 J. P. Morgan、第一全国银行(First National Bank)的 George F. Baker,以及全国城市银行(National City Bank)的 James Stillman 三人为首的"内部组织"(inner group),包括了其控制的其他各个银行和企业。这一"内部组织"占据超过 100 家公司的 300 多个董事职位(directorships)。Pujo 委员会认为,前述广泛的管理岗位把控目标在于对美国金融和产业的控制而不是投资,因此得出结论:金融业的少数领导者通过股权、连锁董事、合伙与联营等方式获得并共同持有银行、信托公司、铁路、公共服务和产业公司的主导权,这使得金融与信用控制广泛且迅速集中于这些金融精英手中。尽管 Pujo 委员会的调查最终对国会的行动影响甚微,但是成功引起了社会对于"金钱托拉斯"和投资银行的担忧,这在路易斯·布兰迪斯(Louis Brandeis)的《他人的钱》(Other People's Money,1913)一书中对此有猛烈的指责。参见 John Bellamy Foster and Hannah Holleman, "The Financial Power Elite", *Review of the Month*, Vol. 62, Issue 1, May 2010, pp. 1-19.

[2] 投资银行家催生了产业巨头(industrial behemoths),把垄断资本推向了新纪元。Veblen 认为:"投资银行家是企业所有权分散、经理人主导公司经营背景下的幕后操手……银行家通过其融资垄断权,参与被投资企业的管理,实际上控制了产业经营"。参见 E Ellis W. Hawley, *The New Deal and the Problem of Monopoly: A Study in Economic Ambivalence*, Princeton University Press, 1966, Chapter 16: "The Anti-Trustors and the Money Power", pp. 304-306.

[3] 1929 年股票市场崩盘和大萧条引发对"金钱托拉斯"的再度调查。1932 年参议院银行与货币委员会展开对证券市场和整个金融体系为期两年的调查,即著名的 Pecora 听证会,以首席顾问 Ferdinand Pecora 命名。

[4] John Bellamy Foster and Hannah Holleman, "The Financial Power Elite", *Review of the Month*, Vol. 62, Issue 1, May 2010, pp. 1-19.

[5] 庄书雯:《金融机构跨业经营防火墙制度研究——以金融控股公司为中心》,台湾大学 2012 年硕士学位论文,第 53—57 页。

《格拉斯—斯蒂格尔法案》共 34 条,其中有 4 个条文重点规定了银行及证券业务的隔离,即第 16 条[1]、第 20 条[2]、第 21 条[3]及第 32 条[4]。其中,第 16 条、第 20 条、第 21 条是从银行业务方面来限制其跨业经营,

---

[1] 《格拉斯—斯蒂格尔法案》第 16 条:禁止银行从事证券自营或承销。本条规定联邦注册银行与联邦储备会员银行,不得从事证券业务中自营业务、承销业务,但不包含中央政府及地方政府所发行之公债。至于经纪部门则仅限于"依客户委托之计算而从事买卖"之业务。故银行投资有价证券仅限于财政部金融管理局指定之"投资性证券",但买进总数不得超过发行总额之 10%,且买进价值不得超过银行资本之 15% 及剩余资金之 25%。是以,银行原则上仅得接受客户之书面委托而为客户之计算从事有价证券之买卖,即为有价证券之经纪业务,不得从事证券承销业务以及公司债之自营与承销业务。

[2] 《格拉斯—斯蒂格尔法案》第 20 条:禁止银行与从事证券业务为主之企业成为关系企业。本条规定美国联邦立案银行与联邦储备会员银行及其关系企业组织,包括银行控股公司、银行控股公司下属之非银行公司以及联邦立案银行所设立之业务公司,不得与从事证券业务为主(Engaged Principally)之企业机构形成关系企业。包括以证券发行(Issue)、募集(Floating)、承销(Underwriting)及公开销售(Public Sale)为主要业务之公司,均不得为之。本条是为彻底执行银行与证券业务分离政策的必要规定。因为在 1920 年代银行纷纷设立证券关系公司,以从事各种证券业务,本条即是针对此项业务加以规范。但是这一规定仍然存在不妥当的地方,本规定针对的是联邦准备银行的会员银行,未能包括非会员银行。另外,即使属于会员银行,亦可设立非以"从事证券业为主之公司",进而介入证券业务。而其关键则在法条用语"Engaged Principally"中"Principally"一语的解释。为贯彻《格拉斯—斯蒂格尔法案》的立法意旨,在判例上逐渐形成子公司证券业务收益占总收益之 5%,以及承销证券占证券市场 5% 之限制。第 20 条规定造成金融制度上著名之"二十条子公司"(Section 20 Subsidiaries)。盖本条禁止联邦准备制度会员银行与"主要从事证券业务"之公司成为关系企业(Affliate),但因"主要从事证券业务"之解释不明,因此许多商业银行借由银行控股公司的非银行公司进行证券承销申请,并把全部涵盖特定证券业务(Eligible Securities)移至该公司,并说明这一证券业务不属于子公司的重点业务,通过隐秘的方式实现证券业的跨业运行。1987 年 4 月,联邦准备委员会第一次允许银行业者可经由银行控股公司框架下的子公司,以证券业务之收入不超过该公司总收入之 5% 为条件,经营受限制之证券业,该子公司即所谓的"第二十条子公司",后来逐步放宽至 25%。

[3] 《格拉斯—斯蒂格尔法案》第 21 条:禁止银行同时办理证券与收受存款业务。本条禁止经营证券业之法人及个人从事收受存款业务,亦即规定证券业务与银行业务不得兼营,适用对象包括所有银行、证券公司及收受存款机构,非联邦准备会员之银行亦在规范之列。又本条规定与同法第 16 条规定系相对应的,第 16 条限制参加联邦准备银行之会员银行不能直接经营证券业务,而第 21 条则规定证券业者不得收受存款,以使银行与证券两种业务彻底分离。由于本条之限制,银行如欲介入证券业务,必须以子公司(运用《格拉斯—斯蒂格尔法案》第 20 条之漏洞)或以银行控股公司之证券子公司方式经营证券业务。参见:施敏雄《利益冲突与美国银行、证券业务分离的规定》,载《台湾经济金融月刊》1992 年第 28 卷第 6 期,第 8 页。

[4] 《格拉斯—斯蒂格尔法案》第 32 条:禁止高级经理人兼任银行与证券业。本条规定经营证券业务为主之法人,其董事及职员,不得兼任联邦准备银行会员银行之董事及职员。之所以限制银行与从事证券为主业之公司间之人事流通,其目的乃为防止银行业与证券业之经营阶层结合,进而发生关系人交易等情事,产生利益冲突,因此明文禁止双方内部人员重叠。

第 32 条则从人事方面来限制人员流通,以避免利益冲突。[1]《格拉斯—斯蒂格尔法案》使美国金融业进入了分业经营时代,金融业彼此之间不得兼营,而金融业与非金融业间仍然维持联邦法下不得混业经营的原则。[2]

(二)《银行控股公司法》

1927 年颁布的《麦克法登法》(Mcfadden Act of 1927)不允许银行在其他州设立分行;此后,银行为扩大经营范围,自 20 世纪 40 年代开始,采用不同方式规避《麦克法登法》对设立分行的禁令,其方式包括组成控股公司或者将独立的子银行结合成连锁银行。相较于作为子公司的银行,控股公司所受监管较为宽松,可以进行商事交易和股票投资。鉴于这种情况,国会在 1956 年颁布了《银行控股公司法》(Bank Holding Company Act),约束控股公司只能在与银行密切相关的领域进行活动,且不能拥有非银行企业超过 5%的有投票权股份。[3] 另外,这一法案还规定,实业公司在获得一家商业银行的控制权后,需要在放弃控制权或转做纯粹的银行控股公司之间作出选择,且选择必须在两年内作出。[4]由此,迫使银行控股公司抛弃了子公司所从事的非与银行高度相关的业务,[5]从而实现了对"金融与实业分离原则"的坚守。学者曾对此评论道:"美国国会显然对经济集中度问题的担心大于银行稳定问题"。[6]

由于 1956 年《银行控股公司法》对于"银行控股公司"的界定采取所谓"复数银行控股公司"(Multi-Bank Holding Company)标准,即"控制或

---

[1] 林盟翔:《金融控股公司监理法制之探讨与发展动向》,中正大学 2004 年硕士学位论文,第 71—85 页。
[2] 施敏雄:《利益冲突与美国银行、证券业务分离的规定》,载《台湾经济金融月刊》1992 年第 28 卷第 6 期。
[3] 〔美〕马克·J. 洛:《强管理者 弱所有者:美国公司财务的政治根源》,郑文通等译,上海远东出版社 1999 年版,第 138 页。
[4] 美国 1956 年《银行控股公司法》第 4 节:在非银行组织中的利益(12 USC 1843)。参见谢平等:《金融控股公司的发展与监管》,中信出版社 2004 年版,第 387—390 页。
[5] 刘连煜:《金融控股公司监理之原则:金融与商业分离》,2007 年海峡法学论坛文集,第 29 页。
[6] See Ross Cranston, *Principles of Banking Law*, Oxford University Press, 2002, p. 31.

拥有两家或两家以上银行的公司",[1]这就导致单一银行控股公司(One-Bank Holding Company)不在监管范围内。[2] 实践中,银行控股公司成立专门的控股公司从事非银行业务,且这一控股公司仅有一家子银行,从而实现规避监管的目的。为弥补此漏洞并且防止银行控股公司的扩张,国会议员道格拉斯(Douglas)于1970年提出修正案,除将单一银行控股公司纳入《银行控股公司法》监管外,还授权联邦储备委员会核准和界定银行控股公司能够经营的"与银行密切相关的业务"(closely related to banking)范围。[3] 据此,联邦储备委员会有权解释何谓"与银行密切相关的业务",并能扩张或限缩银行控股公司的经营范围。基本上,子公司所从事的非银行活动若与银行业务密切相关且符合"公共利益"的,则为联邦储备委员会所允许。[4] 判例法中,美国法院采用"细微危险分析法"(Subtle Hazards Analysis)来判定何种业务为"与银行密切相关的业务",判断的核心在于某种业务是否会给银行带来潜在利益冲突。[5] 随着新的混合型金融商品或业务被推出,以及联邦储备委员会对银行控股公司经营范围解释权的弹性运用,事实上动摇了1933年《格拉斯—斯蒂格尔法》下对银行跨业经营证券业务的严格限制。[6] 但纯商业行为始终

---

[1] 所谓"控制",需分别依照客观事实及主观认定之。客观事实即控制公司直接或间接,或控制公司经由一个或一个以上他人拥有、控制或持有其他银行或其他公司之任一种类同次发行的表决权股份达25%及其以上;或控制公司依任何方法控制其他银行或其他公司的多数董事或信托受托人选举。主观事实认定,系赋予联邦准理事会在通知及给予公司听证机会后,依据公司每年向联邦理事会提出之财务状况报告、营业状况报告,或管理报告,判断认定该公司是否具备直接或间接影响银行之管理及政策之控制力。而且,此处的"公司",是指公司(corporation)、合伙、商业信托、社团(association)及其他类似组织。换言之,公司意指任何得永续管理及控制银行之实体(entity),而不限于公司法上所称之狭义公司。See 12 U.S.C. § 1841(a) (2).

[2] Nance Mark E. & Singhof Bernd, "Banking's Influence over Non-bank Companies after Glass-Steagall: A German Universal Comparison", *Emory International Law Review*, Vol. 14, 2000. pp. 1319-1320.

[3] See 12 U.S.C. §4(a). 1970年《银行控股公司修正法案》把单一银行控股公司置于美联储的监管之下,该法案把适用于复数银行控股公司的监管规则扩大到了单一银行控股公司。1970年以前,单家银行控股公司可以经营数百余种非银行业务,其中有工矿、农业、商业、交通等行业,1970年法案允许经营的非银行业务只剩下20多种。参见张晓朴:《美国银行控股公司的监管实践、监管改革及其借鉴》,载《国际金融研究》2009年第10期。

[4] Michael S. Barr, Howell E. Jackson and Margaret E. Tahyar: *Financial Regulation: Law and Policy*, West Academic Publishing, 2016, pp. 669-672.

[5] "细微危险分析法"是指从个案事实分析该业务是否对银行带来潜在利益冲突之检验准则,必须在检验不具备情形下始得经营。

[6] See 12 C.F.R. § 225.4(c)(8).

未被纳入判例法上或联邦储备委员会所允许的银行控股公司经营范围。因此,1956年《银行控股公司法》及其修正案虽然使得银行业与证券业分离的界线有所松动,但银行与商业分离的政策依旧被坚守。

美国《银行控股公司法》对银行控股公司经营范围的限定持续了很长时间,要求其只能在与银行密切相关的领域进行活动,这是基于防范金融安全网扩张的考虑。银行享有诸如存款保险、最后贷款人救助的特权,但实业企业及非银行金融机构并不享有。因此,通过约束银行控股公司的经营领域,有利于隔断银行业与实业经营风险,并能有效避免实业公司滥用其银行控股股东的权利,确保银行的有序发展。[1]

(三)《金融服务现代化法》

1999年《金融服务现代化法》(Gramm-Leach-Briley Act)出台的背景包括金融混业经营的发展趋势,以及分业经营对美国银行国际竞争力的制约。一方面,随着金融市场的快速发展和金融商品的不断创新,金融业内部银行、证券和保险这三大传统业务之间日益渗透融合,界限渐趋模糊。另一方面,受"禁止跨业经营"的监管约束,美国银行在传统存放款业务遭遇挫折的同时,又无法透过跨业经营以分散风险,由此在与欧盟"综合银行"体系下开展多元化与规模化运营的金融集团进行国际竞争时处于劣势。20世纪80年代末和90年代初,美国银行陷入危机时期,部分原因在于美国商业银行的体量不足以支撑其开展有效竞争。首先,美国银行受到了金融化时代其他金融领域不断迅速扩张的影响,银行占据的市场份额日益减少。[2] 其次,与其他发达资本主义国家的银行相比,美国银行地位的下降尤其明显。1970年,以储蓄量为标准,美国商业银行的体量远超欧洲和日本的主要银行;[3] 然而,到了1986年,世界最大的

---

[1] 张晓朴:《美国银行控股公司的监管实践、监管改革及其借鉴》,载《国际金融研究》2009年第10期。

[2] 1950年,在11家主要金融机构总资产中,即商业银行、寿险公司、私人养老基金、储贷协会、各州和地方养老基金、金融公司、共同基金、产险公司、货币市场基金、储蓄银行及信用合作社,商业银行资产占了一半以上;这一比例在1990年萎缩至32%。这意味着银行业被严重削弱。

[3] 1970年,世界三大银行均设立在美国,分别是美国银行(Bank of America)、花旗银行(Citicorp)和大通曼哈顿银行(Chase Manhattan);总体上,世界前20大银行中,美国占据了8家。参见John Bellamy Foster and Hannah Holleman, "The Financial Power Elite", *Review of the Month*, May 2010, pp. 7-9.

银行转移至日本,美国只有 3 家银行挤进世界前 20 名。若按资产的市场价计量,美国的银行排名状况更糟,花旗银行 1986 年跌至全球第 29 名,美国银行跌出了世界前 50 名。[1]

分业经营对美国银行竞争力的约束使得监管者重新思考银行与证券、保险业结合所生的利弊,最终认为或许可以通过金融混业所带来的效率提升与风险分散效果来缓释和平衡其弊端,这推动了全面大规模放松管制的《金融服务现代化法》出台,其致力于解除对金融机构的限制,以促进革新和提升金融业的竞争力。该法在废除银行与证券分离的理念下,[2]废止了 1933 年《银行法》第 20 条与第 30 条,允许银行通过关联企业的方式跨业经营证券,[3]也解除了银行与证券公司的高管兼任限制;[4]但仍保留了第 16 条与第 21 条,即证券商仍不许从事存放款业务,银行本身不得经营证券承销与证券自营业务。此外,该法修订了《银行控股公司法》,允许银行控股公司可以在更大范围内从事经营活动,并且当满足一定标准时可以要求变更为金融控股公司,进而从事所有金融相关业务。[5]"金融相关业务"具体包括:(1) 本质上的金融业务(financial in nature)[6];

---

[1] John Bellamy Foster and Hannah Holleman,"The Financial Power Elite", *Review of the Month*, May 2010, pp. 7-9.
[2] 例如于 1955 年提出之《金融服务竞争法》(Financial Services Competitiveness Act of 1955, FSCA),主张以金融服务控股公司(Financial Holding Service Company, FHSC)之模式允许商业银行经营证券业务,并对防止该利益冲突之防火墙加以检讨。1998 年参议院提出《普格斯麦让》(Proxmire Act of 1998)主张删除 1933 年《银行法》之第 20 条与第 32 条,但最后因未完成立法程序而无效。此外,《存款机构关系企业法》(Depository Institution Affiliation Act, DIAA)主张控股公司不受 1933 年《银行法》第 20 条与第 30 条之限制等。参见谢易宏:《简介美国 1995 年金融服务业竞争法案》,载《证券管理》第 13 卷第 5 期。
[3] Section 101 (a) of Gramm-Leach-Briley Act of 1999, 12 U. S. C. Section 377(a).
[4] Section 101 (b) of Gramm-Leach-Briley Act of 1999, 12 U. S. C. Section 78(b).
[5] Section 103 (a) (4) of Gramm-Leach-Briley Act of 1999, 12 U. S. C. Section 1843(K)(z)(4).
[6] 依美国《银行控股公司法》第 4 条第(k)项第(4)款(即 12 U. S. C. § 1843(k)),下列业务为金融本质业务:(1) 存放款、汇兑、资金移转、投资信托、现金或有价证券保管;(2) 保险、保证、或有损失、伤害、疾病、残障及死亡之赔偿,或提供与发行年金保险,担任上述业务之保险人、代理人或经纪人;(3) 提供金融、投资或经济咨询服务;(4) 发行或销售银行可直接持有之金融工具;(5) 证券承销、自营或经纪;(6) GLB 法生效后,联邦准备委员会核准之金融相关业务;(7) 银行控股公司在海外经联邦准备委员会核准经营之业务。除此之外,经由概括授权之方式,联邦准备委员会与美国财政部得对金控公司"金融业务"之活动范围共同认定。

(2)与金融相关的附属业务(incidental to financial)[1];(3)不会对存款机构或一般金融体系安全造成实质危险的"辅助性或补充性金融业务"(complimentary to financial activities)[2]。

《金融服务现代化法》开启了金融业混业经营时代,并缓和了"金融与实业分离"政策。根据该法,金融控股公司可通过三种路径从事"实业":(1)"辅助性或补充性金融业务"授权;[3](2)商人银行业务授权(Merchant Banking Authority);[4](3)祖父条款的特别授权(Powers Specific to the Grandfather Provision)。[5] 如果说第一种和第三种路径分别基

---

[1] 联邦准备委员会与美国财政部咨商后,可判定何者为金融本质业务或金融附属业务,其考虑因素如下。一是考量《银行控股公司法》及《金融服务现代化法》的立法目的。二是评估金控公司竞争市场之改变或合理预期之改变。三是审酌金融服务使用之技术是否有改变或合理预期之改变。四是该项业务是否能使金控公司及其附属企业为下列必要或适当之业务活动:(1)该项业务是否能使金控公司与美国境内其他提供金融服务之公司竞争;(2)使用科技方法提供服务或资讯,包括金融交易或传输数据之保密及系统效率之运用;(3)提供客户任何新兴技术方法之金融服务。参见石人仁:《美国金控法制与实务》,台湾金融研训院,2004年9月版,第160页。

[2] 金融补充性业务,指与金融有关之商业活动,但非金融活动。金控公司欲从事或购买其认为与金融业务有互补之公司超过5%有表决权之股权时,应事先经联邦准备委员会核准,后者核准时考虑因素包括:(1)该项业务是否与金融业务互补;(2)该业务不得对存款机构或金融体系之安全与稳健造成重大风险;(3)评估其增加或减损之公共利益,审酌该业务产生之公共利益是否大于可能之负面效果。所增加之公共利益情形,如对公众有较大之便利性、增加竞争或提高效率;所减损之公众利益之情形,如利益冲突、降低竞争或不公平竞争、或其他风险。

[3] 《金融服务现代化法》允许金融控股公司(FHC)从事金融活动的补充性业务,为此FHC需要向联邦准备理事会(FRB)进行个案申报,并获得其同意从事前述活动的批准。FRB需要考虑被申请业务是否属于金融活动的补充,及其是否会给存款机构的安全与稳健或者整个金融系统带来重大风险,然后作出是否批准的排他决策权。即便批准FHC从事所申报的业务,FRB也会对被授权经营的业务施加约束以控制风险。参见Patrick Conlon, "Grandfathered into Commerce: Assessing the Federal Reserve's Proposed Rules Limiting Physical Commodities Activities of Financial Holding Companies", *North Carolina Banking Institute*, Vol. 22, 2018, pp. 354-357.

[4] 商人银行业务是指金融机构对于非公开发行公司以提供资金及投资管理服务的方式进行的股权投资业务,比如杠杆收购、企业合并、收购及企业咨询等。一般来讲,这类银行是以手续费或佣金收入为主要利润来源,并出售其贷款组合来降低长期信用风险。

[5] 《金融服务现代化法》的Section 4(0)"祖父条款"规定,如果一个非银行控股公司自1997年9月30日已经开始从事商品买卖或进行商品投资,当其在1999年11月12日(Gramm-Leach-Briley Act的颁布日)之后成为金融控股公司,那么其仍然可以继续从事前述活动,尽管银行控股公司不被允许从事这些活动。参见Patrick Conlon, "Grandfathered into Commerce: Assessing the Federal Reserve's Proposed Rules Limiting Physical Commodities Activities of Financial Holding Companies", *North Carolina Banking Institute*, Vol. 22, 2018, pp. 354-357.

于金融监管者把关风控和历史原因而存在,尚且能够被接受或理解,但第二种路径显然是对"金融与实业分离"一贯政策的突破。因为在《金融服务现代化法》之前,银行和银行控股公司最多只能拥有一家商业公司5%有投票权的股票,以确保银行主体仅作为实业公司的消极投资者,从而使银行与实业分离,但《金融服务现代化法》允许金融控股公司通过商人银行对实业企业进行高达100%的权益投资。

但仔细研究会发现,立法者为了防范金融与实业过度结合带来风险,在允许金融控股公司以子公司经营商人银行业务时,仍规定了诸多限制条件,致力于维护金融与实业分离政策。这包括限制金融控股公司参与被投资公司的常规管理(routine management),除非在出售被投资公司时为获得投资的合理回报,前述管理才视为必要;规定持有此项投资的时间限制,[1]以将金融控股公司的投资目的限定于真正的商人银行或投资银行业务,即金融控股公司只能投资于那些将来可以通过出售其股票而获利的实业公司。此外,禁止商人银行业务的利润超过金融控股公司整体利润的15%。[2]这些限制都是为了实现投资活动的金融本质和风险控制,避免金融控股公司过度涉入实业经营。[3]这在某种程度上可被视为美国仍坚守传统"金融与实业分离"原则的最后防线。

(四) 小结

分业经营的界限随着经济实践的发展而不断被突破,这也会倒逼监管者作出回应。纵观美国金融监管立法历史,"金钱托拉斯"形成的广泛垄断及其金融力量滥用催生了经济危机后的从严监管,由此奠定了美国金融业内部的分业经营格局。这一规则经由监管许可下的银行控股公司而出现些许松动,并最终在日趋激烈的国际竞争压力下为提

---

[1] 一般来说,金融控股公司持有投资的商业公司股权的时间不超过10年,尽管其可以请求联邦准备理事会延长持有期限。2001年美联储和财政部共同发布的针对商人银行业务的规定中,这一期限最长可以达到15年。

[2] David L. Glass, "The Gramm-Leach-Bliley Act: Overview of the Key Provisions; Presentation before the State of New York Banking Department", *New York Law School Journal of Human Rights*, Vol. 17, 2000, p. 1.

[3] Patrick Conlon, "Grandfathered into Commerce: Assessing the Federal Reserve's Proposed Rules Limiting Physical Commodities Activities of Financial Holding Companies", *North Carolina Banking Institute*, Vol. 22, 2018, pp. 354-357.

升美国金融机构的竞争力而使监管被迫松绑——允许金融业内部跨业经营。

然而,对于金融与实业之间的分业经营政策,即便《金融服务现代化法》有所调和以应对金融全球化竞争,也仍力守金融与实业经营风险应予区隔的底线。在金融与实业这两者之间的过渡地带,《金融服务现代化法》架起"商人银行业务"这一桥梁,允许金融控股公司通过子公司进行有限度地投资非金融业,但立法者也对此设置了时、量、介入程度等方面的限制,试图在放松金融机构业务约束的同时,防范其利用自身经济实力介入非金融业的经营,甚至引发不公平竞争、利益冲突,从而危害金融秩序。[1]

纵观美国金融监管立法,不难发现其对于金融与实业分离原则的坚守:既限制银行及其子公司直接从事或间接投资非银行业务,又约束金融控股公司及其关联方从事与金融业无关的业务,从而筑起了金融与实业之间的分离之墙。美国坚持金融与实业分离政策逾百年,主要是考虑到银行业与工商业联营会导致经济资源集中,产生滥用权力和破坏竞争,而且会将银行置于利益冲突的境地,导致不稳健的银行经营,从而影响银行体系甚至整个金融体系的安全和稳固。这彰显了美国保护竞争和维护金融安全的监管目标。

三、保险监管中的金融与实业分离政策

保险监管致力于构建完善的保险资金投资监管制度,从而平衡保障保险公司偿付能力、获得保费投资收益,以及扮演金融中介角色之间的矛盾。[2] 保险监管部门通常将偿付能力监管作为保险业监管的核心,保险资金运用监管的首要目标也是为了保障保险公司的偿付能力,但除此之外,保险资金运用监管还有其他的政策考量。具言之,保险业经营"风险"

---

[1] 谢易宏:《企业与金融法制的昨是今非》,五南图书出版社2008年4月版,第379页。
[2] Raymond A. Guenter and Elizabeth Ditomassi, *Fundamentals of Insurance Regulation: The Rules and the Rationale*, Chicago: American Bar Association, 2017, pp. 177-178.

的本质特征,[1]及其所具有的公众性和社会性,使得保险监管者需要对险资运用采取监管措施以保障保险业的稳定偿付,从而保护保单持有人的切身利益和社会稳定。此外,保险公司通过保费收入进行高杠杆经营的事实,以及进行转投资时存在的金融力量滥用风险,也决定了保险资金运用必须受到约束,以维持经济秩序稳定。

(一) 保险资金运用监管的风险控制逻辑——保障保险公司偿付能力

保险制度源于人类为化解可能发生不确定事故的努力,旨在弥补或保障因不确定事故发生而遭受的损失,具有安定个人与稳定社会的功能。[2]保险的数学原理是大数法则,以此为基础汇集大部分人的保费。当约定或法定的事件出现时,可运用汇集的保费对风险进行分担。[3]通过这一机制,不仅单个经济主体能够降低其所遭受的损失;在更广的层面上,保险制度还有促进社会发展与稳定经济环境的功能。[4]保险的社会功能在于使发生于特定个人的损失,通过保险、再保险及成本转嫁[5]等过程,化于无形。[6]因此,保险公司不仅仅是单纯的商业组织,事实上已经成为社会公器,[7]其不只影响投保人的财务健全,更关涉公众的心理安定和社会稳定。[8]

---

[1] 根据人寿保险的规定,当被保险人死亡时保险公司通过支付死亡保险金就可以为保单持有人提供风险中介服务。保险公司通过"汇集"死亡率风险提供这种服务。这种理论的基础是,当保单持有人的数量非常大时,死亡率的随机波动就会彼此抵消,最终表现出来的结果就是可以预测死亡率。定期人寿保险代表最纯粹的死亡保护方式,它用每个保险期内的保费支付保单持有人的死亡赔偿要求。终身寿险通过在整个保单期限内实行固定保费创造出一个"储蓄"功能,较早年份累积保费超出累积索赔要求的部分以利息的方式积累,以弥补以后年度的保费不足,因为以后年度的死亡率较高。参见沈烈:《保险公司资产负债管理》,经济科学出版社2009年版,第126页。

[2] 刘宗荣:《保险法》,三民书局1997年版,第7—8页。

[3] 廖世昌、郭姿君、洪儒君:《保险监理实务》(修订二版),元照出版社2017年版,第10—11页。

[4] 王文宇主编:《金融法》,元照出版社2014年版,第288—290页。

[5] 所有与保险人订有保险契约之要保人,其因缴纳保险费所造成之负担,将反映在劳力成本、货物成本等上面,透过劳动价格、货物价格等价格的提高,又转嫁到所有购买服务、货物之广大消费大众身上,由社会消费大众分摊。

[6] 刘宗荣:《保险法》,三民书局1997年版,第3—4页。

[7] 陈明珠:《保险业资金参与并购之法律相关问题》,台北大学法学系2006年硕士学位论文,第147—156页。

[8] 傅延中:《保险法学》,清华大学出版社2015年版,第235页。

保险人是经营"风险"的公司。消费者购买保险的目的,在于分散风险从而保障自身的财务安全,以免遭受未来不可预期危险所造成的损害。[1] 同时,保险风险的发生既有客观性又有普遍性,一旦风险转化为现实,必然使大量的社会财富遭到损毁或人身受到损害。此时就需要保险公司迅速、及时、准确地赔付或给付。[2] 投资组合收益是保险公司(尤其寿险公司)向保单持有人履行保险责任的资金基础。由于风险和收益成正比,如果投资组合所追求的高风险、高收益未能实现,不仅影响保险公司的投资收益,极端情况还可能使其丧失偿付能力。[3]

当保险人因丧失清偿能力而无法履行其保险合同所承诺的赔付责任时,保单持有人损失的不只是已缴纳的保费,还包括其迫切需要的财务保障,这在人寿保险行业尤为明显。人寿保险是现代社会成千上万名投保人用来渡过不利状况的重要财务计划,而且人寿保单从销售之日到被保险人死亡而引发保险赔付之日通常要经过很多年,因此需要借助保险资金运用监管来保障寿险公司最终具备承担保险责任的经济基础。[4] 否则,当寿险公司到期不能按合同规定兑现保险承诺时,不幸的受益人不仅失去了亲人,还遭受了预期收益的经济损失。[5]

综上,保险活动不仅具有填补被保险人经济损失的直接功能,还具有安定人心、稳定社会的间接功能。[6] 面对随时可能产生的赔付请求,保险公司必须保证充足的偿付能力来应对风险,从而保持其业务正常开展。若保险公司偿付能力不足,不仅导致投保人的利益受损,而且不利于金融体系和社会的稳定发展。所以,监管部门通常将偿付能力作为保险业监

---

[1] 陈明珠:《保险业资金参与并购之法律相关问题》,台北大学法学系 2006 年硕士学位论文,第 93—116 页。
[2] 朱南军:《保险资金运用风险管理研究》,北京大学出版社 2014 年版,第 183 页。
[3] Raymond A. Guenter and Elisabeth Ditomassi, *Fundamentals of Insurance Regulation: The Rules and the Rationale*, American Bar Association, 2017, pp. 177-178.
[4] 保障保险公司的偿付能力的监管措施除了保险资金运用监管,还包括:监管者要求保险公司按照规定利率和死亡率来计提保险准备金;由于准备金代表了保单持有人根据保险合同所进行的投资,所以监管者规定了最低的退保价值。人寿保险合同的长期性也使得监管者有必要对保险公司的实际运营及保单条款进行监管。参见 Schwarzschild and Zubay, *Principles of Life Insurance* (Volume II), Richard D. Irwin, INC., 1964, p. 182.
[5] Schwarzschild and Zubay, *Principles of Life Insurance* (Volume II), Richard D. Irwin, INC., 1964, p. 182.
[6] 傅延中:《保险法学》,清华大学出版社 2015 年版,第 236 页。

管的核心。[1] 各国对保险资金投资比例监管均致力于实现投资风险的分散,并约束保险公司追求自利的高风险投资行为,从而保障险资运用的安全性以及保险公司的偿付能力。

(二) 保险资金运用监管中的金融与实业分离政策——防范险资金融力量滥用

保险公司作为金融机构兼具力量性和脆弱性,因为保险"有钱,但不是自己的钱",这决定了其存在金融力量滥用风险,同时具备与高负债经营相关的金融风险。因此,不仅要防范保险资金金融力量的滥用,为国民经济正常运行提供稳定的环境,而且要约束保险公司的过度投机行为,避免因保险公司经营不当引发金融风险而造成对整个宏观经济的破坏。[2]这两个方面的诉求最终可以统一在对保险公司权益类投资的监管上,因为权益投资具有特殊性。具言之,保险公司基于股权投资会获得高风险收益,且高比例持股时能够获得被投资企业的控制权。若不对保险资金的权益投资施加约束,这会影响保险公司自身以及被投资企业的稳健经营。比如,寿险公司如果将其从成千上万个投保人手中获得的长期、巨额资金大量集中投资于普通股,进而控制被投资公司的管理,借此经营保险以外的业务。这不仅会使保险公司偏离本业,也会扰乱被投资企业的经营。[3] 此外,保险公司作为"现金奶牛",很容易成为被收购的对象,此时则需要防止实业主体通过控制保险公司,进而利用其充沛的现金流胡作非为。前述两方面的险资监管要求在美国上百年的保险监管历史中有着深刻的体现。

1. 保险公司作为金融机构的特性:力量性与脆弱性并存

保险公司聚集了成千上万投保人的财富用于覆盖风险和赔偿损失,同时也是促进国家经济发展所必需的资本供给者。[4] 保险公司作为金融中介,其负债端连接着广大投保人,资产端连接着关涉经济发展的各类

---

[1] 朱南军:《保险资金运用风险管理研究》,北京大学出版社 2014 年版,第 191 页。

[2] 谢平、蔡浩仪:《金融经营模式及监管体制研究》,中国金融出版社 2003 年版,第 11—14 页。

[3] 参见张立秋:《现行保险法对于保险业投资于证券之分析》,政治大学保险研究所 1991 年硕士论文,第 14—16 页。

[4] John R. Dunne, "Intercompany Transactions within Insurance Holding Companies", *The Forum of American Bar Association (Section of Insurance, Negligence and Compensation Law)*, Vol. 20, No. 3, 1985, p. 445.

投资,兼具力量性和脆弱性。

第一,保险公司的力量性源于巨额保险资金及其运用而形成的金融力量。寿险公司提供的保险产品通常为长期甚至终生保障,其承保业务的利润实现周期漫长,而且对责任准备金的预估和计提使寿险公司累积了庞大的资金体量。虽然这部分资金需要用于未来赔付,但由于保费收入与支出存在长时间差,该笔庞大资金构成了保险业可运用资金主要组成部分。保险公司将聚集的大量资金用于投资,为经济发展提供必需的资本,属于重要的机构投资者,在国家经济结构中占有重要地位。尽管保险资金来源于不同产品,相应的资金运用约束不同;但无论保险资金来源于何处,当保险公司掌握这些庞大资金的支配权时,其有能力决定融资分配,因此防范险资金融力量不被滥用就成了题中之义。

第二,保险公司的脆弱性则源于其高杠杆经营的事实。若分析保险公司资产、负债及所有者权益的比例结构,不难发现保险业的高杠杆经营事实。尽管产、寿险公司的资产负债率因为其各自所计提或累积的准备金体量而呈现差异性,[1]但保险业本身的高负债经营特征不可否认。用于投资的保险资金大部分源于投保大众的保费,本质上为有条件的负债。在没有外部监管的情况下,保险公司在对资金进行运用时基于自身利益最大化的考虑,往往会增加投资资金总量或者投资于一些高风险的投资渠道以获得更高的收益。虽然此时保险公司自身的收益会加大,但其风险程度也随之提高。[2]然而,保险公司的负债和收益具有不对称性的特点,因为负债成本较为明确,资产收益因为投资收益的不确定性而无法准确估计。负债和资产收益不对称为保险公司带来了特别风险,比如成功的垃圾债券投资只能带来利息收益,但若失败,本金和利息会直接受损;而无论投资结果是否理想,负债的本息均无法被免除,除非出现破产。因此,如果出现严重投资失误造成大幅亏损,会影响保险公司的利润或导致资本金减损,甚至直接影响到公司的存亡。[3]保险公司作为金融机构,

---

[1] 由于寿险业偏重长期保险合同,其所累积的责任准备金(负债)也较多,财务杠杆比率较高;而财产保险业的业务均属短期保险合同(一年期),责任准备金之金额较低,故责任准备金占其资金来源比重相对较低,财务杠杆比率较低。在理论上,财务杠杆比率愈高者,因属于自己出资之部分愈少,较易引起资金滥用。参见陈惟龙:《保险资金之运用与公司治理》,台湾大学管理学院高阶公共管理组 2006 年硕士论文,第 61—62 页。
[2] 朱南军:《保险资金运用风险管理研究》,北京大学出版社 2014 年版,第 182 页。
[3] 谢平、蔡浩仪:《金融经营模式及监管体制研究》,中国金融出版社 2003 年版,第 11—14 页。

其经营失败存在严重的负外部性。保险公司汇集了与其他金融机构间的债权债务关系,以及与投保人间的债权债务关系,[1]这种强关联性使得单个保险公司的破产有可能波及整个金融业,引发系统性风险,酿成金融危机。[2]

如前文所述,美国坚持金融与实业分离原则主要是基于两点考虑:一是保护竞争;二是维护金融安全。在金融机构特性上,保险公司与银行均具有既强大又脆弱的属性,这使得其与实业联营时也会引发两方面的问题:一是经济力量集中而衍生的垄断与反竞争后果,二是金融风险的失控。因此,保险资金运用监管亦存在基于保护竞争和维护金融安全目标而践行金融与实业分离政策之需要。

2. 防范险资金融力量滥用的核心:约束保险资金的权益投资

权益投资会给保险公司带来两种权利:财务利益(financial interest)和公司控制(corporate control);前者是指有权获得公司经营及投资产生的利润,后者是指有权参与和影响被投资公司的决策。[3] 因此,保险公司进行股票投资时,一方面可以在承担高风险的基础上获取高收益,另一方面可以借由权益投资获得参与被投资公司经营的权利,甚至获得最终控制权。前述特性决定了险资监管应从风险控制和保护公共利益角度出发,规定保险公司的股票投资须遵循分散化投资要求。

股票价格会因公司业绩和市场上供求关系的变化而出现波动,股票价格下降可能致使高负债经营的保险公司产生投资亏损,严重时则会面

---

[1] 比如,寿险公司很早就成为美国最有活力的储蓄机构。1929年至1938年,全美所有储蓄机构(savings institutions)的总资产由580万增长至700万美金,95%的增长源于寿险公司,这部分增长中,前26家大型人寿保险公司贡献了85%的力量。寿险公司已成为全国性的储蓄资金池。这些金融机构每年在市场中的投资将近40亿美金,这意味着每天的资金流为1000万美金。这些公司在投资市场中占据主导地位。寿险公司投资组合中,一半以上为现金或有价证券(marketable securities)。因此,相较于同规模的产业公司,它们可以在金融圈中施加更大的影响力。正是因为这一关键角色,Donald H. Davenport(美国证券交易委员会的特殊经济顾问)作出了如下评价:"寿险公司的管理与公共利益息息相关,不仅因为其规模,更因为其直接影响社会的稳定。"参见 David Lynch, *The Concentration of Economic Power*, Columbia University Press, 1946. pp. 118-125.

[2] 〔美〕克利夫德·E. 凯尔什主编:《金融服务业的革命——解读银行、共同基金及保险公司的角色转换》,刘怡、陶恒等译,西南财经大学出版社2004年版,第435—447页。

[3] Daniel P. O'Brien and Steven C. Salop, "Competitive Effects of Partial Ownership: Financial Interest and Corporate Control", *Anti-trust Law Journal*, Vol. 67, 2000, pp. 569-572.

临破产倒闭风险。鉴于此,分散投资风险成为保险公司合理安排权益投资的核心,这也是监管规则的目标所在。[1] 其次,保险公司通过权益投资而对被投资企业施加控制的可能,会带来经济垄断和金融力量滥用风险。若不施加投资集中度的约束,保险公司凭借从公众手中聚集的大体量保险资金,能够获得任何一家被投资企业的控制权。这除了在公平交易法领域可能造成限制竞争的效果外,也可能因为控制权的滥用影响被投资主体的正常经营。[2] 同时,保险公司本身也可能因从事保险以外的业务而忽视了本业的发展。在此情形下,保险公司将只剩下"向社会大众收取保费,累积庞大资金的功能",保险业经济力量滥用便是难免的恶果。因此,那些招致垄断和危害公共利益的"控制"应该被监管法所禁止,方法就是只允许保险公司持有被投资企业一定比例的股份。[3]

从另一个侧面看,经由权益投资,实业主体也可以实现对保险公司的控制,进而掌握保险资金的支配权。实业主体对保险公司金融力量可借由资本多数决实现,因为控股股东具有"剥削"其他股东利益的法定权利,股东利益最大化最终可能异化为"控股股东利益最大化"。

综上,通过监管保险公司的权益投资和针对保险公司的权益投资,可以有效防范保险公司金融力量滥用,即防范保险公司利用所聚集的巨额资金控制实业公司,或者被实业企业借由股权投资而控制以满足私利。

3. 美国险资金融力量管控的历史经验

保险公司作为机构投资者在向实业发展提供坚实资本支持的同时,也引发了公众对其金融力量过度影响实业发展的顾忌。由于历史上美国的保险公司并无美国银行所面临的跨州经营和设立分行限制,因此保险公司在20世纪初规模巨大且增长速度惊人。[4] 这使得美国监管保险资

---

[1] Homer Jones, "Investment in Equities by Life Insurance Companies", *The Journal of Finance*, Vol. 5, No. 2, 1950, pp. 182-184.
[2] 王文宇:《新金融法》,中国政法大学出版社2003年版,第77—78页。
[3] Homer Jones, "Investment in Equities by Life Insurance Companies", *The Journal of Finance*, Vol. 5, No. 2, 1950, pp. 185-187.
[4] 1900年,纽约最大的银行国民城市银行(National City Bank)有1.55亿美元的资产,两家最大的保险公司每家都拥有近似于该数字好几倍的资产。其余4家纽约最大的国民银行的资产总和要低于两家最大保险公司的任何一家,并比第三大保险公司的资产多不了多少。此外,第二大银行是由保险公司拥有和控制的。参见〔美〕马克·J.洛:《强管理者弱所有者:美国公司财务的政治根源》,郑文通等译,上海远东出版社1999年版,第89—90页。

金的投资能力实际上构成了美国监管金融力量与实业之间关系的第一个环节。[1]该监管体系出现的历史背景是20世纪初保险资金对实体产业的觊觎,整个监管规则呈现出从严苛数量限制、到审慎监管,以及在功能性监管理念下将投资型保险视作"证券"而对其资金运用施加监管约束的思路转变。美国的保险资金运用监管使得保险资本和实业经营获得了较为平衡的状况。实业经营可以吸收金融资本的支持,同时,金融资本对于实业控制力也不会过于强大而干扰实业正常经营。

本质上,美国对于保险资金的监管历程一定程度上体现了对"金融与实业分离"政策的践行。由于保险公司的主营业务并非放贷,所以保险监管实施"金融与实业分离原则"的主要目的在于防止保险公司利用其经济力量介入非金融机构的经营,或者被其他主体控制而利用其金融力量造成不公平竞争及利益冲突。由于"金融与实业分离原则"的贯彻包含两方面:一是实业持有金融业股权,即金融股权结构问题;二是金融机构投资实业,即金融业转投资问题。[2]相应地,保险监管中的"金融与实业分离"体现为:(1)约束实业公司通过收购保险公司股权来实现对其充沛现金流的支配权;(2)限制保险公司利用其大体量资金进行股票投资,进而控制实业公司。这两个方面均通过对权益投资的限制而实现,其被美国的保险资金运用监管历史所印证。美国阿姆斯特朗调查之后的对保险公司股票投资的禁令以及此后长时间的股票投资比例限制,以及《保险控股公司示范法》的出台均体现了保险业践行"金融与实业分离"的监管政策,其在现今的美国保险监管中仍然存在,旨在防范金融与实业过渡结合所引发的潜在风险。

4. 我国险资激进投资的背后:金融力量滥用及监管迫切性

我国险资举牌上市公司,并非保险公司这一机构投资者在股票二级市场上的常规交易行为,引发了诸多争论。在宝能开始举牌万科不久,万科创始人王石就表态不欢迎宝能的投资,质疑宝能系有效管理万科巨额

---

[1] 美国监管金融力量与产业之间关系的第一道是1905年的阿姆斯特朗调查,而美国约束银行对外投资的是《格拉斯—斯蒂格尔法案》,比保险资金金融力量的限制晚了些年,所以美国最早约束的是保险力量的对外投资。阿姆斯特朗调查之后的保险业监管从严立法,美国就提出要约束保险资金的对外投资,而且约束非常严格,不允许保险公司买股票。直到20世纪50年代才有所放松,锁了近半个世纪,也因此塑造了保险公司消极机构投资者的行为范式。

[2] 刘连煜:《金融控股公司监理之原则:金融与商业分离》,载《律师杂志》6月号第333期。

地产业务的能力。万科在我国地产业的实力名列前茅,若宝能实现对万科的控制,会引发系列不确定性,比如,宝能自身是否具备充足能力实现万科的有序发展？如果不能,又会对我国社会经济发展带来哪些消极作用？在更深层次上,宝万之争反映出了金融资本与实业资本之间的边界问题：一方面,保险公司通过股票投资控制实业上市公司,不仅影响险资的安全性,还会影响实业公司的正常有序运营；另一方面,宝能利用险资去收购万科,暴露出保险公司的实业控制者滥用金融机构的资金优势以谋取私利的问题。

鉴于大体量保险资金运用可能带来金融力量滥用的风险,险资投资必须受到监管约束,以维持经济秩序稳定。若保险公司过度涉足其不熟悉的实业主体经营领域,或者利用资金优势通过股票投资长时间高频次买卖上市公司股票,会有损于实业主体运营的稳定性和有序发展。而且,一旦实体企业运营失败或股价骤跌,也会对保险公司的财务稳健产生不利影响。长远看,保险公司对实业经营主体的持续渗透,还可能催生二者联手构建寡头垄断机构。[1] 此外,当别有用心的个人或利益团体通过杠杆融资来控制保险公司,进而利用其充沛的现金流从事"快进快出、短线持有"的炒作行为或入主实业经营,这对实体经济及社会公众利益造成的威胁更甚。因此,我国的保险监管必须在注重保险公司偿付能力监管的同时,借鉴域外监管经验,构筑起金融与实业适当分离之墙,防范保险资金的滥用风险。

---

[1] 张佳康、李博：《证保分业及险资股票投资的分水岭——基于1905年美国阿姆斯特朗调查报告的研究探索》,《证券市场导报》2018年第2期。

第二章　美国保险公司资金运用监管历史梳理

本章梳理了美国保险资金运用的监管历史,从而为归纳美国管控保险资金金融力量滥用的具体路径奠定基础。首先,在美国联邦制政体下,存在各州与联邦政府监管权限的界分与争夺,这会影响保险业以及混合型金融产品的监管权归属,所以本章首先介绍了美国的保险监管权配置。事实上,针对保险业的监管权争夺前期是一场联邦政府与州政府之间的拉锯战,各州对保险业的监管传统最终使其守住了手中的权力。然而,兼具保险与投资双重属性的投资型保险出现,打破了联邦证券监管权与州保险监管权的既有平衡,引发了针对投资型保险监管权的再次争夺。此外,保险业本身的跨州经营与州层面各自为政的保险监管之间存在矛盾,于是催生出了全国保险监督官协会这一自律组织来协调冲突,并通过出台示范法来推动全国保险监管规则的统一。其次,按时间线梳理美国的保险资金运用监管历史,主要分为三个阶段。最后,总结美国保险资金运用监管的重点:既致力于保障保险公司的偿付能力,也践行金融与实业分离政策。

一、美国保险监管格局——州和联邦政府 争夺保险监管权的拉锯战

美国在20世纪50年代投资型保险出现之前,保险业的监管权争夺经历了州政府与联邦政府之间的权力多轮拉锯,但州政府始终占主导。1868年最高法院在保罗诉弗吉尼亚州案(Paul v. Virginia)中判决国会缺乏依据"商业条款"对保险业进行监管的权限,此后保险业完全交由州监管。[1] 后来的《1933年证券法》和1940年《投资公司法》等联邦证券

---

[1] 8 Wall. 168 (1868). 案情简介:1868年,Samuel B. Paul是一个在Petersburg的保险经纪人,其代理注册纽约州的几家火灾保险公司在弗吉尼亚州销售保单。由于联邦宪法规定,国会监管跨州商业,所以他认为弗吉尼亚州监管者无权要求其遵循该州的保险特许法律。该案一审判决由弗吉尼亚州法院作出,原告不服上诉至联邦最高法院。联邦最高法院认为保险不属于跨州商业,因此弗吉尼亚州的监管与联邦宪法并不冲突。参见Peter M. Lencsis, *Insurance Regulation in the United States: An Overview for Business and Government*, Praeger, 1997, pp. 1-2.

监管法律都将保险排除在外。[1] 在 Paul 一案判决后长达 75 年的时间里,保险业的监管任务自然就落在了各州监管者身上。州立法通过保险公司及其代理人的牌照监管、保险公司定期报告、保单合同及费率监管,以及偿付能力监管等措施不断完善保险监管制度,[2] 并沿用至今。但 1944 年最高法院在东南保险协会案中推翻了 Paul 案的判决,认为保险经营涉及州际商业,属于联邦监管范围,从而引发了保险经营的法律和商业危机。国会很快于 1945 出台了 McCarran-Ferguson 法案[3](以下简称 McCarran 法案),重申了各州对保险业的监管权。然而,投资型保险产品这一混合型金融工具的出现动摇了原有的保险与证券分业监管的界限,再次引发监管争议。这一争议由判例法主张的功能性监管路径化解,将投资型保险产品的"投资"属性部分纳入联邦政权监管,其"保险"属性依然归各州统辖。为了解决各州保险法之间的冲突,1870 年全国保险监督官协会(NAIC)成立,致力于促进各州保险法律法规的统一与互惠。

表 2.1 美国保险监管法案的重要变更(1945 年以前)

年份	法案	主要内容或影响
1869 年	保罗诉弗吉尼亚州案	确立了各州对保险业具有独立的监管权力
1944 年	东南保险协会案	联邦政府试图获取对保险业的监管权
1945 年	McCarran 法案	各州保险监管机构对本州内的保险市场进行监管,在各州未予监管的领域,联邦政府可以进行管理

---

[1] 1933 年《证券法》第 3(a)(8)条规定,证券法不适用于美国境内由州保险监督官或银行监管者等监管的公司发行的任何保险、养老保险、年金合同或内嵌选择权的年金合同(optional annuity contract),从而豁免了保险合同的证券注册要求。参见 Clifford E. Kirsch, *Variable Annuity and Variable Life Insurance Regulation (Second Edition)*, Volume 1, Practising Law Institute, 2017, Chapter 2: "Status of Insurance Products Under the Securities Act of 1933", p. 4. 此外,保险公司通常大量投资于证券(尤其是固定收益证券),投资收益是保险公司承担保险合同项下赔付责任的必要保障。这明显属于 1940 年《投资公司法》所界定的"投资公司"范畴。当时,国会注意到了这一问题,认为保险公司已经受到州保险法的严格监管,因此通过 1940 年《投资公司法》第 3(c)(3)条的规定,将保险公司排除在了该法监管范围之外。参见 Clifford E. Kirsch, *Variable Annuity and Variable Life Insurance Regulation (Second Edition)*, Volume 1, Practising Law Institute, 2017, Chapter 2: "Status of Insurance Products Under the Securities Act of 1933", pp. 2-3.
[2] Raymond A. Guenter and Elisabeth Ditomassi, *Fundamentals of Insurance Regulation: The Rules and the Rationale*, American Bar Association, 2017, pp. 467-468.
[3] 15 U.S.C.A. Section 1011-1015 (1945). 该法案由内华达州的议员 McCarran 提出,所以此后以其名字命名。由于该法案是 1945 年国会通过的第 15 部法律,因此也称之为 15 号公共法(Public Law 15),它属于美国法典(United States Code)"商业和贸易规则"(Title 15: Commerce and Trade Code)的内容。

(一) 宪法背景和 1944 年之前的州保险监管

在美国,对"商业"(commerce)的监管存在联邦和州层面的监管约束,要么由联邦监管,要么由州进行监管,或者同时受到双重监管。联邦和州监管之间的冲突通常通过联邦政府的优先权(superior power)来解决。[1]

美国《宪法》对一般的商业监管做了规定,对保险监管尤为关键。最重要的莫过于"商业条款"(Commerce Clause),其授予国会监管外国商业以及跨州商业的权力。其次,是优先权条款(Supremacy Clause),规定《宪法》和联邦法律具有最高的法律效力,当其与州法和地方法律发生冲突时,优先适用。最后,是《宪法》第十修正案,规定《宪法》未授予联邦政府的权力则属于各州或人民。[2] 这些条款多年来被最高法院诠释为:(1) 联邦政府有权监管跨州商业;(2) 州政府有权监管州内商业;(3) 州政府只有"剩余权力"(residue of power)来监管影响跨州商业的事项,并且在行驶这一权力时不能向州际商业施加"不合理负担"(unreasonable burden)。因此,保险是否属于"跨州商业"就成为决定由联邦还是各州享有保险监管权的前提。[3]

1869 年,美国最高法院在 Paul v. Virginia 一案中判决:跨州的保险合同并非跨州商业,因为其不涉及人员或商品物理上的转移;因此,联邦政府不能依据"商业条款"而享有保险业监管权。法院认为,案件涉及的火灾保险属于地方性的,而不是跨州交易,因为根据保险合同,保单在弗吉尼亚州送达后生效。以下是该案 Field 法官的判词:"发行保单不涉及跨州的商业交易。保单是由保险公司和被保险人订立的关于火灾引发损失的赔偿合同,这以投保人缴纳一定的保费为基础。这不是市场中的以物易物交易,不存在价值独立于交易主体的交易标的;保险合同的履行并不涉及商品从一个州运送至另一个州用于销售。保险合同类似于主体之

---

[1] Peter M. Lencsis, *Insurance Regulation in the United States: An Overview for Business and Government*, Praeger, 1997, pp. 1-2.
[2] Schwarzschild and Zubay, *Principles of Life Insurance (Volume II)*, Richard D. Irwin, INC., 1964, pp. 183-184.
[3] Peter M. Lencsis, *Insurance Regulation in the United States: An Overview for Business and Government*, Praeger, 1997, pp. 1-2.

间的私人合同,在签字和转移对价后完成"。[1]

因此,只要 Paul v. Virginia 案的判决持续有效,各州就有权同时监管本州内和州际间的保险业务(insurance business),因为"商业条款"不适用于保险领域。自 1869 年 Paul 案判决后至 1944 年,每当州保险监管权被不在本州注册的保险公司质疑时,法院都会援引 Paul 案的判决来认定保险监管权属于各州。[2]

(二) 东南保险协会案(1944 年)和 McCarran 法案(1945 年)

1944 年东南保险协会案[3]判决保险属于"跨州商业",因此跨州的保险经营须受联邦政府监管,从而引发了保险监管权上收至联邦政府的危机;国会立即于 1945 年出台 McCarran 法案予以化解,为避免因联邦法律介入而使州保险监管功能受限,保险业的监管权仍保留在各州;并规定除非国会明文授权,否则联邦法律无权介入保险监管事务。[4]

1. 东南保险协会案

1942 年,多家火灾保险公司联合成立东南保险协会(South-Eastern Underwriters Association),它是一个费率(厘定)机构,控制了位于美国东南部 6 个州 90% 以上的火灾保险市场。于是,联邦政府提起诉讼,认为该协会违反了国会制定的反垄断法《谢尔曼法》,具体包括固定价格(price fixing)、共谋以垄断保险业务、利用抵制、威胁和恐吓来实施非法行为。[5]但被告辩称,根据先例 Paul 案的判决,其不受联邦法律的监管。

亚特兰大地区的联邦地区法院认同了被告的辩词,驳回了联邦政府对东南保险协会违反《谢尔曼法》的起诉,[6]但最高法院在上诉审中推翻

---

[1] Peter M. Lencsis, *Insurance Regulation in the United States: An Overview for Business and Government*, Praeger, 1997, pp. 1-2.

[2] Schwarzschild and Zubay, *Principles of Life Insurance (Volume II)*, Richard D. Irwin, INC., 1964, p. 184.

[3] 322 U.S. 533 (1944).

[4] Peter M. Lencsis, *Insurance Regulation in the United States: An Overview for Business and Government*, Praeger, 1997, pp. 2-5.

[5] Raymond A. Guenter and Elisabeth Ditomassi, *Fundamentals of Insurance Regulation: The Rules and the Rationale*, American Bar Association, 2017. p. 468.

[6] Schwarzschild and Zubay, *Principles of Life Insurance (Volume II)*, Richard D. Irwin, INC., 1964, pp. 184-185.

了 Paul 案中对于保险不属于跨州商业的判决。考虑到针对火灾保险公司联合组织的反垄断刑事控告的成立,最高法院认为保险属于跨州商业,因此受"商业条款"的约束,须遵循联邦法律;本案中的被告联合起来成立协会,目的在于固定保费和佣金,违反了国会 1890 年通过的联邦反垄断法《谢尔曼法》,应承担相应的法律责任。[1]

法院判决是基于当时对保险业务的看法。本案的 Black 法官认为:保费由位于美国各州的投保人处汇集至保险公司,并由其用于投资。随着保险赔付的发生,现金又回流至保单持有人所在地。由此产生的结果是,各州之间持续但无形的往来,这包括保费的收取、保险责任的履行,以及对保险合同订立和执行至关重要的无数文件和交流。为了支持这一变革性的观点,法院注意到,保险业务自 1869 年以来有了大幅增长。另外,从技术角度讲,Paul 案关注州法的有效性,而当时国会尚未试图控制保险业;但东南保险协会案涉及联邦法的有效性,而且很明显联邦法试图将保险业与其他商业同等对待。[2]

然而,本案判决引起了一系列严重的问题。首先,将保险界定为跨州商业意味着,根据大多数州保险法要求而共同设定财产保险费率将违反联邦反垄断法,因为州法并不制裁基于执行保险费率而作出的抵制、威胁与恐吓行为。[3]其次,如果州法不适用于非本州注册的保险公司,而针对这些公司活动的联邦法律缺失,那么其运营将不受任何监管。这不仅对州内注册的保险公司带来损害,而且使得购买非本州注册的保险公司保单的投保人丧失了州政府监管所带来的保护。[4] 最后,根据本案判决,由于保险被认为是跨州商业,不仅联邦反垄断法适用于保险业,而且国会获得了对跨州保险业务的普遍监管权。因此,在理论上,各州不仅丧失了保险监管权,也将面临税收收入的流失,因为大多数州的监管将构成对州际商业的非法负担。[5]

---

[1] 竞争者之间固定价格是限制交易协议的典型,这为《谢尔曼法》所禁止。
[2] Peter M. Lencsis, *Insurance Regulation in the United States: An Overview for Business and Government*, Praeger, 1997, pp. 2-5.
[3] Raymond A. Guenter and Elisabeth Ditomassi, *Fundamentals of Insurance Regulation: The Rules and the Rationale*, American Bar Association, 2017, p. 468.
[4] Schwarzschild and Zubay, *Principles of Life Insurance (Volume II)*, Richard D. Irwin, INC., 1964, p. 185.
[5] Raymond A. Guenter and Elisabeth Ditomassi, *Fundamentals of Insurance Regulation: The Rules and the Rationale*, American Bar Association, 2017, p. 468.

总之,根据本判决,各州政府的跨州保险监管权在一夜之间失效。或许国会可能会选择制定一部联邦保险监管法从而排除州保险法的适用,并使得大多数州保险监管资源成为多余。[1]但是当时时机不佳,1945年是二战的最后阶段,不断膨胀的联邦政府以战争名义几乎对国民日常生活的各个方面都进行管制,没有人期待再多一个联邦机构。[2]于是,国会很快就出台了 McCarran 法案来化解东南保险协会案引发的法律和商业危机。

2. McCarran 法案

美国国会于 1945 出台了 McCarran 法案,规定当州保险法与联邦法律冲突时,前者将得到支持,目的在于确保各州在保险监管领域中的优先权。[3]该法案致力于也最终有效抵消了美国最高法院一年前在东南保险协会案中的判决所引发的保险监管纷争。

McCarran 法案条款可归纳为如下方面。[4](1)国会宣布,让各州持续享有保险业监管权是公共政策。换句话说,国会并不愿意监管保险业,而是将此项权力留给了州政府。(2)国会通过的很多法律都可以适用于保险业和其他商业,这暗含着对最高法院认为保险属于跨州商业且联邦政府对其拥有监管权的承认,但法案接着明确了法院不能将国会通过的法律悉数适用于保险业,除非是专门针对保险业的联邦法。(3)《谢尔曼法》[5]《克莱顿反托拉斯法》(Clayton Act)[6]和《联邦贸易委员会法》[7]适用于保险业,但仅限于州法未作监管的部分。尽管 McCarran

---

[1] Spencer L. Kimball and Barbara P. Heaney, "Emasculation of the McCarran-Ferguson Act: A Study in Judicial Activism", *Utah Law Review*, Issue 1, 1985, pp. 1-9.

[2] Raymond A. Guenter and Elisabeth Ditomassi, *Fundamentals of Insurance Regulation: The Rules and the Rationale*, American Bar Association, 2017, p. 468.

[3] Ibid., p. 467.

[4] Peter M. Lencsis, *Insurance Regulation in the United States: An Overview for Business and Government*, Praeger, 1997, pp. 2-5.

[5] 《谢尔曼法》宽泛规定,限制贸易的合同、联合或共谋均为非法。根据司法解释,所有对贸易的不合理限制(如反竞争性的商业联合)都是禁止的。该法还规定,任何垄断、试图垄断或与他人共谋垄断贸易或商业的主体均构成犯罪。其中,垄断可被界定为影响价格或排除竞争的能力。

[6] 1914 年的《克莱顿反托拉斯法》禁止严重带来竞争减弱或创造垄断的商业并购或其他联合。

[7] 《联邦贸易委员会法》也于 1914 年通过,其普遍禁止商业领域中使用不公平手段竞争,以及禁止商业领域中的不公平或欺骗性行为,并建立了独立的机构——联邦贸易委员会,以执行本法。

法案对保险经营的特定行为规定了反垄断豁免,但无论州层面的监管程度如何,《谢尔曼法》仍然适用于"抵制、强迫和恐吓"行为。[1]

总体上,对 McCarran 法案的普遍解读是:首先,它使州保险监管权继续有效或合法,否则根据"商业条款",州保险监管将构成对联邦权力的非法干预;其次,它为保险业提供了有限的联邦反垄断豁免。

(三) 投资型保险的联邦证券监管

基于保险、证券分业监管及其监管权在州与联邦之间的分配,美国联邦政府于 20 世纪 30 年代对证券业展开严格监管之际,将已受各州监管的保险产品和保险公司排除在外。具言之,《1933 年证券法》中对"证券"的界定非常宽泛,[2]足以将保险合同涵盖在内,但在该法通过时,国会并不打算将当时销售的保险合同纳入证券监管体系。因为尽管某种程度上保险可被视为投资的一种,但这种投资不涉及联邦证券监管法所致力解决的问题,而且国会将保险业的监管权留给了各州政府。[3] 因此,《1933 年证券法》第 3(a)(8)条[4]明文将保险合同排除在"证券"的定义之外,即该法不适用于美国境内由州保险监督官或银行监管者等监管的公司发行的任何保险、养老保险、年金合同或可选择年金合同(optional annuity contract)。[5]

1940 年《投资公司法》Section 3(a)(1)将"主要从事证券投资、再投资和交易的发行人"界定为"投资公司"。[6] 如同大多数金融机构,保险公

---

[1] Peter M. Lencsis, *Insurance Regulation in the United States: An Overview for Business and Government*, Praeger, 1997, pp. 2-5.

[2] 在著名的 SEC v. W. J. Howey Co. 确立的所谓"Howey 测试"指引下,法院和监管部门对股票、债券之外各种非典型的投资合同进行实质审查,只要符合该测试的四条标准:(1) 投入资金(investment of money);(2) 用于合资营利的项目之中(in a common enterprise);(3) 依靠他人的运作(solely from the efforts of others);(4) 以求得利(expecting profits)。那么,不论这种合同的名称如何、形式怎样,都将被当作证券而纳入 1933 年《证券法》和 1934 年《证券交易法》的监管体系之下。

[3] Tamar Frankel, "Variable Annuities, Variable Insurance and Separate Accounts", *Boston University Law Review*, Vol. 51, No. 2, 1971, pp. 177-402.

[4] 15 U.S.C. Sec. 77 c (8).

[5] Clifford E. Kirsch, *Variable Annuity and Variable Life Insurance Regulation* (Second Edition), *Volume 1*, Practising Law Institute, October 2017, Chapter 2: "Status of Insurance Products Under the Securities Act of 1933", p. 4.

[6] SEC. 3 (a)(1): "When used in this title, 'investment company' means any issuer which: (A) is or holds itself out as being engaged primarily, or proposes to engage primarily, in the business of investing, reinvesting, or trading in securities."

司通常大量投资于证券,尤其是固定收益证券;投资收益是保险公司承担保险合同所约定赔付责任的重要保障。因此,除非得到豁免,否则保险公司重仓持有证券将使其受制于"投资公司"的相应监管约束。事实上,国会立法时注意到了这一问题,但其认为保险公司已经受到了州保险法的严格监管,因此1940年《投资公司法》Section 3(c)(3)将保险公司排除在了该法的监管范围之外。[1]

然而,为了对抗通货膨胀、满足消费者需求及维持保险业的竞争力,变额年金横空出世。在其首次出现后,监管者和保险业尝试以既有的金融产品分类标准将其归类。但由于其"保险"加"投资"特性,对其定性出现了争议,[2]这不仅给既存的保险、证券分业监管带来挑战,同时也再度诱发保险业监管权在州与联邦层面的争夺。监管投资型保险的努力始于最早出现的产品类型(变额年金)的性质界定。[3]美国法院曾数次处理关于变额年金的属性争议,最终结论为:投资型保险是《证券法》下的"证券",其向公众出售时须依法注册;投资型保险所对应的独立账户属于"投资公司",应遵守1940年《投资公司法》下对于"投资公司"的投资监管要求。相应的代表性案例包括最早确立的 SEC v. Variable Annuity Insurance Company(VAIC 案),以及随后的 Prudential Ins. Company v. SEC(Prudential 案)和 SEC v. United Benefit Life Insurance Company(United Benefit 案),案例详情会在后文予以详细介绍。

综上,尽管保险产品原则上不属于"证券"的范围,但保险公司发行的主要用于投资的产品却被认定为受联邦证券法约束的"证券",必须符合证券注册和信息披露等要求。经由判例并最终写入监管法中的规则,对

---

[1] Clifford E. Kirsch, *Variable Annuity and Variable Life Insurance Regulation (Second Edition)*, *Volume 1*, Practising Law Institute, October 2017, Chapter 3: "Status of Insurance Companies and Insurance Company Separate Accounts Under the Investment Company Act", pp. 2-3.

[2] 关于变额年金的定性争议,一方观点以证券交易商、共同基金公司以及不经营变额年金保险产品的保险公司为代表,认为变额年金无法承诺年金累积单元的保底收益,因此应当视为一种"证券"并接受1933年《证券法》和1940年《投资公司法》等法律监管。而另一方观点则以销售或准备销售变额保险产品的保险公司为主,认为变额年金与传统人寿保险和年金产品一样,通过死亡率来预估风险,应当被视为一种新的保险类型。参见 Boe W. Martin, "The Status of the Variable Annuity as a Security: A Lesson in Legal Line Drawing", *Ohio State Law Journal*, Vol. 30, 1969, pp. 744-745.

[3] 孙赫:《美国保险资金股票投资监管研究》,北京大学法学院2017年硕士学位论文,第19页。

投资型保险实现了功能监管理念下联邦证券监管和州保险监管的双体系监管,各自分管投资型保险的证券和保险方面,[1]从而化解了联邦证券监管与州保险监管之间的张力。

(四) 全国保险监督官协会

全国保险监督官协会(National Association of Insurance Commissioners,NAIC)成立于 1871 年,在 1935 年之前被称为"全国保险监督官大会"(National Convention of Insurance Commissioners)。目前 NAIC 的会员包括各州和地区的保险监管者。NAIC 发布指导保险公司完成年报及应对保险监管者检查的各种手册,尽管这些指导手册不具有法律效力,但实际上推动了全美范围内的保险监管规则统一。此外,NAIC 还发布示范法和监管规则,其示范法规一旦正式通过,将成为 NAIC 正式推荐的示范法规并予以出版。尽管 NAIC 示范法规和监管规则只有被各州立法采纳后才具有效力,但由于其本身代表了美国各州保险监督官对所涉领域最优监管方法的一致看法,且凝结了很多州保险监督官的共同协作与努力,因此 NAIC 示范法规和监管规则被广泛采纳,已成为全美范围内的准统一(quasi-uniformity)规则。[2]

许多州的立法机关视 NAIC 示范法为保险监管建议的起点,但考虑到各州保险经营团体的构成、对业务监管和保护消费者采取的态度,以及各州经济环境的差异,每个州可能会有不同的监管需求。比如,有些 NAIC 示范法规定的情况在某些州并不会发生,因而无须纳入该州立法,而有些州现有的法律已经很完备甚至优于 NAIC 示范法建议的方法。因此,NAIC 示范法体系可被视为美国保险监管方法的基本标准,由各州保险监督官在意见一致的基础上制定,但各州保险监督官并不一定在本州采用相同的方法。由此观之,虽然理论上美国保险监督官协会是一个由政府官员组成的民间协会而非政府机构,但其作用却不仅限于提供资讯与交换意见,而是远远超出了自律组织的功能范畴,实际上相当于"集中保险监管问题共识和意见的全国性联邦机构或其替代机构"。[3]

综上,美国保险业一直由各州予以监管,尽管联邦政府曾试图获得保

---

[1] Peter M. Lencsis, *Insurance Regulation in the United States: An Overview for Business and Government*, Praeger, 1997, pp. 9-10.

[2] Ibid., pp. 15-16.

[3] 邓成明等:《中外保险法律制度比较研究》,知识产权出版社 2002 年版,第 285 页。

险业的监管权,但保险业与州保险监管机构的抵制使得联邦监管的尝试以失败告终。尽管 NAIC 努力将跨州的保险经营纳入全国保险监督官协会的监管范围,并鼓励各州采纳其所制定的示范法,但是保险监管在各州之间仍有差异。美国各州主导保险监管,这与银行和证券业的监管体制大不相同,因为后两者均受到联邦和州的监管。在保险公司推出变额年金合同等投资型保险产品后,尽管美国基于功能性监管路径将其"投资"属性纳入了联邦证券监管范畴,但其"保险"属性则仍由各州监管。[1]

二、美国保险公司资金运用监管历史梳理

美国的保险资金运用监管历史主要分为三个阶段:20 世纪初的阿姆斯特朗调查及此后针对保险资金的严格投资监管,致力于反垄断以防止经济力量集中;20 世纪 60 年代针对险资资金来源的监管,将投资型保险产品定性为"证券",并据此将管理投资型保险资金的独立账户视为"投资公司",从而使其资金运用遵循投资公司的对外投资监管;20 世纪 90 年代,对保险公司实施以风险资本为基础的偿付能力监管,并对保险资金投资监管由严格的量化比例限制转为了审慎人原则[2](prudent person principle)要求。

(一) 20 世纪初:阿姆斯特朗调查——防止经济力量集中

当巨额保费收入使得保险公司聚集庞大金融力量并垄断实业融资来源,甚至通过权益投资控制各类实业公司之际,美国也正处于对大企业进行反垄断立法改革的时代。[3] 保险业的经营乱象所引发的政治反应(阿

---

[1] Lissa L. Broome and Jerry W. Markham, "Banking and Insurance: Before and After the Gramm-Leach-Bliley Act", *Journal of Corporation Law*, Vol. 25, Issue 4, 1999, p. 735.

[2] 审慎人原则一般被概括为:受托人(fiduciary)履行其义务时必须尽注意义务、具备技能,并且审慎和勤勉,像一个审慎人管理类似特征和目标企业那样的方式行事。审慎人原则是行为导向(behaviourally-oriented)而不是只注重结果(outcome-focused)。判断是否审慎首先关注投资策略的制定、批准、实施和管理与持有、投资和部署资金的目的一致性。换句话说,审慎的判断在于管理风险的过程,而不是识别非审慎的具体风险。See Russell Galer, "'Prudent Person Rule' Standard for the Investment of Pension Fund Asset", OECD, https://www.oecd.org/pensions/private-pensions/2763540.pdf, p. 3-7. last visited on Feb. 16, 2024.

[3] 〔美〕马克·J. 洛:《强管理者 弱所有者:美国公司财务的政治根源》,郑文通等译,上海远东出版社 1999 年版,第 93—108 页。

姆斯特朗调查)正是这一时代的缩影。阿姆斯特朗调查奠定了20世纪美国保险业监管的基础,调查后于1905年出台的严格监管立法在1951年之前并无任何改动,在1984年之前略微作了修正。这意味着,半个世纪以来保险公司被禁止拥有任何股票,直到20世纪80年代,对保险公司拥有股票的禁令才开始有些松动。

1. 阿姆斯特朗调查

美国早期对保险资金运用的监管较为松散,造成了保险公司投资自由但终究陷入混乱的局面。[1] 20世纪初期,美国银行受分散化经营约束,其业务通常仅限于各州之内,而保险公司经营并无地域限制,其保单销售可以在全国范围内展开。[2] 因此,1870至1905年间,保险公司销售的寿险保单几乎翻了6倍,跃居大型金融机构之首,成为金融市场中的重要投资力量。保险公司将源于保费收入的大量资金投入证券市场。1860年至1880年间,寿险公司的投资风格相对保守,股票投资仅占保险公司资产的2%;但1890年之后,保险公司开始广泛参与到证券市场之中。[3] 不断积累的资金使得保险公司获得了重大经济权力,再加上当时各州对保险资金运用监管上的宽松政策,使得许多寿险公司凭借其雄厚的经济实力从事种种不当行为。具体行为主要包括:(1) 为争取新业务而不惜支出高昂费用;(2) 出售唐提式保险[4](tontine insurance),使任

---

[1] 朱南军:《保险资金运用风险管理研究》,北京大学出版社2014年版,第224—232页。
[2] 〔美〕马克·J. 洛:《强管理者 弱所有者:美国公司财务的政治根源》,郑文通等译,上海远东出版社1999年版,第81页。
[3] Lissa L. Broome and Jerry W. Markham, "Banking and Insurance: Before and After the Gramm-Leach-Bliley Act", *Journal of Corporation Law*, Vol. 25, Issue 4, 1999, p. 729.
[4] 1868年,公平人寿在美国寿险市场上首先推出唐提式保险。在该保险中,保费的一部分用于购买普通终身寿险,余下的部分存入由保险公司管理的投资基金。属于保单持有人的投资收益和分红在保险期限内(通常是20年)都置于这个基金中不作分配。如果某一保单持有人在保险期间内死亡,受益人仅能得到指定死亡保险金(specified death benefit),而不能得到该基金的分红和盈余。全部的分红和盈余将于保到期日在生存的保单持有人中进行分配。由于预期回报很高且能迎合人们的赌博心理,此类保单对投保人有很大的诱惑力。到20世纪初,唐提式保险已经成为美国最主要的寿险产品。1905年,唐提式保险业务占到美国整个寿险业务量的2/3。唐提式保单对于消费者权益的侵害主要表现在两个方面:一是如果投保人在保单期间内死亡或未按时缴纳保费,就会丧失分红和投资收益的分配权,这是带有赌博性质的不公平条款;二是保险期间内不分红,这很容易导致红利被保险公司挪用或侵占。同时唐提式保单的高收益宣传也涉嫌欺诈,很多客户抱怨,从唐提式保单中获得的收益没有达到保险公司预估的回报率。参见杨明生:《重温阿姆斯特朗调查对我国保险业发展和监管的启示——中美保险业跨世纪比较》,载《保险研究》2010年第12期。

何继续维持保险合同效力的投保人独享巨额利益,而牺牲在此期限前终止契约者的利益;(3)动用巨额资金影响立法机关对保险业的监管立法;(4)保险公司负责人参与公司各项投资业务并为其个人谋取最大利益;(5)集中投资于某一企业的有表决权股票,保险公司负责人据此控制该被投资企业的经营。[1] 前述被投资企业既包括银行、信托公司等金融机构,也包括非金融领域中的实业公司。[2] 保险公司集中投资于普通股,进而控制该被投资企业,不仅违反了法律关于"保险业不得兼营与保险无关事业"的禁止性规定,同时也增加了保险投资的风险,因为如果发行股票的公司经营失败将直接影响保险公司的财务健全。纽约州监管者深切意识到若放任保险业继续自由发展,势必严重损害投保人及社会大众的利益,于是开展了保险业监管史上著名的阿姆斯特朗调查,由此带来了随后对保险资金运用的从严立法。

阿姆斯特朗调查的导火索是公平人寿保险公司23岁子承父业的高管——詹姆斯·海德(James Hyde)的浮夸奢侈行为,最终引发了监管者对保险行业的彻查。先是由纽约州保险监督官展开调查,随后纽约州立法机关任命以议员威廉·阿姆斯特朗(William W. Armstrong)为代表的调查委员会来展开调查,调查结论如下。(1)通过诸多个人和企业积聚大量资本,保险公司正是此潮流中的一员。(2)保险公司持有的大量保险准备金投资于股票市场,令人担忧。阿姆斯特朗调查委员会建议,禁止保险公司投资于股票,因为股票投资会危及保险公司准备金的安全;该建议此后被纽约州立法机关采纳。(3)要求保险公司处理掉其所持有的银行股,并且不能从事证券承销和加入证券承销团。[3]

阿姆斯特朗调查后,纽约州于1906年立法规定:(1)限制保险公司新业务的成本,以及控制新业务的年度承保数量;(2)控制投资,禁止保险资金投资于不动产、股票、抵押贷款和参与垄断;(3)对董事和受托人选任的严格监管。政府拆散并彻底摧毁了保险业的无序扩张,将其经营

---

[1]《保险法论文(第二集)》(增订四版),政治大学学报业书1988年版,第149—154页(保险业资金运用及其监督之研究)。

[2] 陈明珠:《保险业资金参与并购之法律相关问题》,台北大学法学系2006年硕士学位论文,第45—69页。

[3] Lissa L. Broome and Jerry W. Markham, "Banking and Insurance: Before and After the Gramm-Leach-Bliley Act", *Journal of Corporation Law*, Vol.25, Issue 4, 1999, pp.729-732.

范围限制在从事保险承保和债务投资等核心业务范围内。[1] 由于美国超过半数的保险资产集中于纽约州保险公司手中,所以当纽约通过禁止保险公司持有股票的规则后,其他各州也纷纷效仿,到1907年,有29个州通过寿险业的监管法,可以说阿姆斯特朗调查奠定了20世纪保险业监管的基础。[2]

2. 阿姆斯特朗调查的经济和政治背景

阿姆斯特朗调查必须放在其所处的经济背景来理解。20世纪初,美国大型保险公司的规模和成长速度惊人,跃居全美最大的金融机构序列,成为具有金融垄断力量的大型机构。保险单持有人所支付的保费为保险公司庞大的金融力量提供了资金;实业界巨头也利用保险公司将以保费形式存在的公众储蓄转移至自己名下,从而实现对各行业企业的控制。最终呈现的景象是,凡是有扼杀竞争和压榨公众的大型公共服务企业集团的地方,背后总有大型人寿保险公司为其提供资金支持。

特殊时代的政治背景也是理解阿姆斯特朗调查的关键因素。19世纪末20世纪初,是一个改革和对大企业不信任的时代。西奥多·罗斯福(Theodore Roosevelt)正在解散垄断集团,厄普顿·辛克莱尔(Upton Sinclair)正在揭发丑闻,调查的领军人物——阿姆斯特朗是该潮流中的一员。当时,混乱、腐败且野蛮扩张的工业化和城市化在如火如荼进行,产业的混乱发展引发了政治反应,即1890年的《谢尔曼法》(Sheiman Act),以及罗斯福和塔夫脱政府为拆散大规模企业而进行的反垄断努力。保险公司的混乱发展也使其难逃所处时代政治背景下的宿命。[3]

究其根本,保险公司经营乱象所引发的政治反应,最终源于美国民众本身对金融力量集中的不信任。保险公司强大的吸储能力带来的自身规模膨胀,并通过投资控制各行各业中的企业巨头所展现出的强大金融力量,激发了公众对保险公司经济权力的恐惧和厌恶。当时,正在兴起的进步主义运动致力于保护个体免受出现的大企业和政府机构的损害。在此背景下,阿姆斯特朗调查及其带来的立法严禁保险公司投资股票的权利

---

[1] 〔美〕马克·J. 洛:《强管理者 弱所有者:美国公司财务的政治根源》,郑文通等译,上海远东出版社1999年版,第81—82页。

[2] Schwarzschild and Zubay, *Principles of Life Insurance (Volume II)*, Richard D. Irwin, INC., 1964, p. 188.

[3] 〔美〕马克·J. 洛:《强管理者 弱所有者:美国公司财务的政治根源》,郑文通等译,上海远东出版社1999年版,第92页。

就顺理成章。

纽约州禁止保险公司拥有股票的禁令,不仅是出于规避股票高投资风险的考虑,更在于限制人寿保险公司以持有股票的方式控制其他公司。而且,保险公司可能会将其对附属银行和信托公司的控制进一步扩展为对铁路和实业企业的控制。正如阿姆斯特朗调查报告所提到的:"资本和资产的紧密联合是现代金融条件下最显著的趋势,尽管二者联合提高了生产效率,但是寿险公司聚集的资产大部分可以快速变现并用于各种用途,这使得保险公司(董事会的)财务委员会成员掌握了巨大的金融力量"。[1] 马萨诸塞州的监管者担心某些大胆的操纵者会取得人寿保险公司的控制权,并利用该控制权来"对大企业进行融资并推动各种形式的公司合并"。[2] 因此,防范权力滥用要求禁止保险公司的股票投资。

尽管普遍认为股票投资对保险公司而言风险太高,但当时的大型保险公司仍具有较强的清偿能力。[3] 这意味着保险监管者禁止保险公司持有公司股票的首要目的,并非出于保障保险公司清偿能力、保护广大投保人利益的考虑,而是担心人寿保险公司对其他实业公司的控制。[4]

3. 阿姆斯特朗调查的后续影响——重塑保险公司消极机构投资者地位

(1) 经济力量集中调查后放松监管的建议

阿姆斯特朗调查后的从严立法使得保险业"因祸得福",因为立法禁止保险公司投资于股票市场,这使其未能在 20 世纪 20 年代从事诸多的过度投机行为,反而免遭 1929 年股票市场暴跌的重创。[5]

二战前,罗斯福总统设立了临时国家经济委员会(Temporary National Economic Committee,TNEC)调查美国经济力量的集中,并要求联邦交易委员会、证券交易委员会和司法部协同调查。彼时保险业已经不断累积起巨额准备金,属于被重点关注的行业。TNEC 调查发现,寿险业中存在经济力量的集中。美国大约有 365 家寿险公司,但前 5 大巨头

---

[1] David Lynch, *The Concentration of Economic Power*, Columbia University Press, 1946, pp. 118-125.

[2] [美]马克·J. 洛:《强管理者 弱所有者:美国公司财务的政治根源》,郑文通等译,上海远东出版社 1999 年版,第 96 页。

[3] 同上书,第 108 页。

[4] Homer Jones, "Investment in Equities by Life Insurance Companies", *The Journal of Finance*, Vol. 5, No. 2, 1950, pp. 185-187.

[5] Lissa L. Broome and Jerry W. Markham, "Banking and Insurance: Before and After the Gramm-Leach-Bliley Act", *Journal of Corporation Law*, Vol. 25, Issue 4, 1999, p. 731.

拥有高比例市场份额及大多数资产,这五家公司总计控制了寿险业资产的一半以上(54.4%)。[1] 此外,寿险行业还存在另一种形式的集中——地域集中。[2] 大都会人寿是寿险行业经济力量集中的代表,相较于其他商业公司,其通过保单承保、投资和其他业务,与人们的生活直接息息相关。[3] 正是因为这一关键角色,美国证券交易委员会(Securities and Exchange Commission,简称 SEC)的特殊经济顾问唐纳德·达文波特(Donald H. Davenport)作出了如下评价:"寿险公司的管理与公共利益息息相关,不仅因为其规模,更因为其直接影响社会稳定。"[4]

不难发现,保险公司拥有显著的金融力量。寿险行业中的经济力量

---

[1] 居首位的是大都会人寿保险公司(The Metropolitan Life Insurance Company),1937 年,其资产(近 50 亿美金)占所有保险公司总资产(260 亿美金)的 18%,约等于 290 家小型寿险公司资产的总和。排第二的是保德信保险公司(The Prudential Insurance Company),其资产超过 30 亿美金,占寿险公司总资产的 14%;纽约人寿(The New York Life, 10%)、公平人寿(Equitable Life Assurance Society, 8%)与纽约相互人寿保险公司(Mutual Life Insurance of New York, 5%)依次占据前五。See David Lynch, *The Concentration of Economic Power*, Columbia University Press, 1946, pp. 118-125.

[2] 具体来说,6 家大型寿险公司位于纽约地区(4 家在纽约,2 家在新泽西),共计占寿险行业总资产 57%。前 25 家最大的寿险公司中,有 10 家在新英格兰地区设有总部,其占寿险行业总资产 17%。这前 25 家公司占寿险行业总资产高达 87%。除了前述提及的,具体分布为:加州有 1 家,威斯康星州 1 家,艾奥瓦(爱荷华)州 2 家,宾夕法尼亚州 2 家,俄亥俄州 2 家,印第安纳州 1 家。因此,大多数州并不存在前述大型寿险公司。See David Lynch, *The Concentration of Economic Power*, Columbia University Press, 1946, pp. 118-125.

[3] 根据 1937 年的数据,大都会人寿是当时世界上最大的寿险公司,资产超过了美国钢铁公司(United States Steel Corporation)和通用汽车公司(General Motors Corporation)的资产总和。而且引人注目的是,其财务力量是寿险行业 290 家小型公司的总和。大都会人寿的投保人将近 2900 万,这不是保单数额,而是购买大都会人寿保险的投保人人数。大都会人寿的财务经营能力不断增长。其公司资产将近 50 亿美金,1938 年发售的人寿保险逛交保费近 20 亿美金。公司每年的投资或再投资金额为 7 亿美金(平均每个工作日 200 万美金)。在 TNEC 的调查中,三笔独立的投资有力证明了如此庞大的运营体量。(1) 1929 年,公司以帝国大厦做抵押物的贷款放款超过 2700 万美金,公司总裁作证说,这笔放款对于大都会来说,与向许多公司贷款 1 万美金没什么两样。(2) 大都会另一笔大额投资是长岛的大规模不动产项目(投资金额 750 万美金),由 50 间公寓与商店、剧院、停车场和其他企业混合而成,提供超过 1.2 万个居住单元(dwelling units),其中包括 4.2 万个房间。(3) 另一笔贷款超过 4300 万美金,用于洛克菲勒中心的建设。尽管前述投资均是特例,但体现了大都会人寿的运营体量。See David Lynch, *The Concentration of Economic Power*, Columbia University Press, 1946, pp. 118-125.

[4] David Lynch, *The Concentration of Economic Power*, Columbia University Press, 1946, pp. 118-125.

集中随着寿险行业资产规模的膨胀而更甚。[1] 寿险公司从成千上万的投保人手中获得巨额资金,[2]其资产增长显著,[3]并成为全国最有活力的储蓄机构。[4] 寿险公司在投资市场中占据主导地位,体量庞大的保险准备金使得保险公司对投资和资本流动具有全国影响力。在其投资组合中,一半以上为现金或有价证券(marketable securities),相较于同规模的实业公司,它们可以在金融圈中施加更大的影响力。

寿险公司聚集投保人资金,而且这些资金大部分都集中在少数大型寿险公司手中,这引起了非常微妙且超出预期的趋势——产业领域(industrial world)的高度集中。大型和小型公司均想从这些聚集起来的资

---

[1] David Lynch, *The Concentration of Economic Power*, Columbia University Press, 1946, pp. 118-125.

[2] 1938年,美国有大约6500万人口投保,占总人口的一半。寿险公司成为国家的半官方储蓄机构(semi-official savings institutions)。1935年,大都会人寿保险公司仅在纽约州(对大都会有保险监管权)就获得了将近1.5亿美金的保费收入,相当于同年纽约州收税总收入的一半;大都会人寿这一年的总保费收入将近10亿美金,是纽约州同期总税收收入的3倍之多。在威斯康星州,西北相互人寿(Northwest Mutual)是最大的公司,其1936年的保费总收入约为该州税收总收入的2倍。See David Lynch, *The Concentration of Economic Power*, Columbia University Press, 1946, pp. 118-125.

[3] 自1910年以来,已经增长了5倍,远超储蓄银行(savings banks)、商业银行和(住宅)建设及贷款协会(building and loan associations)的资产增长速度。到1935年,寿险业的资产已2倍于联邦准备银行(Federal Reserve Banks)体系下的银行和机构,并且约为全美农产财产总价值的70%。相应地,寿险公司的收入获得了同步大幅增长。1880年至1940年间,尽管全国收入增长了8倍,但是寿险公司收入增幅达到了60倍。寿险公司收入占全国总收入的比例从1880年的0.1%,上升至1890年的1.6%,1900年的2.2%,1910年的2.5%,1915年的2.8%,1920年的2.6%,1925年的4.1%,1930年的6.7%,1931年的9%和1932年的11.6%。

[4] 1929年至1938年,全美所有储蓄机构(savings institutions)的总资产由580万增长至700万美金,95%的增长源于寿险公司,这部分增长中,前26家大型人寿保险公司贡献了85%的力量。这里的储蓄机构包括人寿保险公司、(住宅)建设及贷款协会、商业银行的储蓄账户、储蓄银行、邮政储蓄(postal savings)和婴儿债券(baby bonds)。寿险公司已成为全国性的储蓄资金池。这些金融机构每年在市场中的投资将近40亿美金,这意味着每天的资金流为1000万美金。1939年《华尔街》杂志的一位编辑说:"毫不夸张地讲,寿险公司的总资产几乎是全美商业和工业的首要担保物"。为了证明这一陈述,该杂志提供了类似向TNEC报告的数据。事实上,保险公司确实持有美国第一担保物(hold a first mortgage on America)。位列前49的寿险公司自1906年以后持续经营,代表了当年98%的寿险业总资产,到1938年,这一比例仍然高达92%;其持有11%的联邦债券、10%的州政府债券、23%的铁路债券、22%的发行在外的公用债券(public utility bonds)和15%的工业债券。另外,它们拥有农场抵押贷款总额的11%和城市抵押贷款总额的15%。因此,这些公众储蓄的资金池拥有对国家财富的诸多请求权。See David Lynch, *The Concentration of Economic Power*, Columbia University Press, 1946, pp. 118-125.

金池中获得融资,然而,大型金融机构并没有充分满足小型企业的需求,寿险业资金并未流向小型公司,而是用于支持产业集中。寿险公司购买为人熟知的公司证券,并且基于方便管理目的而将聚少成多的资金进行大额投资。因此,寿险业资金的运用推动了产业中的经济力量集中(因为针对小型公司的小额贷款并不划算)。但需要注意的是,寿险公司只投资了少量的权益证券,因为阿姆斯特朗调查后州保险法限制保险公司进行权益类投资;而且保险公司已经接受了这些限制并愿意获得低投资回报,这也使得其资产风险较低。[1]

不过,对保险公司投资普通股票的禁令削弱了资本市场,因为保险公司大量投资于证券中的债券而不是股票,这使得产业公司举债过多,严重依赖债务融资。因此,TNEC调查结论是:保险公司不断累积的准备金"实际上封存了保险公司收到的储蓄资金,并阻止它们流入到存在风险的新企业或项目上,因为小企业或一般的实业家被拒绝获得此类资本"。保险公司试图寻求"无风险"投资,但实际上,保险公司投资债券使得其投资风险更高,因为保险公司对债券的偏好促使被投资公司发行了更多的债券来融资,从而导致被投资公司的资产负债比率失衡,信用风险增加,进而提升保险公司的投资风险。此外,保险公司对债券的旺盛需求使得债券利率下降,进一步导致债券持有人收益率降低。由于保险公司集中投资于债券会引发前述问题,TNEC认为保险公司需要将其持有的准备金进行权益类投资,从而刺激新企业和使资金流向中小型企业。

因此,TNEC于1941年提出建议:保险公司应当增加对普通股的投资,从而使得工商企业避免负债率过高。作为回应,纽约州召集立法委员会来听取各方意见。该委员会首先召见了州保险监督官,但其认为TNEC的建议是阿姆斯特朗调查所达成共识的倒退,因为如果立法者放松股票投资禁令,保险公司将不会就此罢手,并最终会控制产业界,这并非保险监管者所愿,他们只想看到人寿保险公司进行安全合理的投资。[2]于是,解除保险公司股票投资禁令的尝试就此搁置。

(2) 1951年修正案的轻度松绑

二战后,保险公司能否拥有股票所有权再度被提起。保险公司为寻

---

[1] Lissa L. Broome and Jerry W. Markham, "Banking and Insurance: Before and After the Gramm-Leach-Bliley Act", *Journal of Corporation Law*, Vol. 25, Issue 4, 1999, p. 731.

[2] 〔美〕马克·J. 洛:《强管理者 弱所有者:美国公司财务的政治根源》,郑文通等译,上海远东出版社1999年版,第112页。

求投资限制上的放松开始施压,迫使国会举行听证会来征求意见,最终形成的结论是:为防止人寿保险公司对个别公司或实业进行控制,保险公司拥有的企业普通股应当被限制在已发行的有投票权股份的1%或者价值100万美元以内(由两者中最高者决定)。前述建议中1%限额针对的是被投资企业的股票,而不是保险公司的资产,由此可见,国会的主要担心仍在于防范保险公司经济力量滥用,而非保险公司的稳定性。[1]

1951年,纽约州修改其《保险法》第81条13项的规定,准许保险公司投资购买普通股,但限制极严。[2] 具言之,纽约州放松了保险公司投资股票的"绝对禁止"政策,但仍然限制保险公司拥有超过被投资公司2%的有投票权股份。这表明,即使在1951年,监管者对保险公司金融力量滥用的担心仍胜于对险资投资风险的担心。

此后,纽约州立法机构又不时地对1951年的法规进行了修改,对保险公司购买普通股的进一步限制主要在于规定股票的质量、最低的分散化投资要求,以及可持有被投资企业的资本比例(因股票类别的不同而设置不同的比例)。具体来说,只允许保险公司购买在此前规定时间段内持续分红的普通股或优先股。另外,保险公司所购买的股票不能超过被投资公司发行在外股票的特定比例或保险公司认可资产的特定比例。比如,纽约州1960年前后的保险法规定,如果公司在最近五年的平均利润是其固定与或有负债及优先股股利总额的平均1.5倍时,或者公司近两年的利润是其固定与或有负债及优先股股利总额的平均1.5倍时,该公司的股票被视为合格投资证券。保险公司持有一家公司的优先股或保证股(guaranteed stock)不能超过该公司发行在外股份的20%,或不能超过保险公司认可总资产的2%。保险公司拥有一家公司的普通股不得超过该公司已发行在外股票的2%,或不能超过保险公司认可总资产的0.2%。不难发现,立法限制的并非保险公司可用作投资的资产比例,而是保险公司累积的在被投资公司中的投票权,这表明监管限制仍然是基于约束保险公司经济力量的考量,而非减少保险公司的投资风险。

---

[1] 〔美〕马克·J. 洛:《强管理者 弱所有者:美国公司财务的政治根源》,郑文通等译,上海远东出版社1999年版,第114页。

[2] 《保险法论文(第二集)》(增订四版),政治大学学报业书1988年版,第149—154页(保险业资金运用及其监督之研究)。

综上,阿姆斯特朗调查奠定了美国20世纪保险资金监管的基础,[1]其后的半个世纪,保险公司被禁止持有任何股票,直到20世纪80年代该条禁令才得以放松。[2]但由此衍生并确立的险资消极机构投资者的基本定位和险资投资管理的基本原则,至今仍然被全球保险界和投资界所恪守。

(二) 20世纪60年代:投资保险及其独立账户资金监管

在美国,投资型保险兼具保障与投资的混合属性使其超出了保险监管范畴,延伸至证券监管领域,挑战了传统上基于分业监管而形成的机构监管格局,引发监管争议。美国以判例法形式首先确认投资型保险的"证券"属性,进而将经营投资型保险的独立账户视为"投资公司",从而使其对外投资行为受到联邦证券法的约束,成功控制了保险业金融资本向实业经营的扩张,以维护实体经济的稳定发展。随着争议平息,判例法下的结论最终体现在监管立法中,即投资型保险的"投资"一面纳入联邦证券监管,其"保障"一面仍归属于各州保险监管。相应地,塑造出了一条针对投资型保险独立账户资金监管异于传统保险产品资金监管的特殊路径。

1. 投资型保险及其独立账户的监管困境

投资型保险在美国市场上首次亮相后,金融监管者和保险业尝试以既有的产品分类标准对其归类,但由于其"保险"加"投资"特性,使得其定性出现了争议,给既有的保险、证券分业监管带来挑战,同时也再度诱发保险业监管权在州与联邦层面的争夺。美国的保险业和证券业分属于各州与联邦监管,但投资型保险产品这一混合型金融工具的出现动摇了原有的分业监管界限。投资型保险结合保险与投资功能,将独立账户的投资收益作为计算保单现金价值的基础,并将现金价值进一步作为保险给付额。因此,投资型保险使得证券投资收益与保险给付额之间具有密切关系,这与保险产品固有的"提供保障、分摊风险"的特性相悖,使其很难被简单归类为纯粹的保险产品。那么,投资型保险应被视为"证券"而受证券交易委员会(SEC)的监管,还是应被视为保险产品而受州保险法

---

[1] Schwarzschild and Zubay, *Principles of Life Insurance* (*Volume II*), Richard D. Irwin, INC., 1964, p.188.
[2] 〔美〕马克·J. 洛:《强管理者 弱所有者:美国公司财务的政治根源》,郑文通等译,上海远东出版社1999年版,第82页。

管辖?

此外,保险公司的独立账户和普通账户资金运用遵循不同的监管约束。独立账户的设立使投资型保险的投资收益在会计处理上与一般寿险的资金分开。独立账户把寿险业原有的账户区分为二:一是原有的传统型普通账户,用来处理传统型寿险产品的会计事项,传统保险产品资金的投资风险由保险人提供保证;二是独立账户,处理投资风险由保单所有人自行承担的投资型保险产品的会计事项,保单所有人获得的报酬或承担的损失直接受到独立账户绩效的影响,保险公司对投资报酬的高低并无保证。[1] 1960年之前,美国保险公司所有账户中的资金都受到严格的投资限制。[2] 然而,投资型保险出现的首要目的在于对抗通货膨胀,对冲利率波动风险的需要使得保险公司必须放弃传统的固定收益(债券)投资策略,转向价值随着被投资公司的经营业绩、价格水平和生活成本变化而变化的股票投资。[3] 由于美国州保险法基于保障保险公司的财务稳健而对保险资金股票投资进行严格限制,保险公司被迫另辟蹊径。保险业的努力最终使得州保险法将独立账户投资排除在普遍适用于保险公司的投资限制之外,或者豁免独立账户遵守投资限制;[4] 这样的制度安排为投资型保险资金从事股票投资提供了法律保护伞,使其获得追求高额投资收益的空间,在维持保险业活力的同时能够与共同基金展开市场

---

[1] 江瑞雄:《寿险业兼营投资型保险之研究》,淡江大学保险学系2002年硕士论文,第17—19页。

[2] Tamar Frankel, "Variable Annuities, Variable Insurance and Separate Accounts", *Boston University Law Review*, Vol. 51, No. 2, 1971, pp. 177-402.

[3] E. A. M. Jr., "Variable Annuity—Security or Annuity?", *Virginia Law Review*, Vol. 43, No. 5, 1957, pp. 699-712.

[4] Tamar Frankel, "Variable Annuities, Variable Insurance and Separate Accounts", *Boston University Law Review*, Vol. 51, No. 2, 1971, pp. 177-402. 美国保险监督官协会(NAIC)在其《投资示范法(规定上限版)》对示范法的适用范围作出规定:"本法案只适用于美国国内的保险人,或者是外国保险人在美国的分支机构。除非另有规定,否则本法案不适用于保险人的独立账户。"根据示范法对法令适用范围的规定,除非另有规定的前提下,保险监管法规中对保险资金进行股票投资的比例限制规定将不适用于独立账户。这一规定确认了独立账户运营投资连结保险进行股票投资行为的合法性。美国各州保险法基本上与NAIC投资示范法的规定保持了一致。纽约州保险法对独立账户作出如下规定:"对于独立账户中的投资;除本章另有规定外,保险公司可以在独立账户契约许可的范围内进行任何投资,本章中对于投资的规定、限制及其他条款不适用于独立账户的投资。在按照本章规定对非独立账户的投资进行定量限制时,不涉及独立账户的投资且独立账户的资产不计入保险公司的认可资产"。参见 New York Insurance Law, 4240(a)(2)(A).

竞争。

但是，保险公司独立账户投资突破州法对保险公司普通账户投资行为严格限制的做法，使得保险公司独立账户的资金处于监管真空地带，这引发了共同基金经营者等竞争者对此监管疏漏的不满。此外，体量巨大的保险公司独立账户资金不断提醒监管机构和公众，不能重蹈20世纪初美国着手调查保险行业丑闻时金融资本控制实业经营的覆辙。那么，如何在促进保险公司发展与防止保险公司控制实业公司之间取得平衡，亟需监管回应。

2. 美国投资型保险及独立账户定性之争的判例法回应

经由判例及最终写入监管法中的规则，对投资型保险实现了功能监管理念下联邦证券监管和州保险监管的双监管体系，各自分管投资型保险的证券和保险属性。关于投资型保险的属性界定最先由司法判例作出，相关的典型案例按时间顺序包括：1959年的变额年金保险公司案（SEC v. Variable Annuity Insurance Company）[1]，1964年的保德信保险公司案（Prudential Ins. Company v. SEC）[2]和1967年联合人寿保险公司案（SEC v. United Benefit Life Insurance Company）[3]。最终结论为：投资型保险是《证券法》下的"证券"，其向公众出售时，须依法注册；所对应的独立账户则须遵守1940年《投资公司法》下对于"投资公司"的投资监管要求。

（1）1959年变额年金保险公司案

本案中，被告变额年金保险公司（Variable Annuity Insurance Company，VAIC）专营变额年金，公司不向投保人保证固定收入，而是根据投资收益情况计算回报。被告援引McCarran法案和联邦证券法中的保险豁免规定，认为保险监管权归属于各州，联邦证券法不适用于保险监管。而最高法院认为，无论是从保险的本质特征，还是从功能监管角度分析，变额年金不适用1933年《证券法》第3(a)(8)条的规定而豁免于证券注册。

其一，《证券法》第3(a)(8)条中所使用的"保险"和"年金"是联邦法下的术语，尽管州保险监督官对保险公司或保险合同实施监管，但是变额

---

[1] SEC v. Variable Annuity Life Ins. Co. 359 U.S 65 (1959).
[2] Prudential Ins. Co. v. SEC 326 F. 2d 383 (3d Cir. 1964).
[3] SEC v. United Benefit Life Ins. Co. 387 U.S 202 (1967).

年金不在这些术语涵盖范围内；不能固守联邦证券法出台时所界定的"保险"或"年金"概念。由于保险公司不承担变额年金的任何投资风险，其"完全不承保任何风险"并不符合人们对"保险"一词的合理理解，所以变额年金不属于保险。[1]

其二，从功能性角度分析，美国国会在证券法中规定保险豁免的基础是：虽然保险（包括年金）是当时投资形式的一种，但其并没有呈现出证券立法所要致力于解决的问题，而且保险业通常处于各州的严格监管之下，这使得联邦监管没有必要。如果保险业想要一直豁免于联邦监管，那么其必须将自身业务限制在1933年《证券法》通过时所规定的保单形式及合同……如果新出现的投资工具仅仅是贴上"保险"或"年金"的标签而用于销售，那么必须重新审视国会于1933年所确定豁免的本意，探究变额年金合同是否为国会当时想要由州保险监督官实施排他监管权的投资形式。[2] 此时，分析证券法和州保险监管的功能差异非常关键。州保险监管的功能主要在于维持保险公司的偿付能力和准备金充足；而联邦证券监管功能则在于向投资者进行全面信息披露，从而使其能够充分评估投资风险。[3] 根据变额年金合同，保险公司在合同存续期间向其投资者所负责任并非以（预先确定的）金钱形式存在，而是依赖于投资组合的价值。在此情形下，通过州保险监管来保障充分的准备金计提及保障保险公司偿付能力变得毫无意义。相较而言，证券法下的信息披露监管更为合适。[4]

---

[1] SEC v. Variable Annuity Life Ins. Co. 359 U.S 65 (1959). 法院（Mr. Justice Douglas）认为："缺乏对固定收入的保证，变额年金将所有的投资风险转移给了年金所有人，而不是由公司承担投资风险。年金合同所有人仅按比例获得权益投资组合的份额，最终可能产生丰厚、微薄甚至一无所有的收益。保险意味着保险公司承担一定程度的投资风险……对保险的普遍理解包括（保险公司）至少保证部分保险收益将以固定金额支付……变额年金的发行人除了向年金所有人保证投资于股票或其他权益资产组合的利息之外没有任何保证，而前述利息存在上限但无下限"。

[2] Clifford E. Kirsch, *Variable Annuity and Variable Life Insurance Regulation* (Second Edition), Volume 1, Practising Law Institute, 2017, Chapter 2："Status of Insurance Products Under the Securities Act of 1933", pp. 5-9.

[3] SEC v. Variable Annuity Life Ins. Co. 359 U.S 65 (1959).

[4] Clifford E. Kirsch, *Variable Annuity and Variable Life Insurance Regulation* (Second Edition), Volume 1, Practising Law Institute, 2017, Chapter 2："Status of Insurance Products Under the Securities Act of 1933", pp. 5-9.

VAIC案正式打开了美国证券监管机构对投资型保险产品的监管大门。本案中,法院不仅认定变额年金在性质上归属于"证券",还将以投资型保险产品为全部业务的保险公司认定为"投资公司"。但VAIC案对于构建投资型保险监管体系来说仍有悬而未决的问题。首先,对于主营业务为传统保险业务、兼营变额年金等投资型保险的保险公司来说,不能援引本案来判断其是否为投资公司。其次,对于保险公司保证最低收益、但收益浮动的保险产品,也无法援引本案来确定产品性质。这两个问题分别经由 Prudential 案和 United Benefit 案予以解答。

(2) 1964 年保德信保险公司案

本案中,保德信保险公司(Prudential Insurance Company)的主营业务为传统的人寿保险,同时经由独立账户经营变额年金产品。本案的争议焦点为:独立账户是否属于豁免联邦证券监管的"投资公司"? 被告主张,与VAIC案中的保险公司主要经营变额年金不同,本公司主营业务仍为传统意义上的保险产品业务,属于1940年《投资公司法》第2(a)(17)条规定的保险业务;独立账户作为保险公司的一部分,应与保险公司一起属于1940年《投资公司法》第3(c)(3)条规定的豁免适用情形,不应受SEC监管。[1] 但前述主张并未获得法院支持。

在判决中,法院首先否定了被告的主张,即"公司"意指可识别的商业主体(recognizable business entities);[2] 法院认为,保德信公司的独立账户符合1940年《投资公司法》对"公司"的界定范围,因为1940年《投资公司法》的适用,并不以建立可识别的企业实体及内部组织架构为必要条件。[3] 其次,从性质上看,独立账户应被归入"投资公司"(投资基金)之列。因为用于投资的本金源于变额年金购买者所支付的保费,购买者的收益与独立账户投资绩效挂钩,并由购买者承担独立账户全部的投资风险,因此需要保护投资型保险购买者的合理期待。最后,法院得出结论,

---

[1] "Securities Regulation: SEC Reiterates Decision That Issuers of Variable Annuity Contracts Are Subject to Federal Regulation Under Investment Company Act of 1940", *Duke Law Journal*, Vol. 12, Issue 4, 1963, pp. 807-816.

[2] Clifford E. Kirsch, *Variable Annuity and Variable Life Insurance Regulation* (*Second Edition*), *Volume 1*, Practising Law Institute, 2017, Chapter 3: "Status of Insurance Companies and Insurance Company Separate Accounts Under the Investment Company Act", pp. 16-20.

[3] 孙赫:《美国保险资金股票投资监管研究》,北京大学法学院 2017 年硕士学位论文,第 24—26 页。

独立账户是1940年《投资公司法》中的"发行人",发行由投资型保险合同所有人分享独立账户投资收益的"证券";保德信公司被视为变额年金合同的承保人,即负责兑现保险和年金承诺以及设立独立账户(投资公司)。[1]

综上,本案确立的规则是,从事变额年金业务的独立账户在性质上被认定为"投资公司",同时该账户也是其账户内资金的所有者,而开立该独立账户的保险公司则被认定为账户的经营者。因此,即便保险公司的主营业务为非变额年金,但其设立的用于经营变额年金的独立账户会被认定为"投资公司",其对外投资须遵循1940年《投资公司法》的相关监管约束。[2]

(3) 1967年联合人寿保险公司案

保德信案确认了变额年金独立账户的性质,其后的联合人寿保险公司案(United Benefit案)则进一步确认了变额年金保险中承诺最低收益的产品本质上也属于"证券"。保险公司开发的新保险产品——"弹性基金年金"(Flexible Fund Annuity, FFA),其价值保底特性是变额年金所没有的。FFA募集的保费主要投资于权益类证券,产品购买者可以随时赎回自己的投资资金,赎回金额则视投保时间长短而定。一般而言,购买第一年可以赎回保费的50%,以后每年递增,直至第十年可以赎回全部保费。保险期限届满后,投保人可以选择保险公司定期支付年金,也可以选择一次性收回保险金。定期支付时,保险公司通常依据投保人投资资金在总投资基金中所占比例,将相应资金转入一般准备金账户,供受益人定期领取;一次性支付时,保险公司根据投保人当时在独立账户所占资金比重确定支付金额。尽管FFA在到期之后可以转换为普通年金,但投保人的收益无论在到期前还是到期时,都依赖于保险金的投资收益。

本案中,初审法院和上诉法院都认为FFA在性质上属于"保险",而美国联邦最高法院推翻了该结论,将FFA认定为"证券",理由是FFA在到期前或者到期时给投保人的收益均具有波动性。保险公司并没有向保单持有人承诺积累固定金额储蓄的利息,而是作为投资代理人,允许保单

---

[1] Clifford E. Kirsch, *Variable Annuity and Variable Life Insurance Regulation* (Second Edition), Volume 1, Practising Law Institute, 2017, Chapter 3: "Status of Insurance Companies and Insurance Company Separate Accounts Under the Investment Company Act", pp. 16-20.

[2] 孙赫:《美国保险资金股票投资监管研究》,北京大学2017年硕士学位论文,第24—26页。

持有人分享其投资收益。保险公司所承担的义务只有合同到期日的最低保证,且前述保证金额远远低于使用同等金额保费购买传统递延年金所能获得的保证。[1] 因此,法院认为:"尽管保险公司基于投保人支付的净保费对保单现金价值进行保底,能够极大减少投保人的投资风险。然而,由投保人承担投资风险并不符合联邦法下'保险合同'的概念……必须将'起到一定程度保险功能的合同'与'保险合同'加以区分。"此外,United Benefit 的判决还体现了,保险合同的营销方式会影响其被界定为证券法下的"证券"还是"保险"。法院认为,United Benefit 公司所销售的变额年金合同对于购买者的吸引力不在于传统保险所能带来的稳定性和安全性,而在于(保险公司)良好的投资管理而带来的增值预期。[2] 法院认为,被告发行的变额年金合同提供了与共同基金相竞争的投资工具,二者的受众为同类投资者,即那些期待通过专业的投资管理而获得财富增值的人。[3]

综上,基于前述判决和此后的 SEC 系列规则,[4] 美国确立了针对投资型保险产品的监管政策。一方面,将具有浮动收益的投资型保险产品界定为"证券"并纳入联邦证券监管体系,原因在于投资型保险的保险保障收益会随着独立账户的投资业绩而不断波动,有悖于保险"稳定、可预测且安全"的本质追求。[5] 另一方面,独立账户应被视为实质上的"投资

---

[1] Clifford E. Kirsch, *Variable Annuity and Variable Life Insurance Regulation* (*Second Edition*), Volume 1, Practising Law Institute, 2017, Chapter 2: "Status of Insurance Products Under the Securities Act of 1933", pp. 5-9.

[2] 法院引用了被告对变额年金合同的营销方式来佐证其结论:被告宣传"弹性基金"的广告以"财务增值的新机会"(New Opportunity for Financial Growth)。被告的销售辅助工具包括强调投资回报可能以及公司专业投资管理经验的展示。

[3] Clifford E. Kirsch, *Variable Annuity and Variable Life Insurance Regulation* (*Second Edition*), Volume 1, Practising Law Institute, 2017, Chapter 2: "Status of Insurance Products Under the Securities Act of 1933", pp. 5-9.

[4] SEC 于 1986 年出台了 1933 年《证券法》下的 Rule 151,它是一个"安全港"(safe harbor),规定符合条件的年金合同将不被视为"证券"。前述条件可概括为:首先,发行合同的主体(保险公司)必须受州保险监督官、银行监管者或类似机构的监管;其次,保险公司必须承担合同项下的风险达到规则要求的程度;最后,合同不能以投资工具被营销。参见 Clifford E. Kirsch, *Variable Annuity and Variable Life Insurance Regulation* (*Second Edition*), Volume 1, Practising Law Institute, 2017, Chapter 2: "Status of Insurance Products Under the Securities Act of 1933", pp. 11-13.

[5] Tamar Frankel, "Variable Annuities, Variable Insurance and Separate Accounts", *Boston University Law Review*, Vol. 51, No. 2, 1971, pp. 177-402.

基金",原因在于变额年金购买者所支付的保费提供了投资本金,购买者的收益与独立账户投资绩效挂钩,并由购买者承担独立账户的所有投资风险,这契合"投资基金"的运营模式。[1] 因此,应将投资型保险的独立账户纳入"投资公司"范围,使其处于1933年《证券法》与1940年《投资公司法》的约束之下。

独立账户的"投资基金"定性与投资型保险合同的"证券"定性密不可分。只有投资型保险合同属于"证券"时,其所对应的独立账户会被视为1940年《投资公司法》下的"投资公司",即主要从事投资、再投资和证券交易的发行人。根据前文的三大经典判例和此后的SEC系列规则,判断投资型保险合同到底属于联邦证券法下的"证券"还是豁免于联邦证券监管的"保险",取决于四方面因素:其一,如何分配产品购买者与保险公司间的投资风险;其二,投资型保险在多大程度上有悖于传统保险,即购买者承担投资风险的多寡;其三,投资型保险产品如何推销并出售;其四,各州保险法业已提供的保护程度。[2]

综合起来理解:第一,若保险产品的投资风险绝大部分或全部转移给了投保人,比如,保险公司不提供任何承诺收益,投保人的收益来自保费的投资,这类保险产品就是"证券",如变额年金。第二,保险公司对保险产品的收益进行保底,从而由保险公司承担一部分投资风险,此时则需要结合其他因素判断。具言之,如果保险公司将该产品资金投资于股票等市场价格波动的投资工具,并将该产品作为一项"投资"营销,强化该产品的增值预期,这意味着保险公司未来支付的保险金额在保底金额之上的概率可能远远大于在其之下的概率。此时,尽管保险公司承担一定的投资风险,但投资者实际上承担了重大投资风险,这款保险产品与其他投资基金相比只不过是具有一定保险功能的投资,该产品的投资性足以将其推到"证券"的范畴。而如果保险公司将这款产品的资金投向稳健的固定收益类投资工具,在向投保人营销这款产品时并非将其作为一项投资,而是具有一定保值增值功能的风险保障产品。此时,尽管投保人也会承担

---

[1] Clifford E. Kirsch, *Variable Annuity and Variable Life Insurance Regulation* (*Second Edition*), *Volume 1*, Practising Law Institute, 2017, Chapter 3: "Status of Insurance Companies and Insurance Company Separate Accounts Under the Investment Company Act", pp. 16-20.

[2] Tamar Frankel, "Regulation of Variable Life Insurance", *Notre Dame Law Review*, Vol. 48, No. 5, 1973, pp. 1017-1091.

第二章 美国保险公司资金运用监管历史梳理　109

一定的投资风险,但其承担的投资风险并未达到重大程度,这与具有一定保险功能的投资合同有根本区别,该产品强大的保障功能足以使其构成法律上界定的保险合同。[1]

因此,并非所有的投资型保险都属于需要纳入联邦证券监管的"证券",投资型保险产品中那些保障功能浓郁的产品在美国保险实践中依然通过保险公司的普通账户经营,这类资金仍适用各州保险法对于保险公司表内资金的投资监管约束。只有当投资型保险产品归入"证券"之列时,其所对应的独立账户才会被视为"投资公司",从而须遵循联邦证券法关于投资公司的对外投资限制。贯穿其中的指导理念是:保险求稳而证券追求投资收益。这一理念也决定了美国变额万能险与万能险的监管差异,即变额万能险属于"证券",而万能险属于"保险"。因为变额万能险的保险收益与独立账户投资业绩挂钩,购买者承担重大的投资风险,因此其被认定为"证券"。然而,万能险的系列保障特性使其免受联邦证券监管。比如,保险公司提供保证利率降低了购买者需要承担的投资风险;[2]由普通账户管理万能险资金,实施审慎稳健的投资策略;营销时侧重其保费缴纳和保险金额方面的"灵活性"。[3]

3. 美国投资型保险及其独立账户的功能性监管

美国投资型保险产品看似与投资基金有区别且构成竞争关系,但二者也存在本质功能上的相似性,由此使得投资型保险独立账户投资须遵循与投资基金相同的监管规则。这彰显了美国对于投资型保险及其独立账户的监管遵循功能性监管逻辑,从而构建保险业与基金业的公平竞争环境,并实现更好的投资者保护。比如,共同基金中,众多非特定投资者

[1] 冯璟钰:《万能险在我国的异化与监管对策》,北京大学 2018 年硕士学位论文。
[2] 万能寿险保费支付在扣除保险成本后计入投保人账户并归集投资收益,其现金价值投资于收益率变动的基金(如股票市场、长期债券和货币市场基金等)。只要投资收益高于保险公司普通账户的收益率,那么万能险保单现金价值增长的潜力较大,此时保单持有人将会获得高收益。购买万能险的收益率由两部分构成:一是保险公司提供的保证利率,即无论公司的投资业绩如何,都会按保证利率支付收益;二是超额利率,由保险公司定期或外部指标决定。因此,万能险保单持有人承担的投资风险较小。See Stephen P. D'Arcy and Keun Chang Lee, "Universal Variable Life Insurance Versus Similar Unbundled Investment Strategies", *The Journal of Risk and Insurance*, Vol. 54, No. 3, 1987, pp. 452-477; Douglas I. Friedman, "Universal Life Product Development and Tax Aspects", *Cumberland Law Review*, Vol. 13, No. 3, 1982-1983, pp. 499-516.
[3] Richard G. Shectman, "New Concepts in Life Insurance Planning Universal Life", *Cumberland Law Review*, Vol. 13, No. 2, 1982-1983, pp. 219-238.

缴纳出资,形成规模资金,专业的投资机构运用该资金从事投资行为,各投资者按照出资比例对投资收益进行分配。[1] 尽管投资型保险独立账户与其所附属寿险公司的经营方式存在较大差异,但与共同基金存在诸多相似点,这包括投资者风险承担、投资选择自主权、投资收益波动、投资份额价值计算、管理费分配及法律关系本质(委托理财)等。概括来讲,二者的收益均与其投资活动紧密相关:无论是投资型保险的投保人,还是共同基金的购买人,都必须承担重大投资风险。因此,理论上讲,法律上将独立账户定性为"类似于共同基金"的投资基金,绝非毫无来由。

保险法的监管范围通常包括保险合同条款、保险公司准备金提取、允许的投资范围等,根本上致力于保障保险公司的偿付能力,从而确保其能够承担未来的保险责任。然而,这一监管路径在不按照固定金额衡量保险责任保证,而是依赖于独立账户的投资收益时,变成了梦幻泡影。换言之,传统的保险监管的确能够保护普通保险产品投保人的利益,但对于投资型保险产品的购买者而言,其保护性几乎荡然无存。[2] 在投资型保险合同项下,传统保险产品中本该由保险公司承担的投资风险转移到了购买者身上,此时,保障保险公司的偿付能力已经不再是保护投保人利益的有效监管措施,因为投保人将来的赔付并不依赖于保险公司的财务健全,而是依赖于独立账户的投资业绩。从本质上看,投资型保险是"证券",此时,联邦证券监管路径下的强制信息披露制度是更好的投资者保护措施。[3] 这也是美国联邦证券监管者领衔质疑投资型保险产品证券属性,并通过司法裁判来支持其监管思路的根本原因。

---

[1] 共同基金的运作架构中主要有委托人(投信公司)、受托人(保管机构)及受益人(投资人),三者之间以证券投资信托契约来规范权利义务,证监会为管理监督之主管机关。为了确保资产的安全性与操作上的专业性,共同基金最大的特色在于基金的经营与基金的资产管理是分开的,且基金的资产存放于保管机构的独立基金专户内。为了达到基金资产运作的透明化与专业化管理,投信公司只负责基金操作指令的下达,而其他所有基金专户的资金进出,包括投资标的的交割及收益分配,投资人对基金的买入或赎回资金等,皆委任由基金保管银行处理。这样的运作特色是:基金的操作管理与基金的资产保管是完全独立分开的,基金专户的资产属于基金投资人,而非投信公司或保管机构。参加江瑞雄:《寿险业兼营投资型保险之研究》,淡江大学2002年硕士论文,第19—23页。
[2] "Securities Regulation: SEC Reiterates Decision That Issuers of Variable Annuity Contracts Are Subject to Federal Regulation Under Investment Company Act of 1940", *Duke Law Journal*, Vol. 12, Issue 4, 1963, pp. 807-816.
[3] Day J. Edward, "A Variable Annuity Is an Annuity", *Insurance Law Journal*, No. 12, 1955, pp. 775-787.

为了更好的投资者利益保护,以及构建投资型保险产品与共同基金公平竞争的市场环境,基于前文的三大经典判决和此后的 SEC 系列规则,美国确立了针对投资型保险产品的功能性监管逻辑,即金融产品的监管权属根据金融产品的性质和功能来确定,而不是根据金融产品发行机构的性质来认定。总括而言,美国先是在判例法上将投资型保险的属性认定为"证券",进而将经营投资型保险的独立账户纳入"投资公司"之列,从而使投资型保险产品本身及其独立账户资金运用分别受 1933 年《证券法》和 1940 年《投资公司法》的监管约束。

第一,在功能性监管理念下,投资型保险受制于联邦证券监管和州保险监管的双体系监管,分别对应于投资型保险的证券和保险方面。投资型保险保单的设计与销售等均须遵循州保险监管法的相应规定;同时,由于其保单现金价值随独立账户投资业绩变动,因此具有"证券"属性,这又使得保险公司在销售投资型保险产品时必须遵守 1933 年《证券法》与 1940 年《投资公司法》的规定,其核心要求是投资者获得与投资相关的说明书(信息披露文件)。因此,规范投资型保险产品的法律应当向购买人首先提供传统上由州保险法提供的关于保险合同的保护;此外,还应提供联邦证券法对于投资者的同等保护。[1]

第二,尽管投资型保险独立账户资金运用不受保险公司普通账户资金投资的严格监管限制,但独立账户被视为"投资公司",须遵循美国法对于投资公司对外投资的诸多约束,从而有效防范保险公司巨额资金运用时所存在的金融力量滥用风险,维持经济秩序稳定。不同于针对保险公司普通账户资金直接由州保险法规定严格投资比例来约束,美国对于投资型保险独立账户资金金融力量的防范走了一条相对"曲折"的路。具言之,随着判例法对于投资型保险"证券"属性的界定,并将经营投资型保险的独立账户视为发行"证券"的"投资公司",塑造出了保险公司独立账户资金金融力量防范的特殊监管模式——独立账户资金对外投资需遵循 1940 年《投资公司法》对于投资基金的监管约束,从而借助美国防范投资基金金融力量滥用的举措来实现对保险资金投资力量的管控。具体的监管约束包括 1940 年《投资公司法》对于"投资公司"(独立账户)的投资比例和关联交易限制、1934 年《证券交易法》对短线交易的限制,以及税法

---

[1] Tamar Frankel,"Variable Annuities, Variable Insurance and Separate Accounts", *Boston University Law Review*, Vol. 51, No. 2, 1971, pp. 177-402.

规则对于"投资公司"分散化投资的反向约束。这些监管限制有效防止了保险公司凭借独立账户资金控制实业公司,从而保护实业经营免受金融资本的过度侵蚀。后文会详细阐述美国投资型保险独立账户资金运用的具体监管约束。

(三) 20世纪90年代:保险公司以风险资本为基础的偿付能力监管

偿付能力监管旨在保障保险公司具备向保单持有人履行保险责任的财务能力,从而防止其破产。[1] 最低资本要求是保险公司偿付能力监管的最早形式,即每一个拟从事保险业务的公司都必须有特定资本(资产超过负债的部分),其金额的大小与保险公司拟承保的业务相关。[2] 但20世纪90年代,保险产品高利率引发了保险公司的激进投资行为,投资风险最终爆发使保险公司丧失了偿付能力,导致美国保险公司大范围破产。尽管各州当时创建了自己的保险保障基金为投保人在保险公司资不抵债时提供保护,但在1969年至1990年间,超过150家保险公司倒闭,其中有75%发生在1985年至1990年间,最著名的莫过于Executive Life保险公司的破产神话。[3] 事实证明,州保险保障基金数额太小,无法应对大范围的保险公司破产。同时,社会公众对传统的偿付能力监管方法提出了批评。首先,最低资本要求未将保险公司的投资风险纳入考量范畴。其次,对于资产规模巨大的保险公司而言,最低资本要求的标准太低,难以起到防范风险的作用。最后,对于经营不善、风险巨大、需要采取干预措施的保险公司,最低资本要求无法提供有价值的监管手段支撑。[4] 面对前述批评,监管机构逐渐开始对保险公司采取全程动态监控,将监管重心放在风险识别和预防上。例如,20世纪90年代开始,美国保险监管机构采用"风险资本法"(Risk-Based Capital)来动态监控评估保险公司的偿付能力。此外,为了避免保险业监管权收归联邦政府,1989年起,NAIC开始讨论风险资本法,探索根据保险业务和风险大小对保险公司的资本

---

[1] Raymond A. Guenter and Elisabeth Ditomassi, *Fundamentals of Insurance Regulation: The Rules and the Rationale*, American Bar Association, 2017, p.163.

[2] Ibid., pp.171-175.

[3] "The Rise and Fall of the Executive Life Empire is Chronicled in Wishful Thinking: A World View of Insurance Solvency Regulation," A Report by the Subcommittee on Oversight and Investigations of the House Committee on Energy and Commerce, pp.18-19. (Committee Print 103-R Oct. 1994).

[4] 周伏平:《美国保险监督官协会的RBC管窥》,载《精算通讯》2000年第4期。

和盈余进行调整。[1]

NAIC 于 20 世纪 90 年代初颁布《保险公司风险资本示范法》[2](Risk-Based Capital For Insurers Model Act,以下简称《风险资本示范法》),通过评估保险公司所承担的风险,规定其为保护被保险人而应持有的资本量(风险资本法),据此来保障保险公司的偿付能力。这改变了传统上对保险公司设定静态资本(最低资本和盈余)要求以保障偿付能力的做法,转向根据保险公司投资组合的风险来设定保险公司的资本水平,即以计算风险资本的方式确认资本金是否充足,并在《风险资本示范法》中明确规定有关监管干预的手段,从而有效评估和监管保险公司的偿付能力。

1. Executive Life 神话及其破产警示

20 世纪 70 年代,Executive Life 保险公司还是一家注册在加州的小型人寿保险公司。但 80 年代,由弗雷德·卡尔(Fred Carr)领导下的新管理层为公司本身及其在纽约州的子公司带来了重大变革。从 1980 年至 1990 年,Executive Life 在加州的资产膨胀了 1587%,其纽约分部的资产同期增长率高达 1273%。到 1990 年,Executive Life 公司集团(The ELIC group)已成为美国第 15 大寿险公司,拥有的资产超过 190 亿美金,而且在很多州开展保险业务。这些都源于 ELIC 集团的高风险投资经营,即通过向公众销售保单、年金和保证投资合同(guaranteed investment contracts)来获得资金,保费收入被用于购买垃圾债券和投机性房地产,以获得巨额短期收益。这使得 ELIC 集团从竞争中脱颖而出并使其市场份额稳步增长。[3] ELIC 集团吸引了大量的投保人,他们都乐意从这种激进投资中获得高额回报,而且州保险监管对保险公司财务健全的背书使得投保人愿意投资。

然而,由于 ELIC 集团的高收益源于高风险投资,其财务状况存在巨

---

[1] 孙赫:《美国保险资金股票投资监管研究》,北京大学 2017 年硕士学位论文,第 15 页。
[2] 1990 年,美国保险监督官协会(NAIC)根据监管的需要,起草了保险公司《风险资本示范法》(Risk-Based Capital Insurers Model Act),1992 年又制定了基于风险的资本(RBC)标准,并于 1993 年和 1994 年分别对寿险公司和产险公司生效。该标准将寿险公司的风险分为资产风险、承保风险、利率风险和一般性的商业风险四种,根据这些风险的大小来确定公司的最低资本金额。RBC 的提出,标志着风险为本(Risk-Based)的资本监管在保险领域的正式引入,具有里程碑式的意义。
[3] Raymond A. Guenter and Elisabeth Ditomassi, *Fundamentals of Insurance Regulation: The Rules and the Rationale*, American Bar Association, 2017. pp. 163-165.

大的不稳定。在20世纪80年代末和90年代初,ELIC集团与其他几家大型保险公司经营失败,出现了保单和年金合同违约。尽管州保险保障基金支付了一些保险赔付请求,但仍然有许多投保人最终遭受了经济损失。[1]这促使国会和行业专家开始质疑各州所构建的保险监管体系的实效,毕竟当时的保险业普遍从事跨州经营,非审慎经营的保险公司注册地所在州的监管不足,已经明显危害到该保险公司所有营业地的保单持有人利益。而且,Executive Life案还暴露出了各州保险监督官未能协同监管,从而导致保险公司最终走向破产。[2]

1992年,在40家跨州经营的保险公司倒闭后,国会对保险公司的偿付能力进行调查,试图通过联邦立法来保障保险公司的偿付能力,拟出台《联邦保险偿付能力法案》(Federal Insurance Solvency Act,FISA),[3]该法案致力于设立联邦保险偿付能力委员会(Federal Insurance Solvency Commission,FISC),该委员会将设定保险公司财务健全和偿付能力监管标准,但该法案最后被保险业和地方保险监管者及时阻止。

---

[1] 根据美国全国人寿保险保障基金的数据,ELIC集团的未赔付保单申请共计27亿美金,州保险保障基金支付了其中的7.37亿美。

[2] 一份国会的调查得出来如下结论:(1)非保险公司注册地的监管者完全依赖于加州和纽约州来监管ELIC集团,而不是自己监管其在本州的经营。直至ELIC集团濒临破产,没有一个非保险公司注册地的监管者采取任何行动。(2)州保险监管者之间的沟通与合作非常少。1980年,事实上纽约州保险监管者已经发现了严重的管理不端;1987年2月,纽约州保险监管者对Executive Life罚款25万美金,命令其注入资本1.51亿美金,并将其加州子公司和违法的管理者驱逐出纽约州。然而,加州的保险监管者直到3个月后才发现前述监管行动,因为加州的公司在没有通知监管者的情况下,对外支付了1.51亿美金,这是违反加州法律的。加州保险监督官认为,First Executive控股公司基本上是在挪用Executive Life加州子公司的资金来保护其纽约子公司。(3)州保险监管者之间并不进行重要信息分享。明尼苏达州的保险监管者早在1990年就开始为Executive Life加州子公司的状况深感担忧,并试图从加州保险监督官那里获取相应的最新消息,但是后者并未提供前述信息,也没有立即实施检查。(4)NAIC的证券评估办公室(Securities Valuation Office)的创设宗旨在于发现不恰当的投资,但其却纵容First Executive通过将7.89亿美金的垃圾债券转移至附属公司并换取以垃圾债券为担保发行的新证券,从而创造出投资级证券。(5)尽管州保险监督官拥有叫停保险公司任何危害财务健全行为的权力,但没有一个监管者对ELIC集团实施过。参见"The Rise and Fall of the Executive Life Empire is Chronicled in Wishful Thinking: A World View of Insurance Solvency Regulation", A Report by the Subcommittee on Oversight and Investigations of the House Committee on Energy and Commerce, pp. 20-23. (Committee Print 103-R Oct. 1994).

[3] Federal Insolvency Act, H. R. 1290, 103 Congress. (1993); H. R. 4900, 102nd Congress. (1992).

2. NAIC 的《风险资本示范法》

20世纪90年代,为了避免联邦政府对保险公司偿付能力实施统一监管,NAIC赶紧推动州保险监管达标项目(State Insurance Accreditation Project),旨在提高并统一美国各州的保险公司偿付能力监管,从而使国会再无必要采取行动。各州及保险业接受统一、严格的偿付能力监管的好处在于:根据NAIC的检查,达标的州对保险公司偿付能力进行的测试将得到其他州的认可,这可以降低各州自行检查的行政成本,还能降低各州对跨州经营保险的公司进行监管的负担。个别州和部分业界人士对该项目的反对声音促使NAIC采取了相应的改良行动,项目的实施最终达到了其预想的效果——抑制国会的监管行动。

NAIC的《财务监管标准政策陈述》(Policy Statement on Financial Regulation Standards)[1]总结了各州在参与达标评估时所需要具备的法律和监管规则[2]、监管行为和程序[3],以及相应的资源保障[4]。尽管这些评估标准此后有被修正、一些示范法规被取代,甚至项目本身在整个

---

[1] NAIC Policy Statement on Financial Regulation Standards (1989).

[2] 具体法律法规内容包括:(1)保险监管措施;(2)资本和盈余要求;(3)NAIC的会计计量及程序要求;(4)纠正不端行为的监管措施;(5)对投资的评估;(6)控股公司法;(7)风险限额;(8)投资监管;(9)负债和准备金;(10)再保险;(11)注册会计师审计;(12)精算意见;(13)保险公司接管;(14)保险保障基金;(15)保险公司向NAIC提交季度与年度报告。其中,投资监管(Investment Regulations)部分要求州法规定,所有在本州注册的保险公司应进行分散化投资(diversified investment portfolio),并符合一定的流动性要求;在州外注册的保险公司也应遵循前述要求。参见Raymond A. Guenter and Elisabeth Ditomassi, *Fundamentals of Insurance Regulation: The Rules and the Rationale*, American Bar Association, 2017, pp. 166-168.

[3] 监管行为和程序(Regulatory Practices and Procedures)是为了保障各州有效执行上一部分列出的偿付能力监管法律法规。该部分包括三个方面的要求:(1)财务分析(Financial Analysis),具备充足且能够胜任保险公司财务分析的人力资源、财务信息在监管者内部的共享、适当的监管审核、恰当的分析程序、重大不利事项报告以及采取相应监管行动;(2)财务检查(Financial Examinations),基本内容涵盖的方面与"财务分析"部分类似;(3)各州保险监管对问题保险公司的沟通及相应程序(Communication with States and Procedures for Troubled Companies)。参见Raymond A. Guenter and Elisabeth Ditomassi, *Fundamentals of Insurance Regulation: The Rules and the Rationale*, American Bar Association, 2017, pp. 168-171.

[4] 主要侧重于考察各州的保险监管部门是否有充足的人力资源保障其从事监管行为,具体包括三方面:(1)职业发展(Professional Development);(2)教育和工作经验的最低要求(Minimum Educational and Experience Requirements);(3)人员留任(Retention of Personnel)。参见Raymond A. Guenter and Elisabeth Ditomassi, *Fundamentals of Insurance Regulation: The Rules and the Rationale*, American Bar Association, 2017, p. 171.

监管体系中的重要性已经降低,但其仍然为各州保险公司偿付能力监管提供了核心要点。[1]《财务监管标准政策陈述》认为,仅有最低资本和溢余要求无法保证保险公司的资本在未来足以支付保险赔偿请求。于是,NAIC 在 20 世纪 90 年代初期颁布了《风险资本示范法》,从而更准确地评估保险公司的资本金额。《风险资本示范法》从最低资本和溢余规定这种静态资本要求转向根据保险公司投资组合的风险来设定保险公司的资本水平,即风险资本要求(Risk-Based Capital Requirements),其通过评估保险公司承担的风险,规定了为保护被保险人利益而应由保险公司持有的资本量。[2] 风险资本要求总额代表了可能发生的(风险)事项对声明资本潜在累积影响的预估,这源于保险公司财务报表中的特定项目所暗含的风险未能被法定会计准则反映。

《风险资本示范法》中明确规定,寿险公司的风险包括承保风险、业务风险、资产风险和利率风险,财险公司的风险有信用风险、经营风险、资产风险、承保风险。实践中,先采用风险资本法计算出相应的风险资本数,在此基础上计算风险资本总额及风险资本比率,NAIC 根据不同的风险资本比率,最终决定采取相应层级的监管行动。监管行动有 5 个级别,分别是"不采取行动""公司行动级""监管行动级""授权控制级"和"强制控制级"。[3]

尽管风险资本要求已经涵盖了保险公司资产组合的内嵌风险,但审慎的监管者依然应当采取额外的措施确保保险公司合理管理投资,而不

---

[1] Raymond A. Guenter and Elisabeth Ditomassi, *Fundamentals of Insurance Regulation: The Rules and the Rationale*, American Bar Association, 2017, p. 165.
[2] RBC 公式通过一个对所有保险公司普遍适用的公式计算出公司所需资本的最低水平(授权控制标准 ACL),该最低水平意在反映保险公司为了支撑所面对的风险所需要持有的资本。用公司调整后的资本总额(total adjusted capital)比上该最低水平得到 RBC 比例,该 RBC 比例应用于界定公司行动水平和监管行动水平的一系列数据范围。
[3] 根据 RBC 比例的计算结果,将公司分出 5 个等级,分别采取如下监管行动:(1) 当 RBC 比例达到 200%以上时,被认为具有足够的偿付能力,符合无须关注标准,不需要任何监管行动;(2) 当 RBC 比例位于 150%—200%之间时,属于公司行动标准,保险公司应向监管部门提交一份 RBC 计划,说明公司偿付能力状况不佳的原因,并陈述改进计划;(3) 当 RBC 比例位于 100%—150%之间时,为监管行动标准,监管部门可以发布行政命令,要求公司采取必要的改进措施;(4) 当 RBC 比例位于 70%—100%之间时,为授权控制标准,监管部门可以采取重整或清算保险公司的行动并发布行政命令,要求公司采取必要的改进措施;(5) 当 RBC 比例低于 70%时,为强制控制标准,监管部门应接管保险公司。

是过度投资于高风险资产。[1] 换言之,即使已存在额外的风险罚金(additional risk penalties),在风险资本要求之外仍须施加量化限制,以约束特定的投资策略或交易类型。[2]

3. NAIC 的《保险公司投资示范法》

20 世纪 90 年代早期发生的保险公司高风险投资行为促使保险监管者重新考虑其对保险公司投资的监管。历史上,随着时间推移,州法对于保险公司的投资限制逐渐放松,允许保险公司利用高收益投资来支持其新产品。当 1990 年 Executive Life 因为垃圾债券而走向倒闭时,促使 NAIC 通过了示范法来限制保险公司只能将不超过资产的 20% 用于购买非投资级债券,并限制购买低评级的投资品种。许多州采纳了示范法或限制垃圾债券的投资。

然而,监管者仍然关心高风险资产和分散投资问题。1996 年,NAIC 通过了覆盖保险公司所有投资范围的综合示范法,被命名为《保险公司投资示范法》(确定限制版)。该示范法是金融监管采取详细规制路径的最好证明,其目标是保留资本、保证合理的分散化投资,并要求保险公司审慎分配投资,从而履行对投保人的合同责任和保持充足的偿付能力以应对可预见的紧急情况。示范法通过详细列举和明确各类资产的限制和要求来实现前述目标,包括设定保险公司可以持有各类资产的具体数额或比例限制,从而保证分散化投资和控制风险。鉴于寿险和财险公司不同的责任结构和投资需求,示范法规对二者进行了差异化规定。

由于第一部示范法太过具体和专断而遭到了批判,许多州说服 NAIC 通过第二部投资示范法,被称为《保险公司投资示范法》(确定标准版)。该示范法采用所谓的"审慎人原则"监管方法,即如果保险公司可以证明自己有可执行的良好投资计划,就允许保险公司在分配投资时有更大的自由裁量权。若保险公司未能遵守前述一般要求,则监管者有权介入。最后的结果是,各州要么采取了投资示范法的其中之一,要么通过了类似的或相关的监管规定。

---

[1] Robert W. Klein, "Principles for Insurance Regulation: An Evaluation of Current Practices and Potential Reforms", *The Geneva Papers on Risk and Insurance—Issues and Practice*, Vol. 37, 2011, pp. 175-199.

[2] *Regulation of Insurance Company and Pension Fund Investment*, OECD Report to G20 Finance Ministers and Central Bank Governors, 2015, p. 10.

三、历史镜鉴:保险资金运用监管的重点

金融监管规则的制定与修改往往源于对过往实践教训的事后总结。[1] 在美国保险业发展史上曾多次出现保险公司通过投资滥用其金融力量,以及因陷入高风险投资而最终走向破产的案例,因此,不断完善的保险资金运用监管规则,已将防范保险公司金融滥用和保障保险公司偿付能力确定为根本原则。

从美国保险资金运用监管史来看,保险资金运用监管重心体现在三个方面。一是20世纪初,始于阿姆斯特朗调查后对险资投资标的的监管,限制甚至禁止保险公司持有上市公司(特别是上市银行)的股票。此种监管虽经80年后最终放开,但由此衍生并确立的险资消极机构投资者的基本定位和险资投资管理的基本原则,至今仍被保险业坚守。二是20世纪60年代,美国开始针对险资资金来源的监管,将投资型保险纳入"证券"监管范畴,相应地,将投资型保险独立账户的资金纳入投资公司监管,起因是保险业50年代推出的变额保险与共同基金进行竞争,此一监管延续至今。三是20世纪90年代,保险监管转向以风险资本为基础的监管模式,其中涉及险资的投资活动,主要着眼于投资品种的集中度限制(如持有某种资产不超过保险公司资产的一定比例),并辅之以"审慎人原则"等保险公司治理上的要求。

前述三种角度的监管,目的各不相同,分别是防范保险公司金融力量的滥用、保护保险业与基金业的公平竞争、保障保险业自身的偿付能力。据此构建了美国完善的对保险公司表内资金(普通账户)和表外资金(独立账户)的投资监管规则,从而全方位约束保险资金金融力量滥用。然而,前述三个方面并非替代关系,而是叠加累积,形成了美国现有的保险资金运用监管体系,既包括对保险公司本身破产风险的防范(偿付能力监管),又有对金融力量过于强大而可能引发滥用行为的约束,这两个目标都依赖于保险资金运用监管来最终实现。其中,防范保险公司金融力量滥用的监管重点在于控制保险公司与实业公司之间通过权益投资而衍生的风险。

---

[1] Chris Brummer,"Disruptive Technology and Securities Regulation",*Fordham Law Review*,Vol. 84,2015,p. 1000.

第三章　保险资金运用监管中的"金融与实业分离"

本章讨论美国保险资金运用监管中金融与实业分离原则的第一个维度,即保险业不能过度控制实业的具体监管制度。从保险公司资产负债表及账户运作视角来看,美国通过差异化的监管规则来约束保险公司表内资金与表外资金的对外投资,从而防范险资金融力量滥用。20世纪初至今,美国已形成了监管传统保险产品资金运用的一般原则及监管投资型保险产品资金运用的特殊监管模式(如下图所示)。一般原则体现出了从"限制数量"到"审慎监管"的思路转变;而针对投资型保险产品资金,美国则通过判例法将相关产品确认为"证券",并将经营投资型保险产品的独立账户视为"投资公司",从而以1940年《投资公司法》规定的严格投资比例来约束独立账户资金的投资行为。美国通过一般原则与特殊监管模式的结合较为成功地控制了保险金融资本向实业经营扩张的程度,维护了美国产业经济的平稳发展。最后,对美国巴菲特旗下保险公司的"产业＋保险＋投资"业务模式进行解析,化解人们对其背离金融与实业分离原则的误解。

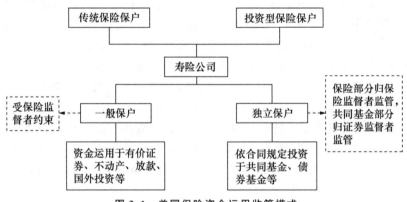

图 3.1 美国保险资金运用监管模式

一、保险公司普通账户的投资监管

从防范保险资金金融力量滥用角度看,美国法对保险公司普通账户投资的监管对应第二章所述美国保险监管历史的第一段(20世纪初的阿姆斯特朗调查及其后对保险公司投资股票的从严立法)和第三段(20世纪90年代以风险资本为基础的偿付能力监管下对保险公司投资的审慎监管)。在这两个阶段,随着对保险资金运用的监管从严格的投资比例限制转向审慎人监管,实际上体现了监管者在处理保险资金对外投资形成的金融与实业之间关系时,由最初的禁止或限制保险资金权益投资来严格约束金融控制实业,到交给保险公司自己依据审慎人原则而自主进行权益投资,从而构建起处理金融与实业关系的弹性规则。需要注意的是,尽管美国保险资金运用监管的重点由防范金融对实业的控制转向了保险公司偿付能力监管,但美国对保险公司普通账户投资监管依旧未舍弃防范险资金融力量滥用的努力,只是监管方式从"严格数量限制"转向"大类比例限制"与审慎人原则相结合。下文会对这一转变的具体内容、背后原因、转变后约束险资金融力量滥用的机制予以分析。

(一)从"严格数量限制"转向"大类比例限制"与审慎人原则相结合

美国约束保险公司对外投资能力实际上是美国监管金融力量与实业关系的第一个环节,即1905年的阿姆斯特朗调查及随后的险资投资股票从严立法。为了实现金融与实业分离,大多数州的保险法均规定持有牌照的保险公司只能从事"保险及与保险业务必要或相关的业务"[1];同时,禁止或限制保险公司投资于一家公司或发行人的普通股超过一定比例,从而有效约束保险公司通过对非保险业子公司的权益投资来涉足其他商业活动。[2] 纽约州立法机构于1951年放松了阿姆斯特朗调查后对保险公司投资股票的绝对禁令,但仍禁止保险公司拥有任何被投资公司超过2%的有投票权股份。[3] 此后,保险监管者在平衡保险公司获得保费投资收益、保障偿付能力及扮演金融中介角色之间的矛盾过程中所构建的投资监管体系,[4] 逐渐放开了保险公司股票投资的比例限制,并且

---

[1] 若保险人可以自由投资除保险业以外的其他商业领域,那么法律对于保险合同的大部分财务约束(如投资限制、准备金要求、费率申报和批准要求等)将变得毫无意义。因此大多数州的保险法均规定持有牌照的保险公司只能从事"保险及与保险业务必要或相关的业务"。如 New York Insurance Law, Section 1113(a)规定,"与保险业务必要或相关的业务"包括损失调整(loss adjusting)、安全检查(safety inspections)或保费融资(premium financing)。See Peter M. Lencsis, *Insurance Regulation in the United States*: *An Overview for Business and Government*, Praeger, 1997, p. 27.

[2] Ibid.

[3] 〔美〕马克·J. 洛:《强管理者 弱所有者:美国公司财务的政治根源》,郑文通等译,上海远东出版社1999年版,第115—116页。

[4] Raymond A. Guenter and Elisabeth Ditomassi, *Fundamentals of Insurance Regulation*: *The Rules and the Rationale*, American Bar Association, 2017, pp. 177-178.

改变了限制的方法,即从"严格数量限制"转向"大类比例限制"与审慎人原则相结合。具言之,20世纪90年代,美国对于保险公司的投资监管,由严格限制保险公司可用于股票投资的认可资产比例,以及该投资占被投资企业发行在外有表决权股票的比例(简称"双向比例限制"),转变为了"大类比例限制"与审慎人原则相结合,取消了对保险公司持有被投资企业普通股的比例限制,仅设定股票投资占保险公司认可资本的比例,同时要求保险公司以符合投保人最佳利益的方式进行审慎投资。[1] 这体现在NAIC的《保险公司投资示范法》中。

事实上,美国NAIC先后颁布了两部保险公司投资示范法,第一部偏向于规则导向路径,即设置具体的限制和规则来约束保险公司的投资行为,第二部则偏向于采取更加审慎和原则导向型路径来监管保险公司的投资。[2] NAIC于1996年通过《设定限制版(Define Limit Version)保险公司投资示范法》,详细和明确各类资产的限制和要求来实现分散化投资目标。比如,其禁止寿险公司将超过20%的认可资产用于中级及以下评级的投资(medium and lower grade investments),其中低评级投资的上限是10%,证券评估办公室评估为5—6级的投资,上限是3%,第6级的上限是1%。此外,对抵押贷款和房地产投资也设定了限制规则和投资上限。以"产生收入"为目的的衍生品投资上限是寿险公司认可资产的10%,产险公司认可资产的7.5%。

但由于前述规则太过具体和专断而遭到业界批判,于是迫使NAIC于1998年通过了《设定标准版(Define Standard Version)保险公司投资示范法》,目的在于通过最低限度干预保险公司投资行为和判断,构建制定和管理保险公司投资项目的审慎标准(prudent standards),来保护被保险人、债权人和公众利益,并使保险公司合理进行投资管理以获得收益。《设定标准版保险公司投资示范法》对特定投资类型允许或禁止,并且规定一般的投资指导原则,如分散化、流动性和信用可靠(credit worthiness);同时,强调管理层制定、实施和审查由董事会通过的年度投资政

---

[1] *Regulation of Insurance Company and Pension Fund Investment*, OECD Report to G20 Finance Ministers and Central Bank Governors, 2015, p. 4.
[2] Robert W. Klein, "Principles for Insurance Regulation: An Evaluation of Current Practices and Potential Reforms", *The Geneva Papers on Risk and Insurance—Issues and Practice*, Vol. 37, 2011, pp. 175-199.

策(investment policy)。其具体内容可概括为以下四个方面[1]：

1. 投资授权(Authorized Investments)

保险公司的所有投资，董事会要根据当时的具体情形，以一个管理类似企业时必备的合理审慎(reasonable prudence)、裁量权和智慧来行使判断和注意义务。保险公司的投资不是投机而是长期资产配置，必须考虑资本可能的收益及安全，即投资于有价值、具有流动性，且分散化的资产，从而保障保险公司有能力承担根据历史经验而为新产品预估的合理假设下所计算出的未偿付保险责任。作为行使判断和注意义务的一部分，董事会应考量NAIC示范法中规定的审慎评估标准。此外，保险公司应建立和实施内部控制程序来确保投资政策的执行，具体包括：(1)保险公司投资人员和顾问具有良好声誉和能力；(2)定期评估控制程序，分析投资政策与战略是否有效；(3)评价管理人的业绩是否符合投资政策设定的目标；(4)流动性测试（至少每年一次），即在不同的经济环境中，资产现金流与负债现金流是否匹配。

2. 审慎评估标准(Prudence Evaluation Criteria)

保险公司需要考虑以下因素来作出审慎的投资决策，保险监督官在判断保险公司投资决策是否审慎作出时亦会考量这些因素。(1)宏观经济环境。(2)通货膨胀或通货紧缩带来的影响。(3)投资策略的预期税收后果。(4)考虑可能的风险及回报特征，以及与投资组合整体的关系，分析投资合同的公正性与合理性。(5)保险公司投资的分散化程度，主要考虑下述因素：① 单笔投资(individual investments)；② 投资类别(classes of investments)；③ 行业集中度(industry concentration)；④ 到期日(date of maturity)；⑤ 地域分布(geographic areas)。(6)投资于附属机构的质量和流动性。(7)要以与保险公司可接受风险水平相一致的方法计算投资所涉及下述风险：流动性风险、信用风险、系统性风险、利率风险、提前或迟延支付风险、通货风险和外国主权风险。(8)保险公司的资产、资本和盈余，保费承保，有效保单和其他特征。(9)保险公司责任准备金数量和计提的充分性。(10)保险公司资产负债恶化风险，及其未来现金流和负债现金流之间的关系。(11)保险公司资本及其盈余是否足够覆盖其风险与负债。(12)其他与投资审慎性判断相关的因素。

---

[1] Raymond A. Guenter and Elisabeth Ditomassi, *Fundamentals of Insurance Regulation: The Rules and the Rationale*, American Bar Association, 2017, pp. 179-186.

3. 保险公司的投资政策

在收购、投资、交换、持有、购买和管理投资资产时,保险公司应制定和执行每年经董事会审查和批准的书面投资政策,虽然其具体内容和形式可以由保险公司自主决策,但应当包含下述指引的内容:(1)保险公司的投资政策应当全面涵盖与投资相关的政策、程序和控制;(2)投资资产类别的量化目标,包括内部数量控制的上限;(3)定期评估资产组合的风险和收益特征,保险公司可以根据"现代资产组合理论"(modern portfolio theory)来管理投资;(4)为日常投资决策的职员制定专业标准,从而确保妥当和高效的投资管理;(5)可以或应当避免的投资资产类型,应根据资产的风险和收益特征及保险公司的投资经验决定;(6)投资种类与保险公司的产品及负债匹配,即资产负债管理;(7)保险公司践行审慎投资管理的方式;(8)在现有的资本水平和(投资)专业能力条件下,保险公司可量化的风险。

4. 投资种类及其比例限制

NAIC 示范法规定的保险公司投资种类及对应的比例限制如下表所示:

表3.1 保险公司投资种类及其比例限制

投资种类	大类比例限制
现金及银行存款	无限制
债券、债务型优先股,其他的政府债券和企业债券[1](包括资产支持证券、抵押支持证券和由证券评估办公室认定的共同基金[2])	若此类资产评级为中级或以下,累积投资额度不超过认可资产的20%(特殊情形下为10%);被证券评估办公室认定为5级或6级的共同基金,累积投资额度不超过认可资产的5%(特殊情形下为1%)
抵押贷款、信托贷款或其他有保障的不动产[3]权益	不超过寿险公司认可资产的45%;不超过产险公司认可资产的25%

---

[1] 这里的政府和企业,包括美国和加拿大的政府和企业。
[2] 由证券评估办公室认定的共同基金(Securities Valuation Office Listed Mutual Fund),是指根据1940年《投资公司法》在美国证券交易委员会(SEC)注册的货币市场共同基金(money market mutual fund)或短期债券基金(short-term bond fund),其被 NAIC 的证券评估办公室(Securities Valuation Office)认定为特殊储备,并享有信息披露的特殊对待(不作为普通股列示)。
[3] 此处的不动产是指位于美国或加拿大境内的不动产。

(续表)

投资种类	大类比例限制
普通股、权益型优先股、对商业主体(任何美国或加拿大企业)的权益投资、根据1940年《投资公司法》在SEC注册的共同基金份额(不包括前述证券评估办公室认定的共同基金)	除了《保险控股公司示范法》下的子公司外,权益投资不超过寿险公司认可资产的20%;不超过产险公司认可资产的25%
为了便于保险公司营业所必需的不动产	不超过保险公司认可资产的10%
不动产投资(位于美国或加拿大;与附属物、家具和设备等一起,目前能够或者在适当改良后,可以为公司带来可观收入)	不超过寿险公司认可资产的20%;不超过产险公司认可资产的10%
(美国或加拿大之外的)上述贷款、证券和其他投资种类投资	这些资产中偏债权类型的,遵循与前述"债券"型资产相一致的投资比例约束;其余的投资,不超过保险公司认可资产的20%
美国作为成员的国际发展组织债券或债务	不超过保险公司认可资产的2%
保单贷款(贷款金额不得超过保单现金价值)	无限制
有形动产(类似于融资租赁,根据销售或出租合同,在该财产使用寿命周期内,投资人可以合理期待获得合同支付,并据此获得投资收益)	不超过保险公司认可资产的2%
注:单笔投资限制(individual limitations):除了美国政府和根据《保险控股公司示范法》授权设立的子公司,保险公司对单个发行人及其附属机构的证券投资(包括债权类和权益类)不得超过寿险公司认可资产的3%或产险公司认可资产的5%	
保险监督官允许的其他投资;法律没有特别禁止的投资种类(但要符合相应的投资限制,否则本示范法也不允许此类投资)	如果投资超过了上述比例限制,那么超过的部分就可以归入本类资产,直到投资限制用完。本类资产的具体投资比例限制为:投资金额不得超过保险公司认可资产(总额在5亿美金以下)的5%;若保险公司的认可资产超过5亿美金,则这一比例为10%

(续表)

投资种类	大类比例限制
禁止的投资：保险公司不能从事州法律法规禁止的投资行为；禁止使用衍生工具复制（投资组合）、获得收益或其他目的（但对冲风险除外）	
投资子公司（investment subsidiaries）：依照《保险控股公司示范法》投资子公司，对应份额的子公司资产视为保险公司（或其他投资者）直接所有，并按照市场价值计量（若无市场价，则以其他合理价值计量）	

事实上，审慎人原则聚焦于管理者的行为，即作出投资决策的过程是判断审慎与否的关键。首先，机构投资者需要有一致、明确表述的投资原则。[1] 审慎意味着安全，监管者会通过系列标准评判具体的投资工具，从而判断投资资产是否安全，聚焦于投资本身。[2] 比如，需要评估保险公司管理者是否对投资问题有全面考量，而不是盲目依赖于外部专家意见，在作出投资组合分配时有尽职调查。另外，只要保险公司的总体风险不超过特定水平，便允许公司自主地提升竞争力或尽可能降低成本。审慎人投资监管不依赖于外部规则，而是依靠监管者所信任的内部控制和治理结构。相应地，监管者需要有关保险公司内控和公司治理的相关信息，并非像严格投资监管那样，纯粹依赖于资产组合的构成。因此，这需要机构投资者更高的透明度，包括投资决策的权限划分和资产管理的具体实践。[3]

从"严格数量限制"向"大类比例限制"与审慎人原则相结合转变，反映了保险业实践及困境变化带来的美国保险监管重心转移。20世纪初，在宽松的险资监管环境下，保险企业利用巨额保费收入所积聚的资金从事控制实业经营等种种不当行为。阿姆斯特朗调查后的从严立法，禁止保险公司持有上市公司（特别是上市银行）的股票，从而控制险资作为强大的金融力量对实业或其他金融子行业的潜在威胁或垄断。这一时期是通过明确的监管限制来处理金融与实业的关系，此种监管虽在50年代有

---

[1] Davis E. Philip, *Prudent Person Rules or Quantitative Restriction? The Regulation of Long-term Institutional Investors' Portfolios*, Cambridge University Press, 2002, pp. 165-172.

[2] R. Goldman, "The Development of the Prudent Man Concept in Relation to Pension Funds", *Journal of Pensions Management*, Vol. 6, No. 3, 2000, pp. 219-224.

[3] Davis E. Philip, *Prudent Person Rules or Quantitative Restriction? The Regulation of Long-term Institutional Investors' Portfolios*, Cambridge University Press, 2002, pp. 165-172.

所松动，历经 80 年后最终放开，但由此衍生并确立的险资消极机构投资者的基本定位和险资投资管理基本原则，却内化为了保险业的基因。此后保险业经营中所涌现的问题在金融力量滥用之外的其他方面爆发，比如，以 Executive Life 为代表的险资高风险投资致使保险公司大范围破产。这使得美国保险资金运用监管的重点由防范金融对实业的控制转向应对实践中出现的保险公司丧失偿付能力问题。相应地，险资投资监管方式主要着眼于投资品种的集中度限制（如持有某种资产不超过保险公司资产的一定比例），并辅之以"审慎人原则"等保险公司治理上的要求。但这不意味着美国的险资监管舍弃了金融与实业分离原则，美国保险投资监管方式从"严格数量限制"转向"大类比例限制"与审慎人原则相结合之后，依旧存在约束险资金融力量滥用的机制，后文会对此详述。

（二）美国保险投资监管方式转变的原因

最低资本要求是保险公司偿付能力监管的最早形式，即要求保险公司拥有与其业务经营相匹配的最低资本。与此同时，保险法会规定严格的投资比例限制防范保险公司过度投资于高风险资产而陷入破产境地。然而，这种监管策略在 20 世纪 90 年代遇到了现实冲击。当时，保险公司大范围破产，使得社会公众对传统的偿付能力监管方法提出批评，主要包括静态的资本监管未将保险公司的投资风险和保险风险纳入考虑范围，且无法为介入经营不善的保险公司提供预警信息。这迫使监管部门开始对保险公司的偿付能力采取全程动态监控，监管重心聚焦于风险的发现和预防，并最终采取风险资本法来动态监管保险公司的偿付能力，由此消解了严格限制保险公司投资的必要性和可行性。而且，严格投资监管限制本身在保险公司风险管理方面存在局限，最后被优化资产分配和保障投资决策过程以实现风险和收益理想组合的审慎人原则所替代。[1] 此外，国际保险监管中日益增长的质量化约束要求也促成了审慎人投资监管规则的确立。

1. 风险资本监管对保险资金高风险投资的间接约束

风险资本监管为严格的投资监管提供了替代或补充路径，具有更大

---

[1] Davis E. Philip, *Prudent Person Rules or Quantitative Restriction? The Regulation of Long-term Institutional Investors' Portfolios*, Cambridge University Press, 2002, pp. 165-172.

的弹性。基于风险资本法进行偿付能力监管时,保险资金投资风险的变化对保险公司的偿付能力有着显著的影响,保险资金投资收益大小直接影响着保险公司的偿付能力比率。那么,通过对保险公司偿付能力的监管可以实现对保险资金投资风险进行监管的目的。因此,相较于严格的数量限制,风险资本要求不对投资施加硬性要求,只是对高风险投资施加更高的风险成本(risk charge),从而鼓励保险公司更好地进行风险管理。

具体来说,保险公司的投资风险与其偿付能力息息相关,而认可资产则是构建保险公司投资风险与保险公司偿付能力之间联动监管体系的桥梁。偿付能力依赖于保险资产足以支付保险公司所有未来债务的确定性,所以,法律会限制用于投资和确定保险公司财务状况的资产种类。理论上,若保险公司保持远超负债的资产,将会有资金来支付未来的保险赔付请求,但这一假设的有效性依赖于保险公司持有的资产质量,以及这些资产实际上能否用于承担保险责任。这也是保险公司资产监管的原因,其要求用于支付保险赔付请求的资产必须具有流动性和价值的稳定性。很多偿付能力监管规则将具备前述特征的资产称为"认可资产"。[1]

认可资产指那些可被保险公司自由用于支付保险利益的资产。由于保险资金投资后形成保险公司的资产,所以在对保险公司的偿付能力进行监管评估时,认可资产的确定会反向约束保险资金的使用。因为在计算认可资产的过程中,高风险投资往往被冠以高风险折扣,甚至被贴上非认可资产的标签;低风险投资则被赋予低风险折扣,无风险投资甚至直接以其账面资产作为认可资产而无任何风险折扣。因此,保险资金在从事高风险投资时,计算出的认可资产少于以同样数额的资金从事低风险投资而获得的认可资产,这意味着保险公司为了获得同等投资额度下较高的认可资产金额,势必会从事低风险投资。此外,由于认可资产金额与保险公司偿付能力成正比,为了提高偿付能力,保险公司就不得不在计算认可资产时将风险折扣纳入考量范围,进而优化保险资金在高、中、低风险

---

[1] Peter M. Lencsis, *Insurance Regulation in the United States: An Overview for Business and Government*, Praeger, 1997, pp. 33-34. 我国一般认为,认可资产是指保险公司在评估自身的偿付能力时依据保监会的规定所确认的资产。此种资产必须是可由保险公司任意支配和处置的能够用于履行保险责任的资产,那些虽有经济价值但不能用以向保单持有人履行赔偿责任的财产,以及由于抵押权的限制或因存在其他第三方权益的原因而不能由保险人任意处置的财产,均不在认可资产的范围之内。参见傅廷中:《保险法学》,清华大学出版社2015年版,第314—315页。

投资中的比例。认可资产正是以这种作用方式连接保险公司的投资风险与偿付能力。[1]

总体上,风险资本监管对风险因素的界定已经转向更为动态和综合的要求,并明确规定特定风险及其演变对资产负债的影响。风险资本要求所覆盖的风险类型包括:市场风险、负债端风险(保费、准备金、巨灾和寿命统计风险、保单失效风险)、对手方信用风险和操作风险。这些要求反映了资产负债之间的互动,从而鼓励适当的资产负债管理(Asset Liability Management,ALM),资产负债不匹配则会增加资本要求。因此,在风险导向型监管体系下,资产和负债的互动关系更容易识别,从而激励投资策略与负债的结构和风险相适应。[2]

在 NAIC 的保险公司风险分类中,资产风险[3]包括债权资产的违约风险和权益资产的市值损失,保险公司进行股票投资的风险即属于资产风险的一种。确定资产风险因子时,必须考虑资产类型、资产组合质量、同类资产的分散程度及资产的期限结构等因素。对于大型保险公司,资产风险所需的资本大约占风险资本标准的 75%,当资产高度集中时将增加额外风险并被计入资产风险。而通过这种计算标准,风险资本法将有效地控制单品种资产的投资集中度,降低投资风险。[4]

2. 严格投资监管对保险公司风险管理能力的制约

保险公司必须进行良好的投资管理以承担对保单持有人的保险责任,这涉及对风险和收益的合理平衡,并与保险公司的负债和风险结构相一致。[5] 保险公司要实现安全性、流动性和盈利性三者的均衡,不能只靠资产或负债的单方面管理,而必须将两者统一协调管理。[6] 直观讲,

---

[1] 隋学深、奚冬梅:《保险公司偿付能力和保险资产风险联动监管机制研究》,《上海金融》2013 年第 1 期。

[2] *Regulation of Insurance Company and Pension Fund Investment*,OECD Report to G20 Finance Ministers and Central Bank Governors,2015,p.10.

[3] 寿险公司资产风险资本的计算公式为:资产风险资本=∑(资产项目的资产市值×该项目的风险因子)。

[4] 孙赫:《美国保险资金股票投资监管研究》,北京大学 2017 年硕士学位论文,第 16 页。

[5] Robert W. Klein, "Principles for Insurance Regulation: An Evaluation of Current Practices and Potential Reforms", *The Geneva Papers on Risk and Insurance—Issues and Practice*, Vol. 37, 2011, pp. 175-199.

[6] 既不单纯站在资金运用的角度,也不单独站在资金来源的角度,而是从整体上考虑资金的配置策略,从整体上决定公司的财务目标,通过同时整合资产与负债面的风险特性,确定合适的经营战略。

保险公司的资产负债管理,需要在充分考虑资产和负债特性(期间、成本和流动性)的基础上,制定资金运用策略,使不同的资产和负债在数量、期限、性质、成本收益上双边对称和匹配,以控制风险,谋求收益最大化。

资产负债管理的基本理念是有些负债需要由资产进行支持,因此保险公司资产组合的结构由负债的结构决定。比如,人寿保险公司传统保障型产品有固定负债,其经营假设包括对保单持有人的最低收益率保证,这使得其保险责任本质上具有长期性和固定性,因此,将这类产品的资金投资于未来到期并能获得固定收益的证券是合理的,因为这些产品具有较长的到期期限且支付的固定利率能够回应产品需求。相反,由于权益类投资的价格波动大且收益不确定,因此其不适合支持传统的人寿保险负债。[1] 此外,在传统利率比较稳定的环境下,保险公司使用具有相似到期日的资产与负债相匹配是最佳的投资组合策略;只要该资产具有高流动性,就符合资产负债匹配管理的要求。此时,严格的投资组合监管(通常不会限制债券的持有)不会过度扭曲保险公司的投资组合。然而,在利率变动或通货膨胀严重的情况下,监管会提升传统寿险经营风险的管理难度,最明显的是年金和定期寿险的利率风险,因为订立的保险合同中暗含相应的保证利率。因此,只能在投资组合整体中评估,而不是根据单个资产来判断资产负债匹配程度。[2]

此外,严格的投资监管可能引发经济无效率,导致高成本运营的保险公司之间长期存在低度竞争。[3] 首先,严格投资监管无法优化资产分配和保障投资决策过程,从而不能实现风险和收益理想组合。具体来说包括:(1)限制保险公司适当考量其负债的期限(保险公司之间的负债特点可能差异很大),及相关的风险厌恶程度的变化;(2)增加适用风险免疫或实现期限匹配的资产负债管理技术的难度,因为这些技术要求资产组合中权益和债券资产的高度变化,并且使用金融衍生工具;(3)关于风险收益最优化,因为其强调债券和国内资产的高投资比例,这会使得保险公司持有的资产组合低于有效边际曲线;(4)过度在乎单个资产的风险和

---

[1] 沈烈:《保险公司资产负债管理》,经济科学出版社 2009 年版,第 128—129 页。
[2] OECD, *Institutional Investors in the New Financial Landscape*, OECD Publishing, 1998, pp. 421-440.
[3] Davis E. Philip, *Prudent Person Rules or Quantitative Restriction? The Regulation of Long-term Institutional Investors' Portfolios*, Cambridge University Press, 2002, pp. 172-174.

流动性,而忽略一个事实,即投资组合的内在风险和价格波动可以通过分散化投资有效降低,而且流动性风险依赖于整体的流动资产持有头寸而非单个投资工具;(5)严格投资监管限制保险公司使用金融衍生工具,从而会使保险公司投资低收益资产或暴露于不必要的风险之下;(6)缺乏弹性,并且不能随着经济状况、证券价格、货币及房地产市场的变化而迅速调整;(7)如果严格执行投资监管,将促使资产管理者持有远低于法律上限的风险资产比例,从而避免在市场状况良好和证券价格上涨时违反投资上限;(8)由于权益投资遭到限制,进而导致保险公司盈余降低;(9)投资策略旨在遵守法律限制而非获得高额投资回报、降低风险等,因此会限制更佳的资产配置;(10)没有必要限制对单个被投资主体的投资,因为审慎人原则要求分散化投资势必带来每笔投资的较小额度。[1]

其次,在更广的层面上,资产管理行业的严格投资监管会给经济整体带来危害。(1)机构投资者将缺乏激励聘用那些有能力通过权益和境外投资而获得低风险、高收益的投资经理。(2)如果主要的目标在于满足严格投资监管约束,这会挫败资产管理人之间的竞争。(3)严格投资约束可能导致低效率的资本分配,因此阻碍经济发展和限制就业问题的解决。(4)对未上市股票和风险投资(包括持有单个企业股票比例)的限制会抑制有活力的小微企业发展,而它们可以提供大量的工作机会。[2]

综上,基于对严格投资监管局限性的认识,保险公司的投资监管转向更具弹性以便于风险管理的审慎人原则。一般而言,高度竞争的保险市场中,公司寻求其投资资产的高收益,从而进行产品创新并与其他主体(如共同基金)竞争,它们渴望监管允许范围之外更广泛和有弹性的金融资产选择,包括利用境外投资分散风险。而且,传统的流动性风险可以通过衍生品交易来低成本管理。因此,审慎人原则更有利于保护长期保单持有人的利益,那些不匹配的资产负债可以通过资产负债管理技术在负债到期前得到纠正。

3. 国际环境:日益增长的质量化约束要求

美国险资投资监管方式转变也离不开国际上日益增长的投资质量化

---

[1] Davis E. Philip, *Prudent Person Rules or Quantitative Restriction? The Regulation of Long-term Institutional Investors' Portfolios*, Cambridge University Press, 2002, pp. 165-172.

[2] Ibid.

约束趋势的影响。美国于20世纪90年代推行风险资本监管。如前所述,彼时美国保险业的偿付能力监管转向了风险资本要求,并强调内部风险管理程序、结构和控制。投资监管的目标是保证用于未来进行保险赔付的累积资金,以符合保单持有人利益的方式被审慎管理。投资限制一般体现为,设定保险公司必须遵守的投资组合分配(investment portfolio allocations)规则。欧盟范围内的保险公司于2016年1月采取第二代偿付能力监管体系(Solvency II Regime,简称欧盟"偿二代"),尽管其与美国的偿付能力监管体系对于风险的认定存在差异,[1]但均表明保险公司的偿付能力监管转为了风险导向型机制(risk-based regime)。此外,我国也于2016年正式实施风险导向的第二代偿付能力监管制度体系,构建了由"定量监管要求""定性监管要求"及"市场约束机制"构成的"三支柱"框架。[2] 当各国转向风险资本监管体系时,相伴而来的还有对保险公司治理要求的强化。许多国家要求风险管理或投资策略,但董事会管理前述策略的方式因国而异。

事实上,保险公司的投资监管可以采取互不排斥的两种形式。其一,量化监管规则:制定系列约束规则来防止保险公司过度投资于高风险资产,即对保险公司持有特定资产设定限制。其二,审慎人原则:要求保险公司制定和实施审慎的投资政策,进行投资组合分散化和资产负债匹配管理。这两种方式均致力于保证投资组合的分散和流动性,只是二者背后的逻辑和具体限制方式不同。[3]

审慎人原则对保险公司而言是重要的质量要求标准,即以符合投保人最佳利益的方式进行审慎投资。投资监管的质量要求对量化的投资约束形成补充,这包括致力于建立行为标准和激励机制的治理和风险管理要求,从而使保险公司能够全面管理投资风险。与投资活动(资产管理)相关的主要治理要求包括:(1)明确相关决策的作用和职责;(2)制定投资或风险管理的书面政策,这包括对风险水平设定内部限制;(3)建立风险管理机制,确保董事会知情并对决策负责;(4)当计划进行非常规投资

---

[1] *Regulation of Insurance Company and Pension Fund Investment*, OECD Report to G20 Finance Ministers and Central Bank Governors, 2015, p.5.
[2] 《中国金融稳定报告(2018)》,第83—84页。
[3] Davis E. Philip, *Prudent Person Rules or Quantitative Restriction? The Regulation of Long-term Institutional Investors' Portfolios*, Cambridge University Press, 2002, p.157.

时,要有适度的讨论和风险管理。[1]

世界上很多国家采用审慎人原则及其风险管理标准来支持适当投资标的的选取。对于欧盟国家而言,这也是欧盟"偿二代"的规定。欧盟"偿二代"对于审慎人原则界定为:保险公司在投资时需要从整体上考虑其资产组合的安全、质量、流动性和盈利性,其中包括了分散性(diversification)要求。[2] 尽管没有在欧盟"偿二代"指令中明示,但欧洲保险和职业养老金管理局发布的指引规定,审慎人原则包括对特定原则的遵循,比如勤勉尽责、注意义务、技能和授权、监管职责、保护投保人利益以及分散化投资要求。[3] 此外,欧盟"偿二代"的支柱一,取消了量化投资限制和合格资产要求,原因包括以下三个方面:(1)评估标准已经适当考虑了资产的评级和流动性特征;(2)偿付能力资本要求(SCR)包括了所有的量化风险;(3)所有的投资均受"审慎人原则"约束。如果出现未被SCR覆盖的新风险,在标准公式被更新以前,欧盟委员会有权采取暂时的投资限制和资产负债标准。[4]

需要说明的是,纵观世界各国的保险投资监管,量化监管规则和审慎人原则这两种路径,并非绝对相互排斥。审慎人原则通常与投资的量化限制相伴,通常也会限制保险公司一定比例的资产集中投资于单个主体;而在那些采取量化投资监管的国家也会在其法律中规定投资安全和收益的最大化。另一方面,量化限制很少拓展至要求期限匹配的具体技术和目标。

此外,根据一般经验,随着金融市场成熟度提高,监管会趋向自由化,量化监管限制尤其适用于新兴市场经济国家(emerging market economies),背后的因素包括以下几点:(1)如果资产管理者与监管者均缺乏经

---

[1] *Regulation of Insurance Company and Pension Fund Investment*, OECD Report to G20 Finance Ministers and Central Bank Governors, 2015, p. 11.

[2] Ibid., p. 6.

[3] Article 132 of the Solvency II directive introduces the principle of "prudent person" for the purpose of investment risk management. European Insurance and Occupational Pensions Authority has issued the "Explanatory Text on the Proposal for Guidelines on the System of Governance" (BoS-13/26, 27 March 2013) for further elaboration.

[4] Robert W. Klein, "Principles for Insurance Regulation: An Evaluation of Current Practices and Potential Reforms", *The Geneva Papers on Risk and Insurance—Issues and Practice*, Vol. 37, 2011, pp. 175-199.

验、市场动荡且存在内部人投机,那么投资组合监管就是必要的,这某种程度上确保了投资组合的分散化,避免风险过度集中。(2)如果监管者对机构投资者的内控制度缺乏信心,而且行业自律监管匮乏且公司治理结构不完善时,量化投资监管是必要的。(3)相较于审慎人原则的执行,投资组合限制是否被遵守更易于被监管者发现并采取相应措施,而审慎人原则依赖于机构投资者的高透明度、严格约束投资不端行为以及自律监管主体。另外,在大陆法系国家存在执行审慎人监管的法律障碍。(4)量化投资监管可以防范保险公司非审慎经营,并将此信号传递给市场及消费者。(5)量化投资限制可以防范道德风险,从而一定程度上降低保险公司的破产风险。[1]

(三)转变后约束险资金融力量滥用的机制

美国险资监管从"严格数量限制"转向"大类比例限制"与审慎人原则相结合,体现了监管者通过严格限制保险公司权益投资来规范产融关系,到赋予保险公司权益投资自由裁量权这一弹性规则来处理产融关系。尽管基于风险资本法的保险公司偿付能力监管,可利用"风险罚金"来约束保险公司的高风险投资或交易类型,[2]但对险资投资的"大类比例限制"仅要求权益投资不超过险资一定比例以保障险资安全,不再限制险资持有被投资公司有表决权股票的特定比例以防范险资金融力量滥用,而是交给保险公司自行审慎判断。那在此背景下,持续约束保险资金滥用其金融力量的机制是什么呢?答案在于对审慎人原则的洞悉。

审慎人原则起源于信托法,具体指受托人(fiduciary)履行其义务时必须尽注意义务、具备技能,并且审慎和勤勉,像一个审慎人管理类似特

---

[1] Davis E. Philip, *Prudent Person Rules or Quantitative Restriction? The Regulation of Long-term Institutional Investors' Portfolios*, Cambridge University Press, 2002, pp. 165-172.

[2] Robert W. Klein, "Principles for Insurance Regulation: An Evaluation of Current Practices and Potential Reforms", *The Geneva Papers on Risk and Insurance—Issues and Practice*, Vol. 37, 2011, pp. 175-199.

征和目标企业那样的方式行事。[1] 法律责任及其通过适当的行政和司法程序来有效执行是落实审慎人原则的关键。当审慎人投资监管规则适用于保险公司资金运用时，其本身的内涵要求及其保障实施机制均存在持续约束保险资金金融力量被滥用的可能。

首先，审慎人原则对投资管理过程的强调甚于实际的投资效果。审慎人原则在关注结果（outcome-focused）的同时，更加重视行为过程，以行为为导向（behavior-oriented）。因此，审慎人原则特别强调受托人审慎、勤勉履行义务（如制定投资决策）的过程。换句话说，对受托人是否尽责的判断并不依赖于事后评价其投资决策是否成功，而在于其作出投资决策是否遵循了合理的程序。正如美国一个法院的精辟表述："调查的核心在于受托人如何作出投资选择，并非投资结果的成败"。这可进一步理解为，判断是否审慎首先关注投资策略的制定、批准、实施和管理，是否与持有、投资和部署资金的目的保持一致。审慎与否的判断在于管理风险的过程，而不是关注非审慎的具体风险。在现代投资管理机制下，投资产品和投资技术本质上是中立的，只是其使用方式以及如何利用这些投资方式和技术的投资决策过程，应该受到事后审查来判断其是否满足审慎标准。因此，即使最激进和非传统的投资也有可能达到审慎标准，只要其投资决策程序可靠。然而，如果缺乏完善的程序，最保守和传统的投资决策可能都不满足审慎标准。此外，尽管审慎人原则检验投资行为而非投资结果的标准，但前述标准通常与如下假设相伴：分散化投资是审慎与否的关键。这意味着投资组合必须适度分散，不仅包括分散于不同的资产类型，还包括同类资产中的分散化投资，从而避免投资集中度过高以及相应的资产组合风险累积。所以，审慎人原则对投资决策过程的强调和内含的分散化投资要求，使得那些将通过保费收入聚集起来的巨额保险资金用于集中持股或者收购被投资企业的行为，在规范的保险公司治理和内控制度下存在的可能性极低，而且也与分散化投资以控制投资风险的

---

[1] A fiduciary must discharge his or her duties with the care, skill, prudence and diligence that a prudent person acting in a like capacity would use in the conduct of an enterprise of like character and aims. See Russell Galer, "'Prudent Person Rule' Standard for the Investment of Pension Fund Asset," OECD, https://www.oecd.org/pensions/private-pensions/2763540.pdf, p. 3. last visited on Feb. 16, 2024.

投资逻辑相悖。[1]

　　其次,审慎人原则具有深厚的普通法基础。普通法下大量的先例依旧塑造着现行的审慎人原则以及受托人、监管者和法院对规则的解读,而法院历来尊重和遵循先例及其建立的标准。根据审慎人原则在判例法上沉淀下来的要求,受托人必须像一般审慎的商人那样来管理他人的资产。为了找出一般审慎人如何行事,受托人自然会转向同业大多数人的行为模式来作为基准,而依据基准投资的管理行为会导致"羊群效应",即模仿同业人员的投资行为。在这个视角下,阿姆斯特朗调查留下的"遗产"并不仅仅是一个世纪之前的一件离奇丑闻,它在三个方面有持久的效应。第一,在法律限制方面。第二,在保险业的不活跃性方面,因为保险公司管理人员不适应管理大份额股份,保险公司作为一种组织也变得不适应活跃的股票投资和公司治理结构方面的活动。第三,在阿姆斯特朗调查对于保险业管理人员产生持续的心理效应方面。强有力的管制措施帮助塑造了保险公司,保险业管理人员都避免向阿姆斯特朗调查留下的行业惯性进行挑战。如果保险公司已经被塑造成了消极的机构,而不是在美国最大企业的公司治理结构中积极发挥作用并利用股票投票权来行使权力的机构,那么,取消这些管制不会快速自动改变保险公司的行为,或者也许根本就不会改变。阿姆斯特朗调查以一种当今的保险公司管理人员甚至不会察觉到的方式,使保险公司受到压制而进入了一种消极状态,发展出一种迄今仍然存在的消极投资的公司文化,成为没有权力的巨人。[2] 因此,阿姆斯特朗调查之后的从严立法持续了半个世纪之多,监管法基于风险控制而对保险公司普通账户资金运用设置严格限制,[3] 对

---

[1] See Russell Galer, "'Prudent Person Rule' Standard for the Investment of Pension Fund Asset", OECD, https://www.oecd.org/pensions/private-pensions/2763540.pdf, pp. 13-21. last visited on Feb. 16, 2024.

[2] 〔美〕马克·J. 洛:《强管理者 弱所有者:美国公司财务的政治根源》,郑文通等译,上海远东出版社1999年版,第84页。

[3] 美国大多数州保险法禁止或严格限制保险公司持有权益资产。参见 Homer Jones, "Investment in Equities by Life Insurance Companies", *The Journal of Finance*, Vol. 5, No. 2, 1950, p. 179。

债权和权益投资不同的会计计量方法[1]等都促使保险公司的资产组合偏向于债权类资产,进而塑造了寿险公司在资本市场上消极机构投资者角色,以及公众对寿险公司财务稳定的信心,如果寿险公司将资金投资于价值波动大的权益资产,可能会摧毁其声誉。[2]在整个保险业同行都将自己定位为消极机构投资者的情况下,保险公司高管若不想招致违反投资审慎人原则的法律责任,自然会以符合同行业的基准行事,从而满足审慎人原则下的注意义务标准。

综上,审慎人原则强调投资决策过程而不是投资结果,鼓励有效的内部治理和审慎的决策制定,以及分散化投资。作出投资决策的谨慎、透明程序要求使得那些将保费收入这一负债性保险资金用于控制实业经营的投资决策很难被作出;分散化投资要求也有效约束了保险资金对被投资企业的高比例持股或收购行为。最重要的是,阿姆斯特朗调查及其后的从严立法,长时间限制保险资金股票投资,已将保险公司塑造成了资本市场上的消极机构投资者。当这一定位及与其匹配的投资行为范式成为保险业资金运用的行业惯例时,即便保险监管已经将权益投资的比例交由保险公司自主审慎决策,保险公司也不会作出明显违背行业惯例的非审慎投资行为(利用其金融力量控制实业)。实践中,保险公司管理者通过遵循行业基准行为、利用投资顾问的专业技能审查资产管理等,来履行审慎人原则下的勤勉义务和符合程序要求。[3]

二、投资型保险独立账户的投资监管约束

美国法以保险产品性质为界分,对保险公司的普通账户和独立账户资金进行互异但效果相似的投资监管模式,从而有效控制保险公司金融

---

[1] 比如,美国州法要求人寿保险公司以公允价值计量其权益资产,因此如果该类资产价格下跌,将必然带来公司资产的总价值和盈余的降低;但是监管法规并不要求高评级的债券以公允价值计量,所以其市场价值下跌不会给公司的资产负债表带来负面影响。参见 Schwarzschild and Zubay, *Principles of Life Insurance* (Volume II), Richard D. Irwin, INC., 1964, p. 216.

[2] Ibid.

[3] See Russell Galer, "'Prudent Person Rule' Standard for the Investment of Pension Fund Asset", OECD, https://www.oecd.org/pensions/private-pensions/2763540.pdf, pp. 17-21. last visited on Feb. 16, 2024.

力量滥用。如前所述,由于投资型保险兼具保障与投资的混合属性使其超出了各州保险监管范围,延伸至联邦证券监管,颠覆了传统上基于保险和证券分业监管而形成的机构监管格局,引发监管挑战。对于投资型保险"证券"属性的判定经由三个经典案例作出;随着争议平息,判例法下的结论最终体现在监管法领域,即投资型保险的"投资"一面纳入联邦证券监管,其"保障"一面仍归各州保险监管。相应地,塑造出了一条针对投资型保险及其独立账户资金监管异于传统保险产品及保险资金监管的路径。

(一) 独立账户的运作与结构

由于投保人自担投资风险,投资型保险通常与独立账户挂钩,在会计上实现与保险公司管理传统保险产品资金的普通账户的区分,同时在法律上将投资型保险资产与保险公司资产分离,以隔离保险人信用风险。通常,州法将独立账户排除在普遍适用于保险公司投资限制的范围之外,或者授予独立账户遵守投资限制的减免。独立账户有两种结构。一是开放式管理公司,有董事会或管理人,直接投资于证券组合。二是单位投资信托,投资于由另一主动进行投资组合管理的投资公司发行的证券;[1] 此时,投资型保险合同赋予保户选择投资方式及标的的权利,这对应为合同所有人对独立账户投资的共同基金的选择权。[2]

1. 独立账户的法律和会计意义

独立账户具有法律意义上的破产隔离作用。保险公司的独立账户归集投资型保险合同所获资金及收益,独立账户资产对于合同所有人而言是担保债权实现的财产。独立账户可以类比为由保险公司为变额保险合同所有人利益设立的信托,其资产和负债单独保管并与保险公司一般账户的资产与负债隔离,因此不受保险公司普通债权人的追及。[3]

许多州法允许寿险公司为变额年金和变额寿险产品,设立不受限于

---

[1] Stephen E. Roth, Susan S. Krawczyk and David S. Goldstein, "Reorganizing Insurance Company Separate Accounts under Federal Securities Laws", *The Business Lawyer*, Vol. 46, No. 2, 1991, pp. 537-621.

[2] 江瑞雄:《寿险业兼营投资型保险之研究》,淡江大学 2002 年硕士论文,第 24—29 页。

[3] Clifford E. Kirsch, *Variable Annuity and Variable Life Insurance Regulation* (Second Edition), Volume 1, Practising Law Institute, 2017, Chapter 1: "An Introduction to Variable Insurance Products", p. 17.

常规投资规则的"独立账户",以反映投资风险由保险公司向保单持有人的转移。[1] 类似的法律通常规定如下:(1) 独立账户中的资产以市场价值计量;(2) 收入、收益和损失(无论是否实现)均应在对应账户中体现,并与保险公司的其他收入、收益和损失分开;(3) 常规的投资限制规则不适用于独立账户。据此,从会计核算视角看,保险公司的总体财务状况不受独立账户资金投资风险的影响。[2]

综上,保险公司普通账户资产投资受到州保险法的限制,而独立账户一般不受前述规定的约束。[3] 一般来说,保险资金运用都有严格的监管约束以保证保险公司通过审慎投资实现财务稳健,进而保障其偿付能力,使其能够承担即期和未来的保险责任。但是当投资风险由购买人承担时,保险公司无须为购买人提供事先约定的固定保险赔付,而是由保险公司独立账户资产覆盖所有保险给付。那么,在此背景下放开独立账户投资也是必然,这也是为什么独立账户投资权益资产的比例可以达到100%。而且,在投保人承担投资风险的情况下,保障保险公司的偿付能力已经不再是保护投保人利益的有效监管措施。因为将来的赔付并不依赖于保险公司的财务健全,而是仰仗独立账户的投资业绩。因此,州法通常将独立账户排除在普遍适用于保险公司投资限制的范围之外,或者授予其遵守投资限制的减免。[4]

2. 独立账户的法律结构

按照1940年《投资公司法》,独立账户可以有两种结构。(1) 独立账户直接投资于证券投资组合或其他投资工具,这种类型被称为"管理账户"(managed account);按照1940年《投资公司法》归类并注册为开放式管理公司(open-end management company),它设有董事会(或管理者)来主动管理独立账户的投资组合;但这种单层结构现在并不常用。(2) 第二种结构被目前多数变额合同所使用,属于双层投资公司。其中,上层是

---

[1] Peter M. Lencsis, *Insurance Regulation in the United States: An Overview for Business and Government*, Praeger, 1997, p. 41.

[2] New York Insurance Law, Section 4240(a)(1), (2) and (7).

[3] Clifford E. Kirsch, *Variable Annuity and Variable Life Insurance Regulation* (Second Edition), Volume 1, Practising Law Institute, 2017, Chapter 1: "An Introduction to Variable Insurance Products", p. 17.

[4] Stephen E. Roth, Susan S. Krawczyk and David S. Goldstein, "Reorganizing Insurance Company Separate Accounts under Federal Securities Laws", *The Business Lawyer*, Vol. 46, No. 2, 1991, pp. 537-621.

保险公司开设的独立账户,它是仅投资于另一特定(下层)投资公司的消极主体,积极的投资组合管理通常由下层的投资公司(共同基金)作出。这种双层的独立账户按照1940年《投资公司法》归类并注册为"单位投资信托"(unit investment trust),[1]其不设董事会和投资顾问,但有财产托管人和发起人(或资金提供者),由后者设立、推广和销售单位投资信托份额;而且有评估师(evaluator)定期对单位投资信托的资产组合进行估值。[2]

由于第二种结构是常用结构,在此做重点介绍。独立账户通常下设不同子账户,每个子账户投资于对应的共同基金;投资型保险合同所有人将保险金分配至其选定的子账户中,并通过子账户投资于对应基金的份额。因此,独立账户通常向保单持有人提供多种投资选择,尤其是具有不同投资目标和策略的共同基金。[3]具体结构图如下:

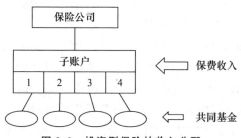

图 3.2 投资型保险的收入分配

此外,由于美国《国内收入法典》想要确保消费者购买变额保险合同是为了获得保险保障而不是避税,因此税法针对变额保险产品底层共同基金的选择、数量和销售途径规定了约束条件(具体见后文详述)。由于税法施加约束条件致力于确保变额保险合同的投资特征不能超越其保险特征,如果约束条件未被满足,投保人将会丧失购买保险产品的税收优惠。[4]

---

[1] Eversheds Sutherland, *Insurance Regulation Answer Book*(*2017-2018 Edition*), Practising Law Institute, 2018, Chapter 14:"Registered Life and Annuity Products", p. 5.

[2] Jay B. Gould, "Unit Investment Trusts: Structure and Regulation under the Federal Securities Laws", *Business Lawyer*(*ABA*), Vol. 43, No. 4, 1987-1988, pp. 1177-1206.

[3] Eversheds Sutherland, *Insurance Regulation Answer Book*(*2017-2018 Edition*), Practising Law Institute, 2018, Chapter 14:"Registered Life and Annuity Products", p. 4.

[4] Clifford E. Kirsch, *Variable Annuity and Variable Life Insurance Regulation*(*Second Edition*), Volume 1, Practising Law Institute, 2017, Chapter 1:"An Introduction to Variable Insurance Products", p. 17.

(二) 独立账户与投资基金的趋同本质

共同基金作为一种金融投资工具,由众多投资者出资形成投资资产,交给专业的投资机构运用该资产从事投资活动,投资者最终按出资比例分享投资收益。[1] 投资型保险独立账户与其所附属的寿险公司运营差异大,却与共同基金在投资者风险承担、投资选择自主权、投资收益波动、投资份额价值计算、管理费分配以及委托理财本质,具有相似性。因此,美国法将独立账户定性为"类似共同基金"的投资基金,绝非毫无来由。

投资型保险产品的独立账户与共同基金存在诸多相似之处。[2] 第一,从风险承担角度看,保险具有风险转移功能,保险公司与被保险人约定,损失实现或特定事故发生时由保险公司填补被保险人之损害或给付保险金;被保险人缴纳之保险费即为对价,除保险契约解除场合外,不可退还。与保险的主要功能为移转并减轻被保险人的纯风险(pure risk)相较,共同基金则汇集投资者的资本,投资于投资组合分散之有价证券的公司组织或信托,[3] 投资者就共同基金之单位享有回赎权,可随时通过回赎取回其投资,其所承担的风险属于投机性风险(speculative risk)。[4] 投资型保险的保户承担独立账户的资产净值跌价风险,与保险契约风险移转之特征不同,反而类似于共同基金投资人承担的投资风险。第二,从投资者的视角观察,虽然独立账户不具备共同基金法律上的独立人格,但投保人可自行决定保费存入独立账户的目的、净保费的配置与流向,这与

---

[1] 共同基金的运作架构中主要有委托人(投信公司)、受托人(保管机构)及受益人(投资人),三者之间以证券投资信托契约来规范权利义务,证监会为管理监督之主管机关。为了确保资产的安全性与操作上的专业性,共同基金最大的特色在于基金的经营与基金的资产管理是分开的,且基金的资产存放于保管机构的独立基金专户内。为了达到基金资产运作的透明化与专业化管理,投信公司只负责基金操作指令的下达,而其他所有基金专户的资金进出,包括投资标的的交割及收益分配,投资人对基金的买入或赎回资金等,皆委任由基金保管银行处理。这样的运作特色是:基金的操作管理与基金的资产保管是完全独立分开的,基金专户的资产属于基金投资人,而非投信公司或保管机构。参加江瑞雄:《寿险业兼营投资型保险之研究》,淡江大学2002年硕士论文,第19—23页。

[2] 张冠群:《台湾投资型保险商品分离账户法律规范之检验——理论与比较法之观察》,载《政大法学评论》2009年总109期。

[3] Investment Company Institute, "A Guide to Understanding Mutual Funds", https://www.ici.org/doc-server/pdf%3Abro_understanding_mfs_p.pdf, p.3. Last visited on Feb. 15, 2024.

[4] Emmett J. Vaughan and Therese Vaughan, *Fundamentals of Risk and Insurance*, Wiley, 2003, pp.7-17.

共同基金投资人购买共同基金的单位及回赎十分类似。第三,独立账户的设置在于使保单持有人直接参与账户的投资损益,这与共同基金的投资目的相同。第四,每一保单的现金价值是保单持有人独立账户"投资单位"价值总和;兑现时,则根据保单持有人的全部"投资单位"数与独立账户资产总值的比例(pro-rata share)计算保单现金价值,这一计算结果与独立账户投资收益挂钩,具有不确定性。这种计价方法与共同基金计算投资人回赎基金份额可获得的现金价值如出一辙。第五,独立账户的管理费用及其他运行成本,并未被投资型保险合同项下的保费覆盖,在独立账户亏损而无法缴纳前述费用的情况下,则由保单持有人另行负担;此特征与共同基金的账户管理费用承担相似。第六,从本质上看,投资型保险独立账户与共同基金均为投资人委托保险公司或投资公司,运用投资成本平均化与投资风险分散化原理,提供资产管理服务,而投资绩效直接由账户资产转移给投资人,因此,二者的运行原理大致相同。[1]

综上,美国20世纪50年代出现的投资型保险产品虽然看似与共同基金存在差异并构成竞争关系,但二者存在诸多相似之处,尤其是收益均与其投资活动紧密相关,且无论是投资型保险的投保人,还是共同基金的购买人,都必须承担重大或全部投资风险。这也是美国法院通过判例认定投资型保险具有"证券"属性,并将其独立账户纳入"投资公司"监管,从而迈向功能性监管的根本原因。

(三)投资型保险的税法规制对独立账户的投资约束

在美国,适用于传统固定年金和保险产品的税法规则一般也适用于变额年金和变额人寿保险合同。通常,由于保险的保障功能,多数国家对人寿与年金保险均规定税收优惠以资鼓励。具言之,投资收益递延纳税至提取现金价值时;如果为获得现金价值而退保,只有超过保费支付总额的现金价值才纳税;被各项费用和保险成本抵消的投资收益无税负;若现金价值作为死亡收益的一部分而支付,那么被保险人死亡前积累的任何收益都不用缴纳所得税。[2] 然而,投资型保险产品的推出及其快速发展引起了美国国会的关注,若投资型保险商品与传统人寿或年金保险享有

---

[1] 李奕逸:《论投资型保险保险人义务之建构》,台湾大学2009年硕士论文,第48-51页。
[2] Richard G. Shectman, "New Concepts in Life Insurance Planning Universal Life", *Cumberland Law Review*, Vol. 13, No. 2, 1982-1983, pp. 219-238.

同等的税收递延优惠待遇,会使此类商品相较于其他投资商品(如共同基金)而获得不公平的竞争优势,还会带来国家税收收入的减少。因此,美国税务机关试图界定基于课税目的投资型保险产品范围,并对投资型保险独立账户的投资标的予以管制,避免投资型保险沦为"裹着税收递延保险外衣的共同基金"。[1] 因此,只有符合税法规定的适格人寿保险产品才能享有税收优惠。[2]

1. 投资型保险的税法审查规定

美国国会于 1982 年制定《权益纳税和财政责任法案》(Tax Equity and Fiscal Responsibility Act of 1982,TEFRA),规定任何投资型保险保单的设计与销售符合州保险法规定且满足下列两项测试之一,才可被视为适格保单(qualified policy)而享有税收优惠。其一,保费限制测试,包括两项内容:(1) 法定保险费限制,即保费不能超过特定计算指引中的保费金额,[3] 目的在于防止投保人基于投资目的使用大量资金购买投资型保险;(2) 现金价值比率测试,即被保险人身故时,死亡收益不能低于合同现金价值的一定比例,[4] 目的在于避免现金价值增加过快使保险合同沦为短期投资工具而不具风险移转本质,以确保弹性保费人寿保险合同更像保险经营而不是投资。其二,现金价值测试,要求被保险人身故时,保单现金价值低于购买死亡收益的单笔净保费,目的在于保证固定保费人寿保险合同至少一直提供最低金额的保险保障。[5]

---

[1] Clifford E. Kirsch, *Variable Annuity and Variable Life Insurance Regulation* (Second Edition), Volume 1, Practising Law Institute, 2017, Chapter 1: "An Introduction to Variable Insurance Products", p. 5.

[2] Eversheds Sutherland, *Insurance Regulation Answer Book* (2017-2018 Edition), Practising Law Institute, 2018, Chapter 14: "Registered Life and Annuity Products", pp. 36-38.

[3] 在保险合同有效期间内,任何时间点已缴保费之累积金额不得超过法定保险费上限,而法定保险费上限系指下列两项金额中孰高者:(1) 法定趸交总保费;(2) 法定平准总保费累积至该时点之和(IRC § 7702(c)(1)(2))。法定趸交总保费计算的预定利率采用年息 6%或合同保证利率两者较高者(IRC § 7702(c)(4))。法定平准总保费的计算除利率最低标准采 4%外,其余计算基础与法定趸交总保费相同(IRC § 7702(c)(3)(B)(iii))。其中,法定趸交总保费原则上是指在保单签发当日计算足以支付保单预定未来给付所需之保费数额(IRC § 7702(c)(3)(A));法定平准总保费是指将法定趸交保费平准化所得的年缴总保费(IRC § 7702(c)(4))。

[4] IRC § 7702(d)(1).

[5] Richard G. Shectman, "New Concepts in Life Insurance Planning Universal Life", *Cumberland Law Review*, Vol. 13, No. 2, 1982-1983, pp. 219-238.

2. 独立账户投资的税法约束

为了确保变额保险合同的投资特征不超过其保险特征,联邦税法还规定了额外的两项要求。一是,《国内收入法典》第817(h)条的分散化要求(diversification requirement),即独立账户资产投资必须"充分分散"(adequately diversified)。二是,国内收入局(Internal Revenue Service, IRS)发布的各类规则所规定的"投资者控制原则"(investor control principles),[1]即投资型保险合同持有人不能主导或控制独立账户资产,从而使自身(而不是保险公司)被视为联邦所得税法下的资产所有人。换言之,合同持有人不能对独立账户资产进行"投资者控制"。如果不满足前述两项条件,可变合同项下的收益将不会按照税收递延待遇累积。[2]

尽管分散化要求致力于解决投资者控制问题,但 IRS 并未将其视为投资者控制的替代规则。分散化投资要求的目的在于限制个人选择可变合同项下特定的公共性投资工具。国会希望消费者购买可变合同的首要动因在于获得年金或人寿保险所能提供的传统保障。《国内收入法典》第817(h)条规定,为了使保险合同满足《国内收入法典》第72条规定的"年金合同"及第7702条规定的"人寿保险合同",变额人寿保险或变额年金独立账户的投资必须根据财政部的监管规则"充分分散"。在双层的单位投资信托独立账户结构下,前述分散化要求一般由独立账户底层的共同基金投资来满足,即"穿透对待"(look-through treatment)。[3] 与《国内

---

[1] Eversheds Sutherland, *Insurance Regulation Answer Book (2017-2018 Edition)*, Practising Law Institute, 2018, Chapter 14: "Registered Life and Annuity Products", pp. 36-38.

[2] Clifford E. Kirsch, *Variable Annuity and Variable Life Insurance Regulation (Second Edition)*, Volume 1, Practising Law Institute, 2017, Chapter 4: "Tax Treatment of Variable Contracts", p. 27.

[3] 根据可变合同,保险公司所收取的净保费分配至独立账户的子账户或投资分部,然后再投资于受监管的投资公司(共同基金)。很显然,如果"独立账户"仅投资于单个的受监管投资公司或合伙权益,则无法满足前述的分散化测试要求。为了解决这一问题,税收法律法规提出了"穿透"规则。据此,只要符合特定条件,投资于一家受监管投资公司、房地产投资信托、合伙和授予人信托(grantor trust)将不被作为"独立账户"的单笔投资;而是将被穿透主体(如共同基金)的资产份额作为"独立账户"的资产。IRS 出台了许多"穿透"原则的具体规则和指引,比如用于解决多层基金嵌套结构以及穿透规则的适用。根据收入规则(Revenue Ruling)2005-7,IRS 解决了共同基金(上层基金)投资与另一个共同基金(下层基金)份额,且投资额超过上层基金总资产55%的"穿透"对待问题。IRS 认为,只要符合穿透规则的其他要求,"独立账户"将被视为拥有上层基金的份额,包括对应比例的下层基金份额。参见 Clifford E. Kirsch, *Variable Annuity and Variable Life Insurance Regulation (Second Edition)*, Volume 1, Practising Law Institute, 2017, Chapter 4: "Tax Treatment of Variable Contracts", pp. 28-37.

收入法典》第817(h)条相配套的财政部监管规则[1],规定了满足分散化要求的测试方法。[2] 最普遍适用的"投资测试"标准包括:(1) 任何一笔投资额不得超过账户总资产价值的55%;(2) 任何两笔投资额不得超过账户总资产价值的70%;(3) 任何三笔投资额不得超过账户总资产价值的80%;(4) 任何四笔投资额不得超过账户总资产价值的90%。[3]

此外,为了使变额年金合同获得税收优惠,独立账户资产必须被认定为发行变额合同的保险公司的资产,而不是保单持有人的资产。这就要求变额年金合同持有人不能对合同项下的资产施加"投资者控制",[4] 否则投资型保险合同会丧失税收递延效果,而且可能会使合同所有人按资本利得税率而不是所得税税率纳税。[5] 避免被认定存在"投资者控制"的方法可概括为:首先,变额保险合同项下的共同基金已事先选定(pre-selected),即投资者不能任意自由选择市场中的基金,必须从保险公司事先确定的基金列表中选择。其次,保险公司提供的备选基金数量并不是无限的。尽管没有明确的数量限制,但税务局曾表达过对变额保险合同伪装成"共同基金超市"的担忧。[6] 最后,一般而言,变额保险合同项下

---

[1] Treasury Regulation § 1.817-5(b)(1).
[2] 事实上,存在三种类型的分散化测试:一般分散化测试;安全港测试;专门针对可变人寿保险的特殊测试。前两类测试可以同时适用于可变年金和合同及可变人寿保险合同。安全港测试的达标要求是,"独立账户"投资符合受监管投资公司的分散化投资标准(Code section 851(b)(3)),且不超过总资产价值的55%投资于现金、现金等价物(包括应收账款)、政府债券以及其他受监管投资公司的证券。这个测试不常用。针对可变寿险合同的特殊测试规则的目的是允许支持可变人寿保险合同的"独立账户"持有美国政府债券(U. S. Treasury Obligations)而不受分散化投资要求的比例限制。参见 Clifford E. Kirsch, *Variable Annuity and Variable Life Insurance Regulation* (*Second Edition*), Volume 1, Practising Law Institute, 2017, Chapter 4: "Tax Treatment of Variable Contracts", pp. 28-37.
[3] Eversheds Sutherland, *Insurance Regulation Answer Book* (*2017-2018 Edition*), Practising Law Institute, 2018, Chapter 14: "Registered Life and Annuity Products", pp. 36-38.
[4] Clifford E. Kirsch, *Variable Annuity and Variable Life Insurance Regulation* (*Second Edition*), Volume 1, Practising Law Institute, 2017, Chapter 4: "Tax Treatment of Variable Contracts", pp. 37-40.
[5] Ibid.
[6] 投资型保险合同允许合同所有人分配保费和现金价值至独立账户或其子账户,然后将账户资产直接投资于特定共同基金来避免"投资者控制"问题。2003年,IRS在《收入规则2003—91》中表明,当合同所有人可以将保费和现金价值在20个以内的子账户分配,而且每个账户代表不同的投资策略(比如国际股票基金、小型公司股票基金和医疗行业基金)时,可变合同所提供的投资选择已足够宽泛,此时可以避免被认定存在"投资者控制"。如今许多可变年金和人寿保险合同提供远超该《收入规则》规定数量的投资选择。

的共同基金不能在零售市场销售,即普通公众不能直接购买独立账户的共同基金份额,只能通过签订变额保险合同来购买。[1] 因此,美国税法认可的独立账户投资结构如图 3.3 所示:

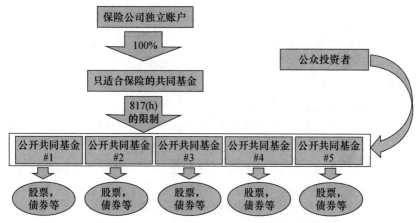

图 3.3 美国税法认可的独立账户投资结构

综上所述,投资型保险产品因其投资风险分担特性与传统人寿保险商品大相径庭,其监管规范也更加复杂。首先,投资型保险保单的设计与销售等均须依据州保险监管法的相应规定。其次,由于投资型保险通过独立账户运作,并使保单现金价值随独立账户投资业绩变动,因此被视为"证券",这使得保险公司在销售投资型保险产品时必须遵守联邦 1933 年《证券法》与 1940 年《投资公司法》的规定。最后,在税收方面,投资型保险产品须满足测试成为适格保单,并遵守独立账户投资的税法要求,才可以享有税收优惠。[2] 需要注意的是,税法的合格保单测试及独立账户投资约束旨在判断该投资型保险产品可否享有税收优惠,与投资型保险在州保险法及联邦证券法上的定性无关。而且,无论是税法上对独立账户投资标的的直接分散化要求,还是为避免"投资者控制"而间接实现的独立账户分散化投资效果,都致力于确保使那些具有保险保障特色的投资型保险合同获得税收优惠待遇。因此,对于真正约束独立账户资金的审

---

[1] Clifford E. Kirsch, *Variable Annuity and Variable Life Insurance Regulation* (Second Edition), Volume 1, Practising Law Institute, 2017, Chapter 1: "An Introduction to Variable Insurance Products", p. 17.
[2] 卓俊雄、唐明曦:《投资型保险契约中投资属性之再省思——以美国法的经验为核心》,载《朝阳商管评论》2011 年第 1 期,第 88—103 页。

慎使用,避免其利用庞大的资金实力控制实业经营的效力减弱。事实上,防范保险业对独立账户金融力量的滥用另有他方。

(四)防范独立账户金融力量滥用的根本举措

虽然独立账户资金不受保险公司普通账户资金的投资监管约束,但并不意味着其不受任何监管约束。事实上,在投资型保险证券监管路径下,独立账户的监管与投资基金监管类似,既有分散化投资约束,还有投资比例的双向限制,从而使金融资本无法过度控制实业经营。

1. 共同基金的投资监管

共同基金的兴起源于股票市场繁荣及其本身的特殊优势——分散化、专业化的投资管理,以及交易成本的规模经济。[1] 与银行存款等产品相比,监管共同基金的法律框架更加复杂。共同基金管理的资产是从存在信息不对称的大量个人那里汇集起来的,当汇集的资金交给具有信息优势的管理人运作,信息不对称及财产的"所有权与控制权"分离,必然引发利益冲突。因此,与对银行或保险公司的审慎性控制和金融消费者的保护机制不同,对于共同基金这类以"市场为基础"的产品,保证集合性财产的独立性,防止运作中的利益冲突,使管理人以持有人的利益从事投资活动,是构建这类产品法律框架和监管制度的核心。[2] 此外,共同基金的投资行为往往也受国家宏观调控、产业政策和竞争政策的影响,因为共同基金的对外投资活动伴随着巨额资金的流动和资产收益的重新分配,其影响不只限于被投资对象,还包括相关行业和市场。[3]

从功能上看,共同基金聚集众多投资者的资金,投资者借此可以实现分散化投资,并获得基金经理专业化的投资管理服务。在美国,共同基金本来可能扮演联结公众投资者与大型企业的纽带。事实上,自20世纪30年代起,部分共同基金逐渐充当金融中介机构,不仅负责证券承销,还发挥监督作用参与企业重组和破产管理。然而,国会并不喜欢基金业对产业界的控制,期待其最好扮演消极投资者的角色。为此,国会指示证券交易委员会(SEC)起草管制共同基金的立法。SEC承认,尽管共同基金控制可以减轻因股东分散而导致的信息和组织问题,比如,共同基金拥有

---

[1] Jay B. Gould, "Unit Investment Trusts: Structure and Regulation under the Federal Securities Laws", *Business Lawyer* (ABA), Vol. 43, No. 4, 1987-1988, pp. 1177-1206.
[2] 田静:《我国人身保险新型产品的投资功能属性及法律框架》,载《比较》2016年第4期。
[3] 刘燕:《大资管"上位法"之究问》,载《清华金融评论》2018年第4期。

的专业人员使其具有改善企业绩效的知识、动力和能力,但强大的共同基金是弊大于利的。[1]

由于不道德的金融资本家和实业资本家有时利用投资公司实现对本国财富和产业的控制,为了防止集中的控制,国会必须阻止这些共同基金从其正常的分散投资运营转向控制实业的不正常路径。1940年《投资公司法》和1936年的《税法》是防止共同基金金融力量滥用的有效举措。1940年《投资公司法》为防止基金经理陷入利益冲突,禁止基金经理控制企业;该法还禁止内部交易,从而保护小额投资者的利益。SEC希望基金董事和雇员不要参加其所投资企业的董事会,从而实现《格拉斯—斯蒂格尔法案》中金融业与实业的分离。[2] 同时,国会担心不成熟的投资者虽然希望分散化投资,但缺乏能力来评估一种投资组合是否真正实现了分散化投资。而且,由于SEC认为实现投资的分散化是共同基金唯一的正面效应,因此更要采取分散化投资监管政策。此外,1936年出台的《税法》旨在控制美国金融力量集中,从那时起,共同基金的投资行为开始适用税法规则,实行分散化投资,并长期持股。在此制度环境下,共同基金几乎不会主动发动敌意收购争夺上市公司控制权。[3]

2. 独立账户的投资约束

在美国,经由判例及最终写入监管法中的规则,对于投资型保险及其独立账户实现了功能性监管,从而有效保护产品购买者利益,并构建起保险业与基金业的公平竞争环境。在这一监管框架下,尽管投资型保险独立账户资金运用不受保险公司普通账户的投资监管限制,但独立账户被视为"投资公司",须遵循美国法对于投资基金转投资的诸多限制。如前所述,美国国会不喜欢投资基金对实业界的控制,只期望它们扮演消极机构投资者的角色,具体的法律制度包括1940年《投资公司法》对于"投资公司"的投资比例和关联交易约束、1934年《证券交易法》对短线交易的限制,以及税法规则的反向约束。当前述规则适用于独立账户时,能够有效防范保险公司凭借独立账户控制实业公司,从而使实业经营免受金融资本的过度侵蚀。

---

[1] 〔美〕马克·J. 罗伊:《强管理者弱所有者》,郑文通等译,上海远东出版社1999年版,第144—145页。
[2] 同上书,第143—146页。
[3] 刘燕:《大资管"上位法"之究问》,载《清华金融评论》2018年第4期。

(1) 1940年《投资公司法》的投资监管约束

1940年《投资公司法》规定"投资公司"持有的同一发行人的证券,不得超过发行人已出售的有表决权证券的10%,且不得超过持有人自身资产的5%。[1] 这意味着保险公司独立账户资金投资普通股时,持有单个被投资公司的股票,既不能超过被投资企业已发行的有表决权股票的10%,也不能超过独立账户总资产的5%。其中,对被投资企业持股比例的限制可以防止独立账户资金对目标公司控制权的威胁。此外,尽管1940年《投资公司法》并不阻止投资公司或其职员参与被投资企业的董事会,但如果投资公司获得被投资企业5%以上股权或参与其董事会,被投资企业就构成了投资公司的附属子公司。而这种情形会触发防止内部交易的禁令,比如,收购和股票交换等都要受到禁令限制,欲进行前述交易必须得到SEC的批准。而且,非经SEC许可,禁止投资公司与其他金融机构合意共同参与被投资企业的董事会,或采取其他类似的控制行动。[2] 这些监管规定充分表明,保险公司独立账户资金受到的证券监管力度并不亚于普通账户资金在州保险法体系下的监管。正是对于保险公司普通账户和独立账户资金投资全面而严格的制度设计,维护了美国资本市场的稳健运行。

(2)《证券交易法》的间接投资约束

当投资型保险产品的购买者实施合同约定的退保选择权时,独立账户须遵守1940年《投资公司法》下的证券赎回规定。换句话说,投资型保险合同所有人退保被视为1940年《投资公司法》下独立账户的证券赎回行为,这使得1934年《证券交易法》中的"短线交易"规则有了适用空间。根据该法第16(b)节规定,若独立账户管理人参与被投资企业董事会,或独立账户持有10%及以上被投资企业股票,则独立账户在六个月内的任何交易所获得的收益必须归还(被投资企业),即使该交易并未构成内幕交易。[3] 这一要求能够约束须保持较高流动性的独立账户大额持有被投资企业股票。

(3)《国内收入法》的税收制约

根据《国内收入法》的规定,投资公司控制被投资企业将会面临巨大

---

[1] 15 U.S.C. § 80a-5.
[2] 〔美〕马克·J. 罗伊:《强管理者弱所有者》,郑文通等译,上海远东出版社1999年版,第148—149页。
[3] 同上书,第173页。

的税收风险(就其全部投资缴税)。美国税法只免除采用"分散化投资"[1]策略的投资公司的税收,此时投资公司可以无须纳税而直接向投资者分配所获收益。如果失去这一免税待遇,投资公司则会面临三重税负。一是,被投资企业需要为其利润缴纳企业所得税;二是,投资公司在转让股票时缴纳资本利得税,或者在获得被投资企业股息时而纳税(税率约为股息的10%);三是投资公司将收益分配给投资者时,投资者还需要就其所获收益纳税。[2] 如此一来,同一笔投资交易里,被投资企业、投资公司、投资者均须纳税,存在三重征税。三重税负使得投资实际收益将大打折扣,这对很多投资公司而言属于"不可承受之重"。同理,当独立账户不遵守前述分散化投资要求时,仍会导致投资收益的多重征税后果,这将严重影响其提供的投资型保险产品的竞争力。税法规定虽然并未阻止独立账户集中投资,但较高的税收成本会使得理性的保险公司避免大额持有被投资企业股票,从而扮演消极的机构投资者角色,不再追求被投资企业的控制权。

综上,尽管美国各州保险法将独立账户投资豁免于州保险法对于保险公司普通账户资金运用的监管之外,但在功能性监管路径下,美国通过将独立账户经营的投资型保险产品归入"证券"进行监管,使得独立账户资金投资须遵循联邦法下关于"投资公司"对外投资的严格监管规定,从而实现了对险资金融力量滥用的严密控制。在这一监管路径下,投资型保险产品的"证券"属性是其对应的独立账户资金适用"投资公司"对外投资限制的前提。需要注意的是,并非所有的投资型保险都属于需要纳入联邦证券监管的"证券",投资型保险产品中那些保障功能浓郁的产品在美国保险实践中依然通过保险公司普通账户经营,这类资金仍适用州保险法对于保险资金投资的监管约束。

三、巴菲特保险资金运用模式解析

巴菲特旗下的保险公司基本上都是财产保险和再保险公司,其业务

---

[1] 税法中规定的"分散化投资"是指,在单个企业的投资占投资公司资产的比重不高于5%而且不超过被投资企业股票的10%。
[2] [美]马克·J. 罗伊:《强管理者弱所有者》,郑文通等译,上海远东出版社1999年版,第150—151页。

模式通常被市场人士概括为利用保险浮存金杠杆赚钱的套路。因为在其保险资金配置中,股票占据资产首位,其次是现金及其等价物,短期美国国债居第三,固定到期证券居第四。[1] 这种不同于美国保险资金主流配置模式的保险资金运用方式,常常引发误解——巴菲特在利用自己的炒股特长,将保险准备金大比例用于炒股或收购其他公司。然而,仔细分析会发现这是一个美丽的误会。

(一) 浮存金及其成本控制

认清巴菲特保险资金投资模式的前提是厘清浮存金的概念及其使用条件。巴菲特认为:"浮存金是一笔保险公司持有但所有权不归属保险公司的资金"。[2] 具言之,如果不出现巨灾,在保险业务规模不萎缩甚至不断扩张的过程中,财险业在售出新保单、赔付旧保单的资金运动中,会沉淀出一部分资金供"长期、免费"使用,这就是巴菲特所谓的浮存金。[3] 这源于保险业"先收钱后赔付"产生的时间差,以及实际赔付和预期赔付的差额,会给保险公司带来大量的可用于投资的现金流,从而使产险公司获得低成本甚至零成本的现金流。在保费收取到实际赔付之前期间,保险公司可将浮存金用于其他投资来获取额外收益。[4] 因此,即使最后赔付金额和保险公司运营成本高于保费收入也不代表着保险公司会发生真实亏损,只要保险公司浮存金的投资收益超过保险成本,保险公司便有利可图。[5] 需要注意的是,目前适用的保险业会计准则并没有直接计算和列示浮存金的规定,浮存金也不与某几个保险准备金概念直接对应,但巴

---

[1] 根据伯克希尔公司2018年第三季度财务报告,现金及现金等价物资产约为365亿美元,短期美国国债约600亿美元,固定到期证券约183亿美元,权益类资产约2012亿美元。参见 http://www.berkshirehathaway.com/qtrly/3rdqtr18.pdf(伯克希尔官网披露的其2018年第三季度财报)。

[2] Berkshire's Hathaway Incorporation's 2022 Annual Report, p. 138.

[3] 对浮存金,最有煽动性的说法是:资本高手通过高息吸引资金的成本太高;而财险浮存金是纯保费,从收取到赔付这段时间内"浮在那里、存在那里的资金",不需要资金回报承诺,也就是"零成本",在浮存期间可以免费使用,有时实际赔付金额甚至低于预收的纯保费,相当于投保人不仅免费让你使用保费,反而给你倒贴一定管理费。这样的忽悠式宣传自然让不明就里的资本大佬们对保险趋之若鹜。但其实,巴菲特在年报等多个场合解释过浮存金,观点是客观辩证的。参见徐高林、郭盈盈:《巴菲特保险资金运用模式探究》,载《中国保险》2017年第2期。

[4] 张目:《闷声发大财:股神巴菲特新传——保险帝国》,载《科学与财富》2003年第5期。

[5] 杜丽红:《产业巴菲特"无成本"保险资金支撑的产融价值链》,载《新财富》2017年第12期。

菲特在年报中列举了相关指标,并披露了旗下的保险公司每年的浮存金金额。

然而,并不是每家保险公司均能获得无成本的浮存金。因为随着保险业竞争加剧,而且以价格战为主要竞争手段,保险费率被不断压低,这会使保险公司产生承保损失,若保费收入不能覆盖最后赔付的损失与费用,便会产生浮存金的成本。[1] 尽管巴菲特的保险资金运用投资收益率高,但他并没有为获取更多的保费收入而在保费利率或价格上过多让步。巴菲特曾评价说:"从长期看,当一家保险公司取得浮存金的成本低于其他业务渠道所获资金成本时,浮存金便具有价值;一旦保险业取得浮存金的成本远高于市场利率,它就像一颗酸柠檬。"[2] 而低成本浮存金的重要来源就是合理定价的保费收入。[3] 因此,巴菲特认为,即便牺牲一部分市场份额,也要把保单的价格设定在盈利或至少盈亏平衡的水平上。[4] 因为一旦定价出了问题,风险发生的概率会被低估,此时保险合同约定的赔付事项"提前"发生,保险公司会面临被投保人要求全额支付理赔款项的窘境,从而被迫出售那些准备长期持有且增值潜力大的股票以避免发生流动性危机。[5]

(二)巴菲特保险资金运用分析

虽然巴菲特在不断扩大保险业的规模,且大比例投资股票,有时也夸

---

[1] 浮存金使用成本=实际赔付额+保险公司运营成本(主要是销售成本)−保费收入。
[2] 张目:《闷声发大财:股神巴菲特新传——保险帝国》,载《科学与财富》2003年第5期。
[3] 尽管巴菲特的保险团队已经非常谨慎地估价每项风险,力图做到使保费收入能够覆盖所有赔偿额和营运成本,但巴菲特也不得不承认,在财险领域,尤其是再保险领域,再有经验的专家也很难确切地估价每笔交易的风险,尤其是那些期限长、风险具有隐秘性的保单,从签订第一张保单到隐藏的风险被揭示可能需要很长时间,而在此期间依据错误估价签订的大量新保单才是公司真正的隐患。巴菲特的保险旗舰GEICO公司(全美第四大汽车保险公司)就曾因其在20世纪70年代初的错误估价而导致1976年的巨额亏损,一度面临破产危机。而Gen Re(全球最大的再保险公司之一)在2001年暴露的危机也让公司花了5年时间来处理。参见杜丽红:《产业巴菲特"无成本"保险资金支撑的产融价值链》,载《新财富》2017年第12期。
[4] 巴菲特多次表示不打"价格战",因为早在1970年代初期,伯克希尔就在不知情的情况下,犯下类似的错误,结果在往后的二十年内,因为那个年代错误所付出的代价,造成理赔损失账单不断地涌进公司……一张糟糕的再保险合约就像地狱一样,进去容易但想出来可就难了。参见张目:《闷声发大财:股神巴菲特新传——保险帝国》,载《科学与财富》2003年第5期。
[5] 杜丽红:《产业巴菲特"无成本"保险资金支撑的产融价值链》,载《新财富》2017年第12期。

赞浮存金的利用价值,但从资产负债表匹配视角来看,巴菲特旗下的保险公司并未大量动用浮存金来进行股票投资。伯克希尔的保险资金由保险合同项下的净负债准备金(约等于浮存金)和股东权益构成,且股东权益金额与增速远远高于浮存金。这意味伯克希尔公司一反行业惯例,并未负债经营,相反,源于留存收益的股东权益大量累积和日益增长,使得保险赔付的安全垫不断增厚,业务基础越来越强。[1]

此外,伯克希尔公司在保险资金配置方面非常稳健,甚至是保守的。因为从保险资产投资去向看,伯克希尔公司是在确保偿付能力的情况下再追求收益率,配置了充足的现金类资产。具言之,其现金类资产和投资于联邦债券和高评级证券总额可以完全甚至超额覆盖保险负债。[2]再加上保险公司股东权益雄厚,用于购买投资级以下债券和股票的资金,几乎是不必考虑资产负债匹配约束的"自由资金"。尽管承保业务由各保险公司管理者负责,但投资业务却由巴菲特及其主导的整个伯克希尔集团管理层负责。而且,即便是购买上市公司股票,也是本着价值投资理念的长期持有,而非在资本市场上"快进快出"以赚取投资差价来获利,这从保险资金投资收益大部分源于分红收益就能看出。[3]因此,有人认为"巴菲特拿保费收入炒股"的说法实属误解。伯克希尔保险公司进行股票投资的核心和前提是其有炒股能力和强大资金后盾来保证股票资产独占鳌头,不担心炒股亏损消耗掉自家股东权益。[4]

综上,巴菲特保险资金运用模式是以险资来源中的股东权益为支撑,以现金类资产对负债的基本匹配为基础,以股票投资收益的相对稳定性为依托,符合美国保险资金运用监管自20世纪90年代实施的"大类比例限制"与审慎人原则。如前文所述,"大类比例限制"体现在NAIC的《保险公司投资示范法》仅对权益投资总额和投资单一主体占保险公司认可

---

[1] 伯克希尔公司自1967年以来从来不分配利润,以便为承保和再保险业务提供雄厚的资金实力支持,成为该公司推动承保业务的营销法宝之一。根据伯克希尔公司2018年第三季度财务报告,保留盈余高达3465亿美元,参见 http://www.berkshirehathaway.com/qtrly/3rdqtr18.pdf(伯克希尔官网披露的其2018年第三季度财报)。

[2] 根据伯克希尔公司2018年第三季度财务报告,其短期保险负债总额约1062亿美元,而同期的现金及现金等价物、AAA级的联邦债券与投资级以上的证券总计为1148亿美元,对保险负债的覆盖系数达到112%。参见 http://www.berkshirehathaway.com/qtrly/3rdqtr18.pdf(伯克希尔官网披露的其2018年第三季度财报)。

[3] Berkshire's Hathaway Incorporation's 2022 Annual Report,p. 56.

[4] 徐高林、郭盈盈:《巴菲特保险资金运用模式探究》,载《中国保险》2017年第2期。

资产的比例予以约束,旨在保障险资运用的安全性。审慎人原则强调过程而不是投资结果,鼓励有效的内部治理和审慎的决策制定及分散化投资。因此,在符合前述两方面的要求下,保险公司对险资运用就有很大的自主权。事实上,巴菲特保险资金运用模式是在确保偿付能力充足的情况下再追求收益率,且资产与负债匹配,符合美国险资监管要求。如果人们只是关注巴菲特保险公司用险资大规模在二级市场上进行股票投资这一表象,这显然是一个美丽的误会。[1]

---

[1] 徐高林、郭盈盈:《巴菲特保险资金运用模式探究》,载《中国保险》2017年第2期。

第四章 美国保险监管中的"实业与金融分离"

美国保险监管中约束实业控制保险公司的监管规则由《保险控股公司示范法》承担。控股公司组织结构的兴起,引发了监管者对于保险公司资产和准备金被滥用的担心。[1]《保险控股公司示范法》将保险监管的范围扩大至保险公司以外的主体,比如,通过股权或其他方法控制保险公司的个人或企业,旨在保护保险公司免受其他主体的损害。[2] 尽管《保险控股公司示范法》并没有像《银行控股公司法》那样要求实业控制保险业后两年内处理掉自身的实业经营,对于强调实业与金融分离似乎并不像银行监管那样彻底。然而,《保险控股公司示范法》赋予了保险监管者对于收购保险公司前全面的审查权、收购后关联交易及分红等的控制权,这些措施事实上能够筛查拟控制保险公司的企业或个人,并约束控制保险公司后的实业股东对保险资金滥用的可能。

一、保险控股公司的兴起——实业控制保险业的契机

在美国,特许的保险公司被各州保险法禁止从事任何除"保险或与保险相关业务"以外的经营。换言之,各州保险法规定未经批准注册,任何人或企业不能经营保险业务。由此,保险业的特许经营使其与经济领域的其他部门实现了区隔,保险企业只专注于经营保险业务。在历史上,由于股份制公司的股权分散和相互制保险组织所有权人的理性冷漠,保险企业很大程度上均由公司的管理层予以控制。在此背景下,管理者基于保险公司利益而作出商业决策,这也意味着保险公司的经营按照其一贯的传统进行。

但在 20 世纪 60 年代,这种区隔从两个方面被打破了。一方面,保险公司自主开展分散化经营并吸引额外资本注入以便自身发展和扩张;[3]

---

[1] John R. Dunne, "Intercompany Transactions within Insurance Holding Companies", *The Forum of American Bar Association* (*Section of Insurance, Negligence and Compensation Law*), Vol. 20, No. 3, 1985, p. 446.

[2] Peter M. Lencsis, *Insurance Regulation in the United States: An Overview for Business and Government*, Praeger, 1997, pp. 81-82.

[3] 实现路径分别是:相互制保险公司利用下游的附属公司(downstream subsidiaries),股份制公司则通过上游商业公司(upstream general business corporations)来持有保险公司的股票。参见 Susan E. Dew, "The Insurance Holding Company Systems Regulatory Act——What dose the Future Hold", *Journal of Insurance Regulation*, Vol. 2, Issue 1, 1983, pp. 35-36.

另一方面,其他经济利益占主导的多元化控股公司(diversified holding companies)收购保险公司作为子公司。[1] 这为实业主体控制或入主保险公司提供了契机。通常,一个公司会直接或收购子公司进行多元化经营,但保险公司所受的强管制约束使其只能通过控股公司组织结构来开展多元化经营,从而规避保险法关于投资限制、资本募集、会计处理和信息披露等方面的要求。此外,垂涎于保险公司的流动资产及意识到保险公司股票被持续低估,许多企业集团都展开了对保险公司的收购。[2]

非保险公司收购保险公司和保险公司冒险进入非保险领域引发了诸多争议。由于保险公司收购和分散化经营通常借助控股公司结构来完成,前述争议也被统称为"保险控股公司问题"(insurance holding problem)。事实上,尽管保险控股公司的出现是为了回应经济和社会状况的变化,且被用来治愈令保险业苦苦挣扎的顽疾,[3]但也给保险监管者带来了很多挑战,于是《保险控股公司示范法》应运而生。[4]

(一)主动式保险控股公司——保险公司组建上游控股公司

1. 保险公司的分散化经营诉求

20世纪60年代,严重的通货膨胀使得寿险公司的经营步履维艰。日益严重的通货膨胀在两方面严重影响了人寿保险公司的经营:(1)监管法上设定的严格资金运用限制使得寿险公司的投资收益无法赶上不断攀升的通货膨胀速度;(2)高通货膨胀率侵蚀了保险产品作为投资工具的吸引力,传统的固定利率人寿保单已不再是提供退休保障的优选,以前购买人寿保险的主体转向了高收益的投资工具。[5] 这背后的原因在于:通货膨胀引发的商品价格上涨侵蚀了传统寿险保单事先确定的固定死亡

---

[1] Peter M. Lencsis, *Insurance Regulation in the United States: An Overview for Business and Government*, Praeger, 1997, pp. 81-82.

[2] W. M. F., "The Insurance Holding Company Phenomenon and the Search for Regulatory Controls", *Virginia Law Review*, Vol. 56, No. 4, 1970, p. 637.

[3] Milton S. Wolke, "Curing the Cure—Insurance Holding Companies", *The Forum of American Bar Association (Section of Insurance, Negligence and Compensation Law)*, Vol. 6, No. 2, 1971, p. 95.

[4] Susan E. Dew, "The Insurance Holding Company Systems Regulatory Act—What dose the Future Hold", *Journal of Insurance Regulation*, Vol. 2 Issue 1, 1983. pp. 35-36.

[5] W. M. F., "The Insurance Holding Company Phenomenon and the Search for Regulatory Controls", *Virginia Law Review*, Vol. 56, No. 4, 1970, pp. 639-641.

收益的购买力;相较于金融市场中可获得的其他投资产品的高收益率,传统寿险保单现金价值的收益相对较低。[1]数据显示,自1947年以来,保险公司的数量增长了三倍,但其获得的储蓄资金从1947年的52%下降到了1968年的19%。[2]

与此同时,保险公司还饱受低利润率及高成本的折磨。保险业不再能吸引额外资本进入,且面临着资本流出至那些利润率更高行业的问题。一方面,这使得保险公司无法寻求外部资本扩大经营以应对不断增长的保险市场发展需求;另一方面,保险公司的低盈利预期增加了股东退出保险经营的意愿,并使其更易于接受要约收购。此外,保险公司天然具有大量的固定成本,这包括投资研究、损失控制措施、市场调研、一体化广告推广、精算工作、电子数据处理和保险赔付申诉调整等。在缺乏其他途径分散前述高额成本的情况下,保险公司的营业利润则是雪上加霜。[3]

为了走出困境,保险公司将目标转向了分散化经营。首先,通过分散化经营,保险公司可以从子公司经营中获得超常规投资收益,从而提高盈利能力;且分散化经营有助于平衡保险公司经营利润的起伏。其次,保险公司可以设立独立的子公司向公众出售过剩的服务,从而在更大范围内分摊保险公司的固定成本以提高利润。最后,变化了的市场诉求也促使保险公司迈向分散化经营。随着经济的发展,投资者对于"一站式金融服务"的需求不断增加,保险业面临着来自银行、抵押贷款公司和共同基金等主体的激烈竞争,分散化经营能够便于保险公司适时推出集融资、储蓄、保险和投资于一体的金融超市,由产品导向转为客户导向,从而更好地满足金融消费者的需求以保持自身竞争力。[4]

2. 保险控股公司契合分散化经营需求

首先,通过设立控股母公司,保险公司可以规避保险法中的投资限制。法律禁止保险公司从事除保险以外的业务。具体做法包括:许多州直接禁止或者通过限制保险公司的投资来间接控制保险公司拥有子公

---

[1] Richard G. Shectman, "New Concepts in Life Insurance Planning Universal Life", *Cumberland Law Review*, Vol. 13, No. 2, 1982-1983, pp. 219-238.
[2] Milton S. Wolke, "Curing the Cure—Insurance Holding Companies", *The Forum of American Bar Association* (Section of Insurance, Negligence and Compensation Law), Vol. 6, No. 2, 1971, pp. 97-99.
[3] Ibid.
[4] Ibid.

司,其他一些州只允许保险公司通过子公司从事与保险相关或附属的业务。为了规避这些限制,许多保险公司设立控股公司,将自身的一部分盈余转移至母公司,从而使这部分资金的调度权归属于母公司,不再受保险监管的约束,自由投资于非保险事业,从而有效开展多元化经营。于是,保险控股公司就成了规避投资监管的理想工具。[1]

其次,控股公司可以提升融资的灵活性。保险公司只能发行一种类型的普通股,而且当时市场上保险公司的股票被严重低估。然而,控股公司可以发行任何种类的证券,市场对其接受度也高。因此,控股公司可以通过发行其他种类的证券来募集资金,从而投入保险公司或其他附属主体。[2] 此外,控股公司可以在资本市场中回购自身股票而无须保险监管者事先批准,这也促成了保险公司采用控股公司这一组织架构。[3]

再次,控股公司无须适用保险公司严格的会计准则要求。适用于保险公司的会计准则非常严格。具言之,诸如家具、固定设施、机动车或未担保的贷款等合法资产,由于其变现能力差,不能作为保险公司的资产列示。此外,在对保险公司子公司投资估值时,不能计入那些可以被保险公司直接拥有但无法被确认为资产的子公司资产,这使得保险子公司拥有的数以百万计的未担保票据在保险公司并表后的资产负债表上以零价值列示。然而,控股公司适用的会计准则较为宽松,因此,前述资产可以按照持续经营原则被确认为控股公司有价值的资产。[4]

最后,控股公司有助于保险公司规避有些保险监管要求,从而与其他的金融机构展开公平竞争。比如,控股公司可以进行秘密谈判而无须向保险监督官预先披露或申请其批准交易,从而防止交易因预先披

---

[1] W. M. F., "The Insurance Holding Company Phenomenon and the Search for Regulatory Controls", *Virginia Law Review*, Vol. 56, No. 4, 1970, pp. 639-641.

[2] Milton S. Wolke, "Curing the Cure—Insurance Holding Companies", *The Forum of American Bar Association* (*Section of Insurance, Negligence and Compensation Law*), Vol. 6, No. 2, 1971, pp. 100-102.

[3] W. M. F., "The Insurance Holding Company Phenomenon and the Search for Regulatory Controls", *Virginia Law Review*, Vol. 56, No. 4, 1970, pp. 639-641.

[4] Milton S. Wolke, "Curing the Cure—Insurance Holding Companies", *The Forum of American Bar Association* (*Section of Insurance, Negligence and Compensation Law*), Vol. 6, No. 2, 1971, pp. 100-102.

露而夭折。[1]

当然,也不排除有些保险公司设立控股公司是管理者为了追求自利目标,比如,强化控制权、进行股票操纵或欺诈大众。人们对于这些自利行为的恐惧以及对于公用事业控股公司的滥用行为记忆犹新,因此,对保险控股公司的发展趋势也深感担忧。这一定程度上促成了监管保险控股公司的法律出台。

(二) 被动式保险控股公司——非保险企业收购保险公司

随着保险公司开始兼并或组建上游控股公司,非保险业集团(non-insurance conglomerates)于 20 世纪 60 年代末大规模进军保险业。[2]企业集团进入保险业首先归因于保险业所持有的巨额流动资产,尤其在当时高利率和货币政策紧缩的情况下,保险公司拥有大量以现金形式存在的预收保费和投资收益,堪称"现金奶牛"。此外,由于持续的承保亏损带来的利润下降,保险公司的股票被严重低估,这增强了其作为收购目标的吸引力。彼时,保险公司股票被低估与企业集团股票被高估相结合,是企业集团收购保险公司的最佳时机。企业集团可以高价发行股票用于购买被低估的保险公司股票,从而收购保险公司并获得其巨额流动资产的控制权。[3]

二、保险控股公司体系的风险及监管回应

尽管保险控股公司的出现是为了回应保险业已经存在的问题,但实践中也不乏对控股公司组织结构的滥用。采用保险控股公司组织结构可以将保险公司的资产转移至州保险监管者所管控的范围之外,这为控股

---

[1] Milton S. Wolke, "Curing the Cure—Insurance Holding Companies", *The Forum of American Bar Association (Section of Insurance, Negligence and Compensation Law)*, Vol. 6, No. 2, 1971, pp. 100-102.

[2] 非保险业集团收购保险公司进驻保险业的大背景是美国第三次企业并购浪潮,其特点是将完全不相关的业务整合在一起形成大型企业集团。参见 Milton S. Wolke, "Curing the Cure—Insurance Holding Companies", *The Forum of American Bar Association (Section of Insurance, Negligence and Compensation Law)*, Vol. 6, No. 2, 1971, pp. 96.

[3] Joanne M. Derrig, "Regulating Transactions Between Affiliates: A Comparison of the NAIC Model Insurance Holding Company Law with Its Federal Banking Law Counterparts", *Journal of Insurance Regulation*. Vol. 3, Issue 4, 1985, pp. 445-446.

母公司及其保险子公司之间的滥用行为提供了机会。[1] 因此,《保险控股公司示范法》出台的目的在于将保险监管的范围扩大至保险公司之外,从而保护保险公司免受那些通过股权或其他方法控制保险公司的个人或非保险企业的伤害。[2]

(一) 保险控股公司体系的风险分析

1. 管辖权问题

州保险监管者被授权监管保险公司,其职权包括审查保险公司的账簿和交易记录、要求保险公司提交定期报告,并批准重大交易。对保险公司的严格监管有两重目的:防范保险业成员之间的不公平交易和保障保险公司的偿付能力以使其能够履行未来的保险责任。当保险控股公司开始流行时,大多数州的保险法并未授权保险监管者审查控制保险公司的上游控股公司或企业集团的行为。由此,在未能了解控股公司体系内各主体的情况下,保险监管者不可能监管保险公司的交易行为或有效评估其偿付能力。[3] 更为严峻的是,由于保险监管者此前一直以保险公司为抓手,缺乏合理评估保险控股公司体系内复杂关联交易的人力资源和专业技能,无法全面监管整个保险控股公司体系,这使得保险监管者无法有效保护公共利益。[4]

2. 将资产用于非保险业经营

在控股公司体系下,保险公司可能处于那些无意于经营保险业或与保险业经营利益关联不大的主体手中,他们可能会肆意缩减、扩大或从根本上改变保险经营。[5] 当保险控股公司在 20 世纪 60 年代中期首次流行时,保险监管者最大的担忧在于,保险公司的资产将被转移至与保险无

---

[1] W. M. F., "The Insurance Holding Company Phenomenon and the Search for Regulatory Controls", *Virginia Law Review*, Vol. 56, No. 4, 1970, pp. 642-647.

[2] Peter M. Lencsis, *Insurance Regulation in the United States: An Overview for Business and Government*, Praeger, 1997, pp. 81-82.

[3] W. M. F., "The Insurance Holding Company Phenomenon and the Search for Regulatory Controls", *Virginia Law Review*, Vol. 56, No. 4, 1970, pp. 642-647.

[4] Milton S. Wolke, "Curing the Cure—Insurance Holding Companies", *The Forum of American Bar Association* (*Section of Insurance, Negligence and Compensation Law*), Vol. 6, No. 2, 1971, pp. 102-106.

[5] New York Ins. Dept., *Regulation of Financial Condition of Insurance Companies* (1974), p. 78.

关的商业活动。有一份报告印证了监管者的担心。根据该报告,保险子公司向母公司支付巨额红利,比如,北美保险公司(Insurance Company of North America)从盈余中向其母公司支付1.75亿美元的红利;大美洲保险公司(Great American Insurance Company)向其母公司支付1.74亿美元的红利;诚信保险公司(Reliance Insurance Company)向其母公司支付0.38亿美元的红利。该报告预计这些资金将全部被用于非保险领域,从而削弱了保险子公司的承保能力。[1]

3. 保险控股公司体系下的其他问题

首先,不当转移保险公司的资产,比如,控股公司低于市价从保险公司购买资产或高于市价向保险公司销售资产。其次,基于集团整体利益考量而牺牲保险公司利益。控股公司既不实际生产,也不必然带来相关服务或产品的协同,其目的通常在于使公司管理者权限灵活(greater flexibility)以提高利润。对于企业集团和控股公司而言,(合并报表)净利润的重要性远超单个子公司的盈亏。如果保险经营不能产生高利润,控股公司将会从保险业撤资并转投其他高利润行业。在这种情况下,尽管控股公司的管理层可能并无失职行为,但其并未真正领会保险业与公共利益的相关性,保险控股集团首要考量的是其自身的资本需求。[2] 再次,保险公司管理者可能无法胜任非保险公司的经营管理,因此分散化经营会分散其应该用于保险业的注意力、才能和资源。最后,保险控股公司会导致"过度的经济力量集中"(undue concentration of economic power),这本质上是一个反垄断问题,因为经济力量集中将使得中小型保险公司无法与分散化经营的保险业巨头展开有效竞争。[3]

(二)监管回应:NAIC出台《保险控股公司示范法》

保险控股公司这一组织架构规避了致力于保护公众利益的保险监管法规,控股公司体系内的交易滥用更是引发了人们对于监管法致力于保

---

[1] W. M. F., "The Insurance Holding Company Phenomenon and the Search for Regulatory Controls", *Virginia Law Review*, Vol. 56, No. 4, 1970, pp. 642-647.

[2] John R. Dunne, "Intercompany Transactions within Insurance Holding Companies", *The Forum of American Bar Association (Section of Insurance, Negligence and Compensation Law)*, Vol. 20, No. 3, 1985, p. 445.

[3] Milton S. Wolke, "Curing the Cure—Insurance Holding Companies", *The Forum of American Bar Association (Section of Insurance, Negligence and Compensation Law)*, Vol. 6, No. 2, 1971, pp. 102-106.

护公共利益目的可能已经落空的深深担忧。如前文所述,保险公司聚集了体量庞大的储蓄资金和财富用于覆盖风险和赔偿损失,同时也是促进国家经济发展所必需资本的提供者。保险身系公共利益,保单持有人保护是至上的公共诉求。在控股公司结构下,当保险公司和非保险企业关联时,会危及公众和保单持有人利益,若其不受监管约束,问题更甚。[1]

不断涌现的保险控股公司组织结构给现有的保险监管体系带来了挑战。大多数保险法都是在保险控股公司、保险公司分散化经营或企业集团入主保险业之前制定的,因此现有的监管规则已经过时或失效,亟须重大变革。[2] 保险业中不断涌现的保险公司并购和被并购,在20世纪60年代后期引发了监管对于保险公司资产和准备金被滥用的担心,NAIC迅速展开调查。

对于保险监管者而言,其关注现有法律是否足以保护那些交付给保险公司用于承担保险责任以覆盖风险、但却由控股公司体系管理的公众资金的安全性。换言之,保险监管者关心法律是否能够保护保险公司不被掏空,同时使保险公司能够获得经营自由和资源以保持竞争力。[3] 1968年,NAIC的行业顾问委员会(industry advisory committee)发布了控股公司立法报告,其中分析了控股公司现象出现的条件,提出了监管保险公司与控股公司间关系需要遵循的原则,以及执行前述原则的示范法草案。该建议被NAIC接受,最终出台了《保险控股公司示范法》(以下简称《示范法》),并由大多数州采纳。

美国对保险控股公司行为的限制类似于1956年《银行控股公司法》(Bank Holding Company Act, BHCA)对银行控股公司的行为限制。需要注意的是,BHCA规定了对银行控股公司的联邦监管,但《示范法》只

---

[1] John R. Dunne, "Intercompany Transactions within Insurance Holding Companies", *The Forum of American Bar Association (Section of Insurance, Negligence and Compensation Law)*, Vol. 20, No. 3, 1985, pp. 445-446.

[2] W. M. F., "The Insurance Holding Company Phenomenon and the Search for Regulatory Controls", *Virginia Law Review*, Vol. 56, No. 4, 1970, p. 637.

[3] John R. Dunne, "Intercompany Transactions within Insurance Holding Companies", *The Forum of American Bar Association (Section of Insurance, Negligence and Compensation Law)*, Vol. 20, No. 3, 1985, p. 446.

规定保险控股公司在州层面进行监管。[1] NAIC《示范法》的重心在于监管保险公司及其与附属机构之间的关系,监管措施依赖于保险公司广泛的信息披露,并辅之以特定分红和利润分配行为的事先批准。前述措施与 NAIC 的深层监管目的相契合,即防范控股公司体系巧取保险公司资产(将保险公司资产输送至母公司或附属公司),从而损害保单持有人利益。[2]

三、《保险控股公司示范法》的具体内容

在保险控股公司组织体系下,保险公司通常是控股公司结构中的一员,位于顶层的是由公众持股的非保险上市公司。NAIC 的《示范法》允许产业链上下游公司联合,但同时要求控股公司体系不得损害保险公司运营的稳定,并赋予了监管者充分的监管权限。[3] 概言之,《示范法》规定州保险监督官有权审查保险公司的控制权变更,即根据所有权标准,获得州内保险公司控制权必须获得州保险监督官的批准。能否获批的关键在于:拟实现的合并(acquisition)是否符合公共利益或与公共利益是否冲突。[4] 此外,《示范法》限制控股公司体系内各主体之间的特定交易,如贷款、资产购买和销售、投资和分红,以防止保险公司的财务状况受到侵害。最后,《示范法》还为保险监督官有效执法匹配了诸多监管措施,比

---

[1] Lissa L. Broome and Jerry W. Markham, "Banking and Insurance: Before and After the Gramm-Leach-Bliley Act", *Journal of Corporation Law*, Vol. 25, Issue 4, 1999, pp. 735-736.

[2] Joanne M. Derrig, "Regulating Transactions Between Affiliates: A Comparison of the NAIC Model Insurance Holding Company Law with Its Federal Banking Law Counterparts", *Journal of Insurance Regulation*, Vol. 3, Issue 4, 1985, pp. 445-446.

[3] National Association of Insurance Commissioners, *Model Laws, Regulations and Guidelines, Volume III: Holding Companies Insurance Holding Company System Regulatory Act*, NAIC 440-I. (2014). 需要说明的是,本示范法将保险公司投资子公司的监管权授予了各州,只要各州保险监管者允许,保险子公司可以经营任何授权的业务,并不会因为附属于保险公司而只能从事与保险相关的业务。参见《示范法》Section 2: Subsidiaries of Insurers.

[4] Peter M. Lencsis, *Insurance Regulation in the United States: An Overview for Business and Government*, Praeger, 1997, pp. 82-83.

如,对控股公司结构中的各类主体及高管进行处罚。[1]《示范法》的重点内容具体如下:

(一)《示范法》中的"控制"界定

《示范法》规定的"控制"(control)是指通过有投票权证券、合同(商品买卖合同和非管理型服务合同除外)或管理职务,直接或间接拥有主导另一个主体的管理与政策(management and policies)的权力。[2] 在大多数州法下,"控制"被界定为通过有投票权股票或其他方法来控制保险公司管理的一种能力(无论其是否实际实施);前述控制的股权标准为持股10%及以上。[3] 总结来看,如果一个主体直接或间接拥有、控制或持有另一个主体10%及以上的投票权证券(无论是直接投票还是代表投票),就可认定存在"控制"。

当然,如果有其他相反证据证明不存在"控制",那么前述假设可以被推翻。这需要相关主体提供证据佐证,然后由保险监督官作出是否存在"控制"的判断。[4] 比如,保险控股公司存在大股东和一个及以上小股东时,小股东可以向监管者提出自己缺乏对保险公司控制权的合法抗辩。另外,当诸如银行集团或共同基金集团等金融服务集团,通过集团内的不同主体累计持有上市保险公司股票,致使总持股比例接近甚至超过10%时,尽管已达到了监管者设定的股权"控制"标准,但投资主体事实上作为消极投资者且不追求控制结果时,其可以向保险监管者申请认定自己对保险公司不具有控制权。[5]

---

[1] Raymond A. Guenter and Elisabeth Ditomassi, *Fundamentals of Insurance Regulation: The Rules and the Rationale*, American Bar Association, 2017, p. 190.
[2] National Association of Insurance Commissioners, *Model Laws, Regulations and Guidelines, Volume III: Holding Companies Insurance Holding Company System Regulatory Act*, NAIC 440-I, Section 1: Definitions, (2014).
[3] New York Insurance Law, Section 1501(a)(2).
[4] Raymond A. Guenter and Elisabeth Ditomassi, *Fundamentals of Insurance Regulation: The Rules and the Rationale*, American Bar Association, 2017, p. 191.
[5] John S. Pruitt, Cynthia R. Shoss and Justin Kitchens, *Insurance Regulation Answer Book*, Practising Law Institute (2017-2018 Edition), Chapter 8: "Regulation of Insurance Holding Company Systems", pp. 13-14.

（二）获得保险公司控制权的程序

1. 报批要求（Filing Requirements）

对于获得保险公司控制权的交易，收购人必须在交易前向保险监督官提交报批文件，并在其中披露法律规定的信息，否则会面临相应的惩罚。[1] 具言之，如果会使一个主体最终直接或间接控制保险公司，那么除发行人（issuer）外，任何人不得发出要约收购、请求或发出要约，或达成换股协议，在公开市场（open market）上（试图）收购州内注册保险公司有表决权股票（voting security）。任何人不得达成兼并或控制州内保险公司（a domestic insurer）或其控制人（any person controlling a domestic insurer）的协议，除非在发出要约、达成协议，或收购股票（没有要约或协议存在时）前，该主体向保险监督官提出申请，按规定披露有关收购保险公司的信息，并由保险监督官按照法定程序批准了前述交易。[2]

任何想要获得保险公司控制权的人，必须向监管者提供关于收购方身份、既有业务和财务状况的详细信息。[3]《示范法》要求，在向保险监管者申请批准收购保险公司时须提交表格 A。一般来说，具体包括下述信息和文件：(1) 交易信息，即如何获得保险公司控制权；所有的交易文件必须作为附件提交，并且在表格 A 中阐述交易的重要条款；(2) 收购人关于保险公司的任何计划，[4] 比如合并或清算保险公司，以及改变保险公司经营管理的计划；(3) 财务信息，[5] 即收购人经审计的年度合并财

---

[1] National Association of Insurance Commissioners，*Model Laws*，*Regulations and Guidelines*，*Volume III*：*Holding Companies Insurance Holding Company System Regulatory Act*，NAIC 440-I. Section 3 A：Acquisition of Control of or Merger with Domestic Insurer，(2014). Subsection 3. B 和 3. C 规定了必须向保险监督官提供的，用以支持兼并或保险公司控制权其他变更方式的信息。向 SEC 提交的信息可能会被用来满足本部分规定的要求。

[2] Raymond A. Guenter and Elisabeth Ditomassi，*Fundamentals of Insurance Regulation*：*The Rules and the Rationale*，American Bar Association，2017，pp. 192-194.

[3] New York Insurance Law，Section 1506(a) and (b).

[4] 即使新的控制人未打算对保险公司的管理经营作出任何改变，一些州也仍然规定表格 A 须包括详细的商业计划。比如，纽约金融服务局（New York Department of Financial Services）要求，与注册在纽约州的保险公司相关的表格 A 须与"经营计划和精算假设"（Plan of Operation and Actuarial Projections）一起提交，即使交易无意于改变保险公司的任何经营计划或精算假设。

[5] 2010 Model Law Amendments，Form A，Item 12. 要求提交表格 A 时还须提供保险公司连续三年的财务预测（three-year financial projections）。

务报表和未经审计的季度财务报表;(4)详细的个人信息(biographical information),需要按照NAIC的标准格式提供,并由收购人的每个董事和经理,以及目标公司的拟上任新董事和经理签字并公证。[1]

此外,无论州内保险公司的控制人准备以何种方式放弃其对保险公司的控制利益(divest its controlling interest in the domestic insurer),其应至少在终止控制权的30天之前,向州保险监督官提出申请,并抄送保险公司,秘密披露其放弃控制的计划。放弃控制权的主体和试图获得对保险公司控制利益的主体,必须向保险监督官提出申请并获得交易批准。申请信息必须保密,直至保险监督官作出交易批准的决定;但当保险监督官认为保密与执行本法规定相冲突时,则可以对外披露。[2]

2. 保险监督官批准

根据《纽约州保险法》,在批准程序中,保险监督官会对收购人进行审查,甚至需要举行听证会来作出批准与否的决定。[3] 监管者批准并购的考量因素通常包括:(1)收购人及被收购人(保险公司)的财务状况;(2)收购人或当收购人为公司时,其董事和经理的可信度(trustworthiness);(3)收购后经营保险公司的计划;(4)收购资金的来源;(5)作为收购对价的购买价格或交换资产价格的公允性;(6)收购对竞争的影响,包括可能的垄断效果;(7)对保险公司保单持有人或股东可能造成的损害或歧视。[4]

《示范法》规定,除非在听证后有下述发现,否则收购会被批准:[5] (1)控制权变更后,州内的保险公司不再符合当前业务经营所需保险牌照的法定要求;(2)兼并或者其他的控制权变更会降低本州保险业竞争或造成垄断;(3)收购方的财务状况会损害保险公司的财务稳定,或危害保单持有人利益;(4)收购方清算保险公司的计划,出售资产、与其他主

---

[1] John S. Pruitt, Cynthia R. Shoss and Justin Kitchens, *Insurance Regulation Answer Book*, Practising Law Institute (2017-2018 Edition), Chapter 8: "Regulation of Insurance Holding Company Systems", pp. 10-11.

[2] Raymond A. Guenter and Elisabeth Ditomassi, *Fundamentals of Insurance Regulation: The Rules and the Rationale*, American Bar Association, 2017, pp. 192-194.

[3] New York Insurance Law, Section 1504(b) and 1506(b).

[4] New York Insurance Law, Section 1506(b).

[5] National Association of Insurance Commissioners, *Model Laws, Regulations and Guidelines, Volume III: Holding Companies Insurance Holding Company System Regulatory Act*, NAIC 440-I, Section 3 D: Approve by Commissioner: Hearing, (2014).

体合并、或业务经营上的其他重大变革、或公司结构和管理上的重大变动,对保单持有人不公正或不合理,且不符合公共利益;(5)如果交易被允许,控制保险公司经营的主体,其能力、经验和品性会与保单持有人或公共利益相悖;(6)收购会给购买保险的公众带来危险或损害。[1]

3. 保险公司注册声明

保险公司控制权变更后,须向有关的州保险监管者提交"注册声明"(registration statement)及其更新(amendments)。具言之,当保险公司被控股公司"控制"后30天内,必须提交注册声明,内容包括:(1)控股公司的章程和细则(articles and bylaws)复印件;(2)披露控股公司主要股东、管理人员、董事和其他控制人的身份信息;(3)关于控股公司资本结构、财务状况和主营业务的信息。[2]当控股公司或控股公司体系内部发生重大变化时,注册声明通常必须在短时间内更新(如30天内)。[3]

《示范法》要求,所提交的"注册声明"须表明保险公司的董事会负责监督公司治理,以及由经理人制定和实施的内控制度,并持续维持和监控公司治理和内部控制程序。此外,每个注册保险公司的最终控制人还须向负责监管控股公司体系的首要监管者提交年度企业风险报告;报告须基于控制人的最大程度理解和信心,识别保险控股公司体系内可能影响保险公司的重大风险。[4]

4. 控股公司体系下保险公司的管理规则

《示范法》对控股公司与被控制的保险公司之间的交易,以及控股公司体系内各成员主体(由控股公司控制的附属保险公司或非保险公司)之间的内部交易、利润分配及公司治理设定了限制。[5]具体阐述如下:

---

[1] Raymond A. Guenter and Elisabeth Ditomassi, *Fundamentals of Insurance Regulation: The Rules and the Rationale*, American Bar Association, 2017, pp. 192-194.

[2] New York Insurance Law, Section 1503(b).

[3] New York Insurance Law, Section 1503(a).

[4] National Association of Insurance Commissioners, *Model Laws, Regulations and Guidelines*, Volume III: *Holding Companies Insurance Holding Company System Regulatory Act*, NAIC 440-I. Section 4B (7): Registration of insurers, Section 4 L: Enterprise Risk Filing, (2014).

[5] National Association of Insurance Commissioners, *Model Laws, Regulations and Guidelines*, Volume III: *Holding Companies Insurance Holding Company System Regulatory Act*, NAIC 440-I. Section 5: Standards and Management of an Insurer Within an Insurance Holding Company System, (2014).

(1) 控股公司体系内部的交易规则

《示范法》要求控股公司体系内部的交易必须"公平和公正"(fair and equitable)或者为"长臂交易"(at arm's length);基于提供服务而收取的费用必须合理;发生的费用和获得的收入,应公正分配于控股公司体系中的保险公司,并且符合通用会计准则。具体包括:① 合同约定必须公平合理;② 服务和管理成本分摊协议应当包括保险监管法律法规的要求;③ 提供服务的收费必须合理;④ 费用发生和收入确认必须与保险公司通常使用的会计计量方法相符;⑤ 保留交易各方主体的账簿、账户和记录,以清晰准确披露交易的实质和细节,包括支持对交易各方合理收费的必要会计信息;⑥ 保险公司在向关联股东分红或利润分配后,留给保单持有人的盈余必须与其保险责任相匹配,即保险公司有充足的偿付能力来满足这些财务支出。[1]

此外,附属公司之间的特定交易有时会触发监管要求,此时应提前向监管者提交书面通知并披露所有重大条款;如果拟发生的交易对保险公司或其保单持有人不利,监管者有权否决交易事项。保险公司与控股公司体系内的其他主体进行下述交易时,包括修订或更改之前根据法律规定所提交的附属协议(affiliate agreements),必须至少提前30日(或保险监管者允许的更短时间)向保险监督官书面报告交易目的;修订或更改通知须包括改变原因以及对保险公司的财务影响。此前提交的协议终止后的30天内,需向保险监督官提交非正式的通知,让其决定要求注册的类型(types of filing required)。前述交易包括:① 销售、购买、交换、贷款、信用展期或投资,如果交易额等于或超过:a. 非寿险公司:保险公司认可资产的3%及以下,或归属于保单持有人盈余的25%;b. 寿险公司:认可资产的3%;② 当保险公司根据约定或自身理解(交易总体上或很大程度上是为了贷款或信用展期)对非附属机构的贷款和信用展期,使其购买资产或投资于自己(前述保险公司)的任何附属机构时,交易金额不得超过:a. 非寿险公司:保险公司认可资产的3%及以下,或归属于保单持有人盈余的25%;b. 寿险公司:认可资产的3%;③ 所有的管理协议、服务合同、税负分担协议、担保和所有的成本分摊安排;④ 保险公司单笔担保金额超过下面两个数的较小值时的交易:保险公司认可资产的0.5%和归属

---

[1] Raymond A. Guenter and Elisabeth Ditomassi, *Fundamentals of Insurance Regulation: The Rules and the Rationale*, American Bar Association, 2017, pp.192-194.

于保单持有人盈余的 10%;⑤ 直接或间接收购或投资于保险公司的控制人或附属机构时,若与现有的投资份额合计,金额超过归属于保单持有人盈余的 2.5%;⑥ 根据监管规则,保险监督官认为会对保险公司保单持有人利益产生不利影响的任何重大交易。[1]

(2) 分红和其他利润分配

大多数州要求保险公司在董事会宣布分红但尚未实际支付时,向其州内监管者报告;且分红只能从保险公司的保留盈余(retained earnings)中支付,若使用其他来源支付必须获得监管者批准。[2] 此外,所有的州均限制保险公司进行"额外分红"(extraordinary dividend),即保险公司不得向股东进行特别股利或其他特殊分配,除非在保险监督官收到利润分配通知 30 天后并未提出反对意见,或者在前述 30 天内批准了分配方案。前述"特别股利或其他特殊分配"是指任何形式的现金股利或实物分配,其市场公允价值与前 12 个月内的其他分红或利润分配价值总计超过以下两者中的较低者为限:① 归属于保单持有人盈余的 10%;② 12 个月内的保险公司经营净收益(对寿险公司而言)或净收入(对非寿险公司而言),其中不包括已实现的资本收益(realized capital gains),也不包括按比例分配的任何种类的保险公司自有证券。[3]

(3) 州内注册保险公司的治理

根据《示范法》,即使存在他人对保险公司的控制,保险公司的董事和经理也不能因此降低任何法律规定的责任或义务;保险公司应被作为独立主体经营。《示范法》不排除保险公司根据符合该法要求的协议安排与他人共享管理、合作或共同使用员工、财产或服务;但保险公司 1/3 以上的董事,或董事会下属专业委员会成员 1/3 以上的人数,不能是保险公司、保险公司控制人,被保险公司控制或由保险公司共同控制主体的职员或雇员,也不能是对保险公司有投票权股份拥有控制利益的受益所有人(beneficial owners of a controlling interest);董事会或专业委员讨论商

---

[1] Raymond A. Guenter and Elisabeth Ditomassi, *Fundamentals of Insurance Regulation: The Rules and the Rationale*, American Bar Association, 2017, pp. 192-194.

[2] John S. Pruitt, Cynthia R. Shoss and Justin Kitchens, *Insurance Regulation Answer Book*, Practising Law Institute (2017-2018 Edition), Chapter 8: "Regulation of Insurance Holding Company Systems", pp. 18-19.

[3] Raymond A. Guenter and Elisabeth Ditomassi, *Fundamentals of Insurance Regulation: The Rules and the Rationale*, American Bar Association, 2017, pp. 192-194.

业交易的会议时,其法定人数中必须包含至少一名前述合格董事。此外,《示范法》规定,保险公司的董事会应建立一个或以上只包含独立董事的委员会,同样,委员会成员不能是保险公司、保险公司控制人、被保险公司控制或由保险公司共同控制的主体的职员或雇员,也不能是对保险公司有投票权股份拥有控制利益的受益所有人。委员会负责推荐独立注册会计师的选任、审查保险公司财务状况及独立审计和内部审计的范围和结果、提名由股东或保单持有人选任的董事候选人、评价保险公司首席执行官的业绩,以及向董事会推荐首席执行官的选任及其报酬。[1]

四、《示范法》约束实业控制保险业以自利的机制

《示范法》构建了防范实业控制保险公司并实施滥用行为的监管规则。《示范法》在界定何谓"控制"保险公司的基础上,有效锁定了保险监管者对保险控股公司组织体系的监管范围。并对获得保险公司控制权所涉及的整个交易过程进行全面规定,具体包括收购保险公司的报批和批准、完成控制权变更后的注册,以及控股公司体系内的交易限制及保险公司内部治理规范。

第一,保险公司控制权变更要事先报保险监督官批准,报批材料包括大量的财务、经营计划和个人信息,从而使监管者评估潜在的控制权变更是否会损害保险公司的财务稳定和持续经营,并且是否符合保单持有人利益。还要披露拟收购人的现有和历史信息,以及保险公司未来经营计划中对保单持有人和股东产生影响的管理意见。信息披露是有效的监管工具,目的在于使收购人向监管者表明其有能力支付交易对价、将维持保险公司稳定,并承担信义义务。保险监管者是否批准收购首要关注的是保险公司的持续经营能力,其判断依据是保险公司的财务稳健性及其管理者的可信度。[2] 保险监督官不批准保险公司的控制权变更的理由大致包括:(1) 对相关保险市场竞争带来不利影响;(2) 收购人的财务状况会给保险公司的财务稳定产生负面影响;(3) 针对保险公司的清算或重

---

[1] Raymond A. Guenter and Elisabeth Ditomassi, *Fundamentals of Insurance Regulation: The Rules and the Rationale*, American Bar Association, 2017, pp. 192-194.

[2] Susan E. Dew, "The Insurance Holding Company Systems Regulatory Act—What dose the Future Hold", *Journal of Insurance Regulation*, Vol. 2, Issue 1, 1983, pp. 36-37.

组计划与保单持有人利益和公共利益冲突;(4)新管理层的能力受到质疑。因此,《示范法》赋予监管者充分的知情权和控制权,使其能够监督保险公司的财务状况和受托责任履行。

第二,《示范法》要求注册和提供最新信息,包括股权结构详情和附属交易(affiliate transactions),即谁控制保险公司以及保险公司通过其附属机构从事的活动。《示范法》规定,保险公司与其附属机构之间的交易应公平合理。保险公司的行为不能危及归属于保单持有人的盈余;保险公司对股东的分红受到严格监管,额外红利在支付前必须由保险监督官审查和批准。对附属交易和分红的限制通常是基于保单持有人利益的考虑,因为二者可能会与保险公司股东的利益冲突。

综上,《示范法》前述两方面的规则,不仅使监管者能够对拟控制保险公司的实业股东进行筛查,而且控股公司体系内关联交易规范、分红的限制以及对保险公司规范的内部治理要求,可以有效约束实业股东控制保险公司后滥用保险资金。不难发现,《示范法》对保险公司股东的监管重心在于约束股东掏空公司,这契合了监管金融机构股东的历来传统,因为金融机构的现金流充沛,若不对其股东进行监管,可能会纵容股东掏空金融机构以自利。

需要说明的是,美国市场上并未出现实业股东控制保险公司,再利用保险资金去并购同类实业的原因在于,《示范法》出台之际,美国保险资金运用监管仍处于阿姆斯特朗调查后对险资投资的严格监管延续阶段。彼时,保险资金运用监管制度有效防范了保险公司金融力量滥用,切断了保险公司股东利用保险资金对实业的肆意控制,这也阻断了实业主体控制保险公司再利用险资去控制其他实业主体的可能。由此,《示范法》防范的也仅仅是保险公司股东对险资的常规滥用,如不当分红或关联交易等。相较而言,中国市场上出现的实业主体控制保险公司并利用险资试图收购同类实业的做法具有特殊性。宝万之争中爆发出来的前海人寿实际控制人宝能集团利用保险资金收购万科地产,呈现出了我国市场上实业对险资金融力量的滥用,围绕产融关系展开。这并非金融机构股东的常规自利行为(利用关联交易或过度分红而掏空金融机构),而是具有中国市场环境和监管政策疏漏下的特殊性。这也意味着我国保险资金运用监管制度的完善需要考虑这一特殊性,从而作出有针对性的应对。

第五章 我国保险公司资金运用缺乏"金融与实业分离"

第五章 我国保险公司资金运用缺乏"金融与实业分离"

我国市场上出现的实业资本通过控制保险公司,堂而皇之地获取其现金流来反哺实业的做法,曾被刻意解读为对巴菲特旗下保险公司"产业＋保险＋投资"的业务模式的效仿,以寻求合理性支撑。尽管二者粗看形似,但实则相差甚远。我国保险资金被实际控制人用于收购、恒大人寿短炒,及宝能进驻南玻引发高管集体辞职等乱象,反映出保险公司违背其传统的审慎投资风格,这不仅带来了险资高风险投资对保险公司财务稳定性的影响,还使巨额保险资金被实际控制人滥用,干扰了实业的正常经营。尤其是宝万之争中,保险资金被实际控制人利用进行激进投资所蕴含的巨大风险与我国捉襟见肘的险资监管形成强烈反差,暴露出我国保险资金运用监管制度缺乏"金融与实业分离"。

一、我国市场上的险资运用乱象: 宝万之争中的前海人寿

万能险产品是保险市场发展到一定阶段的产物,它兼顾投保人的风险保障需求及投资需求,因此,在保险市场上一经推出便受到了保险消费者追捧。在我国,受长期低利率的市场环境等因素影响,出现了宝万之争、保险资金频繁举牌上市公司等系列问题。自2015年6月份起,姚振华控制的"宝能系"在二级市场上大量收购万科股票并成为其第一大股东,持股比例为24.26%。"宝能系"以67亿元自有资金作为劣后级资金,以浙商银行133亿元的银行理财作为优先级成立基金,然后投资于前海人寿(133亿元)和二级市场(67亿元)。这相当于用67亿自有资金撬动了200亿的基金,构成了第一层投资杠杆。此后,姚振华利用其所控制的保险公司资金再次加杠杆。具体操作为:宝能控制前海人寿后,通过保险公司发行万能险产品来获得资金,并用105亿元险资收购了万科共计6.67%的股份,险资构成了宝能收购万科股份的"先锋部队"。[1] 这不仅引发公众对险资举牌上市公司的密切关注,同时也对保险资金权益投资的风险性、合法性产生广泛质疑。

---

[1] 吴晓灵、王忠民:《主报告:规范杠杆收购,促进经济结构调整——基于宝万之争视角的杠杆收购研究》,第7—8页。

(一) 险资举牌上市公司的动因

我国险资举牌上市公司是综合因素使然。在我国人身险费率市场化改革和保险资金运用监管新政的双重推动下,保险业在负债端及资产端都面临着充分的发展机遇,部分保险公司为在竞争中快速发展壮大而采取了"资产驱动负债"的经营策略。[1] 从 2013 年开始,保监会陆续出台了多个文件推进人身险费率市场化改革(见图 5.1)。此外,监管新政是险资举牌的催化剂。无论是保险业"新国十条"[2]中关于险资支持证券市场的要求,还是 2015 年股灾后保监会提升保险公司投资单一蓝筹股票[3]的余额和投资权益类资产余额占上季末总资产的监管比例,均加速了险资入市的步伐。[4]

在此背景下,各种包装成理财产品的保险产品大量涌现,其大多披着万能险外衣,但与普通的金融理财产品并无本质差异。当时发行的万能险产品实际存续期间大部分低于三年,多数为一年期,销售渠道基本通过银行或者互联网进行。这类产品比拼的是投资收益率,只要发行的产品收益率比竞争对手略高,就能快速提升保费规模。于是,通过提升预期投资收益来做大保费规模的"资产驱动负债"策略逐渐成为部分激进保险公司的选择。传统的"负债驱动资产"策略更注重资产与负债在久期和收益率等方面的匹配,且资产配置方向主要以固定收益类资产为主,权益类资产及另类资产仅作为补充,追求稳健的投资收益。然而,由于"资产驱动负债"策略主要通过销售高收益万能险产品获得大量现金流,传统的固定收益类资产无法满足其高收益要求,这迫使保险公司往往采用资产负债期限错配的策略,将险资投向收益高、流动性差、期限长的基础设施债权计划、不动产计划、信托计划等另类资产,或者通过激进的权益类投资来

---

[1] "资产驱动负债"的模式,是指通过银保渠道大力推动高结算利率的万能险等产品迅速提升保费规模,投资端保持较为激进的投资策略,通过承担较高的风险获取较高的投资收益率。参见刘生月:《从资产管理的角度看保险公司负债经营》,载《中国保险资产管理》2017年第 5 期。

[2] 保险业"新国十条"是指国务院于 2014 年 8 月 13 日发布《国务院关于加快发展现代保险服务业的若干意见》(国发〔2014〕29 号)中所提出的十条内容。

[3] 蓝筹股是指长期稳定增长的、大型的、传统工业股及金融股。"蓝筹"一词源于西方赌场,在西方赌场中,有三种颜色的筹码,其中蓝色筹码最为值钱。证券市场上通常将那些经营业绩较好,具有稳定且较高的现金股利支付的公司股票称为"蓝筹股"。

[4] 胡鹏:《险资举牌上市公司法律监管规则的反思与完善》,载《商业研究》2017 年第 9 期。

提高投资收益。[1]

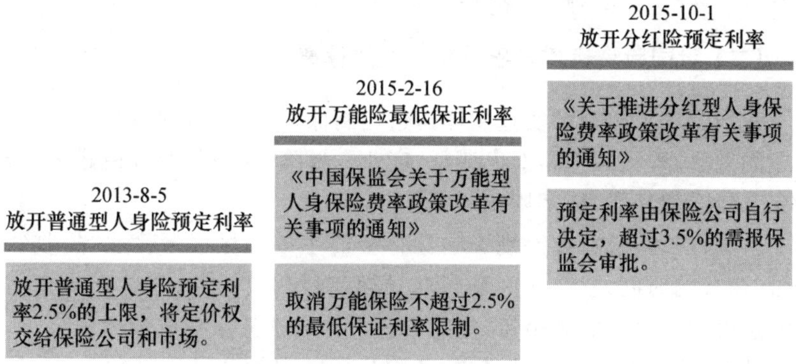

图 5.1 人身险费率市场化改革

- **2013-8-5 放开普通型人身险预定利率**：放开普通型人身险预定利率2.5%的上限，将定价权交给保险公司和市场。
- **2015-2-16 放开万能险最低保证利率**：《中国保监会关于万能型人身保险费率政策改革有关事项的通知》，取消万能保险不超过2.5%的最低保证利率限制。
- **2015-10-1 放开分红险预定利率**：《关于推进分红型人身保险费率政策改革有关事项的通知》，预定利率由保险公司自行决定，超过3.5%的需报保监会审批。

此外，保险公司所适用的会计处理也助推了险资的权益类投资行为，因为高比例持股对保险公司财务报表及偿付能力均有提升效果。依照保险业的相关会计政策，一旦保险公司购买上市公司股票达到5%并指派了董事，则该笔投资将由"交易性金融资产"转为"长期股权投资"处理，保险公司的认可资产就可以由公允价值法转为权益法计量，[2]从而使保险公司在其财务报表上体现对上市公司经营业绩的分享，同时也不会受到被投资公司股价波动的影响。另外，依照我国2016年初实施的偿付能力监管制度体系（以下简称我国"偿二代"）的风险计量规则，计入"长期股权投资"项下资产的基础风险因子较低，[3]这意味着"长期股权投资"能够节约保险公司资金占用，满足偿付能力充足率的监管要求。

尽管事出有因，但险资举牌对上市公司和保险公司自身经营稳定的

---

[1] 刘生月：《从资产管理的角度看保险公司负债经营》，载《中国保险资产管理》2017年第5期。

[2] 采用权益法计量的条件是投资方对被投资单位能够实施重大影响但没有实现控制，这种投资也被称为权益法投资。权益法投资通过持股比例在20%至49%，或者持股比例在20%以下但是通过在被投资单位派驻董事等实现。进行权益法投资后，持有期间每年获得所持股份比例对应部分的企业盈利，而企业股票价格波动对投资人投资回报没有直接影响，只有在股票卖出时，买入、卖出的价格差异会影响投资收益。权益法投资回报率主要取决于买入时的价格，以及持有期间企业经营发展的稳定性。参见张敬国：《中国寿险资产配置的宏观分析》，载《新金融评论》2018年第1期。

[3] 根据我国"偿二代"的风险计量规则，持有主板股票的基础风险因子是0.31，而对合营企业和联营企业的股权投资的基础风险因子是0.15。

影响,以及激进投资行为受实际控制人操纵的事实,引发了资本市场和监管者对于保险公司金融力量滥用风险的深深担忧。

(二) 我国险资运作与巴菲特模式的悖离

我国市场上出现的实业主体通过控制保险公司获取其现金流并反哺实业的做法,曾被认为是对巴菲特"产业＋保险＋投资"业务模式的效仿。尽管二者看似相同,但实则相差甚远。

首先,产、寿险行业差别影响浮存金的生成。尽管保险业"先收钱后赔付"模式的时间差,及实际赔付和预期赔付的空间差,会给保险公司带来大量可用于投资的现金流,但能否获得低成本甚至零成本的现金流,在产、寿险行业完全不同。具言之,产险公司的保险产品周期比较短,其赔付金额可以进行事前预估;即便发生意外情况,产险公司的额外损失费用也在短期内可预测。所以,产险公司所面对的风险可以事前较好地把控。因此,如果不出现巨灾,在保险业务规模不萎缩甚至不断扩张的过程中,产险业在售出新保单、赔付旧保单的资金运动中,会沉淀出一部分资金供"长期、免费"使用。[1] 然而,寿险业务保单期限长,内含两种主要风险:利率风险、长寿风险。其中,利率风险会打破寿险公司资产、负债间原有的均衡状态,或者使未来的资产、负债特征变得不对称,从而给未来的经营带来风险。[2] 因此,寿险业并不产生真正意义上的浮存金。反观我国参与上市公司举牌和收购的保险公司,清一色均为寿险公司。此外,考虑到其发行万能险产品的高结算利率及渠道费用和管理成本等,资金成本非常高昂。[3] 不难想见,其中蕴含着极高的风险。

其次,在承保业务和投资业务平衡,以及资产负债匹配管理上,国内

---

[1] 对浮存金,最有煽动性的说法是:资本高手通过高息吸引资金的成本太高;而财险浮存金是纯保费,从收取到赔付这段时间内"浮在那里、存在那里的资金",不需要资金回报承诺,也就是"零成本",在浮存期间可以免费使用,有时实际赔付金额甚至低于预收的纯保费,相当于投保人不仅免费让你使用保费,反而给你倒贴一定管理费。这样的忽悠式宣传自然让不明就里的投资人对保险趋之若鹜。但其实,巴菲特在年报等多个场合解释过浮存金,观点是客观辩证的。参见徐高林、郭盈盈:《巴菲特保险资金运用模式探究》,载《中国保险》2017年第2期。

[2] 刘喜华、杨攀勇、宋媛媛:《保险资金运用的风险管理》,中国社会科学出版社2013年版,第201页。

[3] 仅结算利率来看,根据公开渠道数据,中国人寿、平安寿险和太保寿险的万能险结算利率在4.5%—5%左右,安邦保险的结算利率在5%—5.5%之间,前海人寿、国华人寿、生命人寿、华夏人寿和恒大人寿等险企的结算利率均超过了6%,部分产品结算利率达到7%以上。

保险公司与巴菲特经营下的伯克希尔公司相差甚远。伯克希尔公司虽已走向综合经营,但保险业务仍占主导地位。[1] 伯克希尔管理层认为,包括保险承保业务的具体产业经营和富余现金流的运营管理是相互独立的两个领域。基于上述观念,伯克希尔将承保业务完全下放经营,但投资业务则由巴菲特负责运营,巴菲特宁可牺牲承保规模也要获得承保利润。从保险资产投资取向来看,伯克希尔公司是在确保偿付能力的情况下再追求收益率,且配置了充足的现金类资产抵御风险。此外,伯克希尔公司并没有大量动用浮存金来进行股票投资,而是用留存收益和资本金等不受资产负债匹配约束的"自由资金"投资股票等高风险资产,这显然并非利用保费收入炒股。总体上,伯克希尔公司保险业务的投资收益由三块组成:投资孳息收益[2]、已实现资本利得(买卖差价)和未变现资本利得(浮盈浮亏)。其中,买卖差价收入一般比孳息收入要少,超高收益主要体现在长期大额持有优质公司股票而获得的浮盈上,[3] 即通过目标公司盈利增长带动的股价上涨来获得收益,而很少在资本市场上通过短线交易来赚取差价。

反观我国的民营保险公司,通过追求投资"利差"来弥补承保业务的亏损。[4] 其在扩充资金方面依托银行保险合作渠道,利用万能险产品来扩大保费规模。另外,在资金对外投资时又较为激进,希望通过承担高风险以获取较高的投资收益。这类保险公司的特点为:资金成本高,募短配长;由于一般的投资品种难以覆盖资金成本,因此往往集中于大比例投资股权及长久期的投资品种,从而造成了资产负债不匹配。[5] 根本上,圈钱提款和规避监管是风险之源。异化为中短存续期理财产品的万能险,与险资在资本市场的不规范行为之间,存在密切关联。因为短负债必然

---

[1] 以资产占比为例,2002年末"保险与其他"业务的资产占公司总资产的比例为77.71%,2015年末这一占比虽有所下降(63.07%),但仍然"三分天下有其二",地位举足轻重。
[2] 投资孳息收入包括现金等价物、固定到期证券获得的利息和股权投资获得现金分红。
[3] 伯克希尔公司的股债净浮盈,2003—2005年间是在250亿美元之上,十年后的2013—2015年间已经在500亿美元左右。这才是巴菲特的投资收益所在、魅力所在,他的超高收益率必须加上浮盈才能显露出来。参见徐高林、郭盈盈:《巴菲特保险资金运用模式探究》,载《中国保险》2017年第2期。
[4] 保险公司的利润主要来自三方面:费差、死差和利差。利差是资产实际投资收益率和承保定价利率之差,费差是实际的费用率和定价时假设的附加费用率之差,死差是实际的死亡率或者发病率和定价时假设的死亡率或发病率之差。与成熟市场寿险行业利润主要来自三差的状况不同,目前我国寿险公司利润来源主要来自利差。参见刘生月:《从资产管理的角度看保险公司负债经营》,载《中国保险资产管理》2017年第5期。
[5] 《中国金融稳定报告2018》,第57—58页。

驱动短资产,催生险资"快进快出"的短线交易。而且,现实中的逻辑还不是先有短负债,再有激进投资;而是先想做激进投资,然后再利用保险产品实现目的。于是,就出现了个别保险公司的股东及其实际控制人规避监管,将保险公司当作圈钱提款平台,通过发行万能险来聚集资金,然后利用险资在资本市场上兴风作浪。

综上,伯克希尔保险资产配置模式以险资来源中大量的股东权益作为支撑,以现金类资产对负债的基本匹配为基础,以股票投资收益的相对稳定性为依托。然而,我国保险公司缺乏伯克希尔公司大比例的股东权益和获得长期股票投资收益的意愿。事实上,我国保险资金运用乱象反映出别有用心的实业主体将保险公司当作融资平台而自利,使得保险产品脱离了其基本的保障属性(偏离保险本源),异化为了少数人的融资工具。

二、宝万之争中险资运用的合规性分析

法不溯及既往,为了评价宝万之争中前海人寿行为的合规性,首先需要对当时适用的保险资金股票投资监管规定进行梳理。[1] 在当时的监管体系下,保险公司利用保险资金进行权益投资按照其投资标的的不同,可分为对未上市公司股权的投资("股权投资")和对上市公司股权的投资("股票投资"),从而适用不同的监管规则。但随着保险公司对上市公司持股比例增加而带来的影响力加深,对保险公司投资上市公司的监管会从单纯的股票投资监管升级为股权投资监管。具言之,若险资对上市公司只是财务投资,适用股票投资监管规则;若为参与被投资企业管理的"一般股权投资"或者并购投资,则须遵从股权投资监管规则。前述投资类型的区分标准阐述如下:

保险公司举牌上市公司并不必然是并购投资,可能只是财务投资。另外,随着资本市场状况、目标上市公司和保险公司业务发展变化等,财务投资或并购投资在特定情形下可能出现相互转换,这需要结合保险公

---

[1] 投资保险类企业股权受到特殊监管,宝万之争亦不涉及,除非特别指明,本书不对其进行探讨。另外,投资过程中的披露和报告义务对于依法合规开展股票投资行为非常重要,但由于该类规定主要属于程序性规定,对投资行为本身往往不构成实质限制,因此本书也不作讨论。此外,对于宝万之争而言,保监会《保险公司资金运用信息披露准则第3号:举牌上市公司股票》于2015年12月23日颁布,而前海人寿的三次买入于2015年8月底即告结束,该规定对于判断前海人寿行为的合规性意义不大。

司战略意图和对目标上市公司的影响力等因素进行综合判断。因此,从战略目的和管理方式来看,保险公司对上市公司的股票投资可以分为消极的财务投资和积极的并购投资,具体可分为三个阶段。(1)财务投资:保险公司与其关联方及一致行动人合计持有一家上市公司股权比例较低,或者虽然超过5%但并不是显著的少数股东,无力影响上市公司的日常经营和重大决策,更不能构成对上市公司的实际控制。(2)参与被投资企业经营管理:当保险公司与其关联方及一致行动人合计持有一家上市公司股份达到或接近第一大股东,通过派出董事或其他方式积极谋求对上市公司的话语权。此时,可视为有并购的诉求,在满足会计准则相关要求的情形下,可以用权益法进行核算。(3)实施控制:当保险公司对上市公司拥有实质的控制力或重大影响力,并在财务上实现合并报表时,则成为典型的保险公司并购控制上市公司。监管规则对前述三个阶段设置了差异化的监管要求,具体如表5.1所示:

表5.1 宝万之争时所适用的险资股票投资规则

第一阶段	保险公司以财务投资为目标配置股票资产。保险公司购买股票单纯为了获取投资收益,不谋求战略协同,也不参与上市公司经营管理。此种情况下,监管对其限制相对宽松。保险公司在开展股票投资时主要受到投资标的、偿付能力、权益类投资的大类比例监管和单一股票集中度监管。[1] 投资标的负面清单[2]:(1)被交易所实行"特别处理""警示存在终止上市风险的特别处理"或者已终止上市的;(2)存在被人为操纵嫌疑的;(3)上市公司最近一年度内财务报表被会计师事务所出具拒绝表示意见或者保留意见的;(4)上市公司已披露业绩大幅下滑、严重亏损或者未来将出现严重亏损的;(5)上市公司已披露正在接受监管部门调查或者最近1年内受到监管部门严重处罚的;(6)保监会规定的其他类型股票。

---

[1] 保监会《关于保险机构投资者股票投资有关问题的通知》(保监发〔2005〕14号)第2条,规定保险机构投资者股票投资应当符合以下比例规定:"(一)……万能寿险产品投资股票的比例,按成本价格计算最高不得超过该产品账户资产的80%。"《比例监管通知》最后说明:"本通知自发布之日起施行,原有保险资金运用监管比例及创新试点业务适用的投资比例取消"。万能险账户投资股票的80%的比例在《比例监管通知》发布后是否依然有效存在一定的疑问。由于80%的比例在原规定中位于"二、保险机构投资者股票投资应当符合以下比例规定"标题下,且其本身内容明显属于保险资金运用监管比例,因此,笔者倾向于认为万能险账户资金投资股票不应再适用80%的特殊比例,而应当接受《比例监管通知》设定的大类及集中度比例监管。

[2] 保监会《保险机构投资者股票投资管理暂行办法》(保监会令〔2004〕12号)第14条,规定了保险机构投资者不得投资的人民币普通股票类型。

(续表)

第一阶段	**偿付能力要求**[1]：偿付能力充足率达到150%以上的，可以按照规定，正常开展股票投资；偿付能力充足率连续四个季度处于100%到150%之间的，应当调整股票投资策略；偿付能力充足率连续两个季度低于100%的，不得增加股票投资，并及时报告市场风险，采取有效应对和控制措施。
	大类比例与集中度监管[2]：投资权益类资产的账面余额（不含保险公司以自有资金投资的保险类企业股权），合计不高于本公司上季末总资产30%。投资单一权益类资产不高于公司上季末总资产5%。
	投资蓝筹股票比例监管特殊规定[3]：对符合条件的保险公司（上季度末偿付能力充足率不低于120%；投资蓝筹股票的余额不低于股票投资余额的60%）；将投资单一蓝筹股票的比例上限由占上季度末总资产的5%调整为10%；明确投资权益类资产达到30%比例上限的，可进一步增持蓝筹股票，增持后权益类资产余额不高于上季度末总资产的40%。
第二阶段	保险公司对一家上市公司的股票投资达到一定程度，可以参加该公司的经营管理（但尚未达到控制，达到控制的问题将在第三阶段分析）。根据保监会的规定，该投资需要纳入股权投资管理。保险公司"举牌"受到更加严格的限制，除了需要满足第一阶段受到的监管，还需要接受股权投资特有的监管。
	标的所处行业：保险资金仅能购买保险类企业、非保险类金融企业和与保险业务相关的养老、医疗、汽车服务等企业的股票。[4] 2012年，前述范围后来被予以拓展，[5]允许投资符合条件的能源企业、资源企业和与保险业务相关的现代农业企业、新型商贸流通企业的股权。
	资金来源要求[6]：保险公司不得运用借贷、发债、回购、拆借等方式筹措的资金投资企业股权，保监会对发债另有规定的除外。

---

[1] 保监会《关于规范保险机构股票投资业务的通知》（保监发〔2009〕45号，已被修改），规定保险公司应当根据保险资金特性和偿付能力状况，统一配置境内境外股票资产，合理确定股票投资规模和比例。

[2] 分别规定于保监会《比例监管通知》（保监发〔2014〕13号）第2条第（一）项和第3条第（一）项。需注意：本通知建立的保险资金运用比例监管体系，并不适用于独立账户资产。"独立账户资产"包括寿险投资连结保险产品、变额年金产品、健康保障委托产品、养老保障委托管理产品和非寿险非预定收益投资性保险产品等资产。保险公司应当按照合同约定配置独立账户的资产范围和投资比例。《比例监管通知》的监管对象并不包括独立账户资产，在计算相应比例时，保险公司总资产不含独立账户资产金额。但万能险、分红险不属于独立账户资产，受到相关投资比例监管。

[3] 保监会《关于提高保险资金投资蓝筹股票监管比例有关事项的通知》（保监发〔2015〕64号，已失效）规定，保险资金投资的蓝筹股票，应当符合保险资金权益投资相关规定，在境内主板发行上市，市值不低于200亿人民币，且具有较高的现金分红比例和稳定的股息率。

[4] 保监会《保险资金投资股权暂行办法》（保监发〔2010〕79号，部分失效）第12条。

[5] 保监会《关于保险资金投资股权和不动产有关问题的通知》（保监发〔2012〕59号，部分失效）。

[6] 保监会《保险资金投资股权暂行办法》（保监发〔2010〕79号，部分失效）第14条第（四）项。

(续表)

第三阶段	**保险公司对上市公司的股票投资进一步增加,能够实施"控制",构成"重大股权投资"。**[1] 此时,保险公司的投资不仅需要满足前两个阶段中提到的全部监管要求,还需要满足针对"重大股权投资"的额外监管要求。
	事前审批[2]:保险公司进行重大股权投资,应当向保监会申请核准。
	资金来源[3]:保险公司重大股权投资可以使用资本金、资本公积金、未分配利润等自有资金。
	总额限制[4]:重大股权投资账面余额不得高于公司上季末净资产。
投资上市房企的特殊规定	保监会《保险资金投资不动产暂行办法》(保监发〔2010〕80号)第11条规定,保险资金可以投资符合下列条件的不动产:(一)已经取得国有土地使用权证和建设用地规划许可证的项目;(二)已经取得国有土地使用权证、建设用地规划许可证、建设工程规划许可证、施工许可证的在建项目;(三)已经取得国有土地使用权证、建设用地规划许可证、建设工程规划许可证、施工许可证及预售许可证或者销售许可证的可转让项目;(四)取得产权证或者他项权证的项目。第13条规定,保险资金可以采用股权方式投资第11条第1款第(一)项至第(四)项规定的不动产……保险资金采用债权、股权或者物权方式投资的不动产,仅限于商业不动产、办公不动产、与保险业务相关的养老、医疗、汽车服务等不动产及自用性不动产。第16条规定,保险公司投资不动产,不得有以下行为:……(五)投资设立房地产开发公司,或者投资未上市房地产企业股权(项目公司除外),或者以投资股票方式控股房地产企业。已投资设立或者已控股房地产企业的,应当限期撤销或者转让退出。

　　根据上述监管框架和要求,判断前海人寿的险资运用行为是否合规,首先需要判断宝万之争发生之际,前海人寿持股万科及参与其经营的程度,从而确定处于前述哪个投资阶段(财务投资、参与管理抑或实施控制),并据此确定前海人寿的行为是否满足对应投资阶段的相应监管规定。总体结论是:前海人寿存在轻微违规行为。[5] 表决权让渡协议使得

---

[1] 保监会《关于保险资金运用监管有关事项的通知》(保监发〔2012〕44号)第一项:"重大股权投资,是指对拟投资非保险类金融企业或者与保险业务相关的企业实施控制的投资行为。控制,是指对被投资企业拥有绝对控股权、相对控股权或者能实质性决定其财务和经营政策的情形"。
[2] 保监会《保险资金投资股权暂行办法》(保监发〔2010〕79号,部分失效)第30条。
[3] 保监会《关于保险资金投资股权和不动产有关问题的通知》(保监发〔2012〕59号,部分失效)第1条第七项。
[4] 保监会《关于提高保险资金投资蓝筹股票监管比例有关事项的通知》(保监发〔2015〕64号,已失效)第2条第(一)项。
[5] 2016年2月24日,时任保监会副主席陈文辉接受采访时表示:"总体来看,前海人寿举牌万科股票没有违反相关监管规定"。但是,如果保监会对前海人寿的调查发生在4月6日的投票权让渡之后,结论可能不一样。

前海人寿对万科的投资可被认定为"参与管理",从而应适用保险资金一般股权投资规则,而万科所处房地产开发行业不属于当时保监会允许保险资金进行股权投资的领域,因此,违背了"参与管理"阶段下的监管要求。

(一) 投资阶段判断:参与管理抑或实施控制

监管规则并没有明确"有权参与上市公司的财务和经营政策决策"和"能够对上市公司实施控制"之间的划分标准。通常,二者可以借助持股比例来判断,但也并不绝对,具体情形还需要结合实践中保险公司的投资意图及其实际能够对被投资上市公司所施加的影响力来决定。

首先,关于前海人寿在宝万之争中扮演的角色,是否达到了"有权参与上市公司财务和经营政策的决策"?购买有表决权股票都能给保险公司带来参与被投资企业管理的可能,但并非任何权益投资都会被视为"参与财务和经营政策决策"。从监管目的上看,以单纯的财务投资人身份持有少量股份是"股票投资"的应有之意,但当持股比例上升并有权向被投资方派驻董事时,则可被认定为"有权参与上市公司财务和经营政策决策",从而须遵守股权投资的监管约束。宝万之争中,前海人寿购买万科股票的比例最终定格在6.67%,虽然不能据此认定前海人寿能够参与万科的财务和经营决策,但以下两个事实可以有力支持前海人寿对万科的"参与管理":一是前海人寿和钜盛华均受姚振华的实际控制,二者存在一致行动关系,且共同持有万科25.00%的股份,这使得宝能系成为万科第一大股东;二是钜盛华向前海人寿让渡了其所持有万科股票的大部分表决权,[1]从而使前海人寿掌握了万科约20%的表决权。在万科股权相对分散的情况下,将前海人寿所拥有的20%表决权视为无权参与万科的财务和经营决策,恐怕无法令人信服;而且根据万科的章程,20%的表决

---

[1] 钜盛华将表决权让渡给前海人寿,可能是为了使前海人寿调整其对万科的投资余额在财务报表中的计量方式。根据会计准则,投资方直接或通过子公司间接持有被投资单位20%以上但低于50%的表决权时,一般认为对被投资单位具有重大影响,除非有明确的证据表明该种情况下不能参与被投资单位的生产经营决策,不形成重大影响。按照这一准则,那么从前海人寿单体来说,通过此次的表决权让渡,使得原本在万科股权比例只有6.67%的前海人寿将其持有万科股权从原先的交易型金融资产或可供出售金融资产放入长期股权投资,适用权益法进行计量,减少股价波动对其偿付能力和财务报表的冲击。同时,前海人寿可能也希望通过这种方式维持其较少的持股,使其在保监会的监管体系下处于更有利的地位。但这种希望适用双重标准的努力不应被认可。

权至少可以使前海人寿在万科11人的董事会构成中取得2个席位。因此,可以认为前海人寿有权参与万科的财务和经营政策决策。

其次,前海人寿能否对万科实施控制?若认定前海人寿取得对万科的"控制",那么对应的监管要求则是针对"重大股权投资"的监管,这比"一般股权投资"的要求更高。根据当时保监会的监管规定,"控制"是指对被投资企业拥有绝对控股权、相对控股权或者能实质性决定其财务和经营政策的情形。就持股比例而言,即使考虑一致行动人,前海人寿也无法达到绝对控股。此外,宝能系与万科之间的控制权争夺事实也说明了前海人寿及宝能系尚不能"控制"万科。

综上,鉴于前海人寿及其一致行动人的持股情况和前海人寿实际能够行使的表决权,可判断前海人寿对万科股票的投资属于"有权参与上市公司财务和经营政策决策"的"一般股权投资",但不属于"能够控制上市公司"的"重大股权投资"。

(二)前海人寿是否满足"一般股权投资"的监管要求

根据上文梳理的关于险资投资不同阶段及对应监管的要求,前海人寿对万科股票的投资属于"一般股权投资",处在第二阶段,这意味着前海人寿要满足第一和第二阶段的所有要求才算合规。

第一,前海人寿满足了第一阶段的所有要求,具体分析如下。(1)投资标的:万科A是一只绩优蓝筹股,属于保险公司允许投资的范围。(2)偿付能力要求:据市场公开信息,前海人寿在2015年二季度末的偿付能力充足率在320%左右,超过了150%的监管标准。(3)大类比例和集中度监管:根据前海人寿2015年年报,截至2015年年底的总资产约1560亿元;那么依监管要求,前海人寿权益类投资额度上限(不超过上季末总资产30%)和对单个主体的权益投资额度上限(不超过上季末总资产5%)分别为:468亿元和78.4亿元。前海人寿购买万科股票花费的资金总额约105.11亿元,因此,可判断前海人寿符合大类比例监管要求,但似乎不符合投资集中度监管要求。然而,需要注意的是,根据保监会于2015年7月8日颁布的《关于提高保险资金投资蓝筹股票监管比例有关事项的通知》,若前海人寿满足偿付能力充足率不低于120%,且投资蓝筹股票不低于股票投资余额的60%的条件,在报保监会后,相应蓝筹股票投资上限则会提高到"不超过上季末总资产10%"(对应的具体数额是156亿元)。届时,前海人寿的偿付能力(约320%)满足要求,但缺乏具体数据判断其是否满足"投资蓝筹股票不低于股票投资余额的 60%"的条件,但该条件对于保险机构来说并不难满足。因此,可认为前海人寿符合投资集中度监管要求。

第二,前海人寿第一阶段相应的监管要求达标后,是否也满足第二阶段的股权投资要求?(1)资金来源要求:保监会要求保险公司对上市公司的"一般股权投资",不得运用借贷、发债、回购、拆借等方式筹措的资金投资企业股权。根据当时保险公司适用的会计准则,万能险资金属于保险公司的表内负债性资金,但不属于监管所指的通过借贷而取得的资金。因此,资金来源方面前海人寿符合保监会的规定。(2)标的所处行业:万科处于房地产行业,具体业务是房地产开发和销售。虽然其可能存在部分养老地产开发业务,但严格来说,其不属于保险公司股权投资监管许可的行业。因此,前海人寿对万科的股权投资违反了险资投资标的所处行业的要求。

分析至此时,难免让人产生"虎头蛇尾"的无力感。毕竟当保险公司运用万能险资金在资本市场上兴风作浪时,其所蕴含的风险被大家看在眼里,然而既有的保险监管制度却几乎束手无策,只仅仅得出其"违反险资投资行业限制"这一轻微违规结论。万能险产品的备案、销售都遵循了当时的监管规定,而且作为其发行主体的保险公司偿付能力均达标。监管者找不到有效的切入点,只能喊口号式地呼吁"保险姓保、保险公司应强化资产负债匹配管理"。但更具讽刺意味的是,险资举牌正是短负债驱动下的短资产投资行为,[1]而且是保险监管新政下进一步提升保险公司偿付能力[2]和积极响应国家号召投资蓝筹股[3]的体现。万能险激进投

---

[1] 张素敏、孙伊展:《保险资金举牌上市公司股票的现状、问题及政策建议》,载《北京金融评论》2016 年第 2 期。
[2] 高比例持股对保险公司的财务报表及偿付能力有提升效果。按照保险行业的会计处理规则,保险资金持股上市公司达到 5%且派驻董事,该笔投资将由"交易性金融资产"转为"长期股权投资"处理,保险公司的认可资产就可以由公允价值法转为权益法计量,从而使保险公司在其财务报表上体现对上市公司经营业绩的分享,但又不必受到被投资公司股票价格涨跌的影响。另外,按照我国《偿付能力 II》的风险计量规则,计入"长期股权投资"项下的投资基础风险因子较低,从而可以节约保险公司资金占用,且满足对偿付能力充足率的要求。
[3] 监管新政是险资举牌的催化剂。无论是保险业"新国十条"明确要求保险资金支持股市,还是 2015 年股灾后保监会积极响应救市号召,提升保险公司投资单一蓝筹股票的余额和投资权益类资产的余额占上季末总资产的监管比例,均加速了险资入市的步伐。参见胡鹏:《险资举牌上市公司法律监管规则的反思与完善》,载《商业研究》2017 年第 9 期。

资的巨大风险与捉襟见肘的监管制度之间形成强烈反差,我国保险资金运用监管制度缺陷暴露无遗。

三、宝万之争中前海人寿引发问题的复杂性及其风险

宝万之争中,最受社会广泛关注的莫过于宝能对万能险资金的大量运用。万能险被扭曲为短期理财产品,将其用于上市公司股权收购的合理性有待商榷。但更深层的问题在于,险资举牌受实际控制人操纵,存在保险公司控制权的滥用。宝万之争中,前海人寿作为宝能系旗下钜盛华的"一致行动人",以销售万能险所积累的大规模保费作为收购万科的资金来源。此时,前海人寿并非普通的险资在买股票或进行常规投资,而是被其实际控制人(宝能)用作了融资平台。保监会对前海人寿的处罚决定印证了这一点。总体上,宝万之争中,前海人寿引发问题具有复杂性,具体分为三个层次:一是为了在保费和资产规模上力图实现保险行业内的"弯道超车",并且为控股股东的资本运作积蓄资金,保险公司发行的万能险产品出现了异化;二是保险资金参与上市公司收购,试图控制实业公司的经营;三是保险公司事实上沦为大股东的"钱袋子",这不仅便于大股东通过关联交易掏空保险公司,而且使其能够利用保险公司充沛的现金流进行对外收购。前述三方面的问题相互纠缠,蕴含着极高的风险。

(一)万能险异化为理财产品

自宝万之争打响,作为宝能系举牌万科的资金主力,万能险一直受到密切关注。我国市场上参与举牌和收购的万能险是异化了的"披着万能险外衣的中短期理财产品"。我国的中短存续期万能险是美国万能险的中国式变形,[1]二者在投资属性上存在巨大差异。在美国,万能险经由

---

[1] 我国的中短存续期万能险与美国万能险的产品设计之间的差别主要在于费用收取、结算利率和存续期限上。美国万能险初始费用较高并收取一定的管理费用和退保费用,前期退保损失大,因此前几个年度账户现金价值较低;结算利率一般由保险公司按照实际投资表现确定;保单持有人持有保单的期限较长。而我国的中短存续期万能险,一般不收取任何初始费用、手续费等保单获取费用,保单只对预定期限内退保收取一定的退保费,如果保单持有人在预定期限后退保则无须支付退保费;在保障成本上,将进入风险保障账户的保费尽可能降至最低,甚至不收取风险保障费用;结算利率多为保险公司确定的预期收益率;保单持有人实际持有保单的期限较短。参见吴杰:《中短存续期万能险资金运用特点、风险防范与配置建议》,载《中国保险》2016 年第 10 期。

保险公司的普通账户运作，属于长期人寿保险，特色在于"弹性保费"，同时投保人获得保险公司的最低保证收益，承担投资风险小。如前文所述，美国万能险厚重的保险保障特色不足以将其推至联邦证券监管范畴，仅受各州的保险监管约束。但我国参与举牌的万能险已经脱离其原本"缴费灵活、保额可调"的特点，存续期短并实施趸交保费，完全丧失了弹性保费给投保人带来的便捷；而且产品宣传时强调预期的高收益，投资者购买此产品的目的并不在于获得保险保障，而是取得高投资收益。若按照美国判例法确认投资型保险属性的考量因素，我国异化了的万能险与理财产品无异，完全脱离了保险产品的初衷，实际上是"以保险之名，行理财之实"，具有证券投资属性。

以《前海人寿聚富三号终身寿险（万能险）》为例，该产品的缴费方式为趸交，购买金额起点低，预期年化收益率6.9%，无初始费用，无保单管理费，无风险费，一年内（含）退保手续费为5%、一年后不扣取退保费用；主险合同前5个保单年度最低保证利率为年利率2.5%，从第6个保单年度开始可以调整符合保监会规定的最低保证利率；投资之外享有身故保障；投保方式只限网络投保。据此可以发现，首先，合同规定"投资之外享有身故保障"，也就是说这份保单对保单持有人来说是以投资理财为主。其次，虽然该产品从形式上看期限是终身，但按照保单利益演示，[1]从第二年起的现金价值就超过所交保费，这激励消费者将其作为理财产品来购买，并且非常大概率地短期持有保单。最后，保险公司对这款产品的宣传多以预定收益率为噱头，极具误导性。因此，无论是保险公司对这类产品的设计还是人们购买这款产品的动机，都反映了中短存续期万能险的证券投资属性。

虽然通过发行中短存续期万能险，保险公司的资产规模能够得以迅速扩大，但随之而来的是负债端成本的上升；中短存续期产品的占比提高，满期给付和退保压力使得保险公司流动性风险加大。同时，在"资产荒"背景下，债券市场的收益率不断下降，股票市场的震荡加大，保险公司投资端的收益率持续下行，这会使得保险公司利差损风险加大，从而面临

---

[1] 按照保单利益演示的高档计算，保单持有人如果在第一个保单年度后就退保，虽然收益率达不到6%但支付的保费是保本的，而在第2个保单年度后退保获得的账户现金价值的年收益率至少能达到6.36%。即使按照保单利益演示的低档计算，无论保单存续期是两年还是三年，基本上本金不会出现损失，相应的年收益率都高于银行存款利率和部分理财产品。

经营方面的巨大亏损风险和到期无法偿付风险。

(二) 保险资金(试图)控制实业经营

宝万之争中,前海人寿借由保险资金参与万科控制权争夺,严重背离保险主业,以资本市场"野蛮人"的姿态出现。险资举牌或参与收购过程中的股权争夺,势必影响被投资公司的正常经营。宝万之争中宝能系与万科管理层交恶,宝能系对南玻A的收购最终引发的董事会成员集体辞职等,均反映了险资举牌对被投资公司正常经营的影响。如果说宝能系旗下的房地产公司经营或许使其具有对万科进行良好管理的可能性,但南玻A是一家化工企业,其生产销售和经营管理极具专业性,作为金融资本的宝能恐怕短时间内也无法迅速接手被投资企业。[1] 事实上,宝能入主南玻A,以及手握重金的野蛮人宝能与南玻A职业经理人的较量,尽显了金融资本对实业主体的全面碾压。

(三) 保险公司沦为大股东的融资平台

宝万之争中的前海人寿本质上已沦为实际控制人的融资平台。前海人寿与宝能地产之间或明或暗的合作,彰显了宝能系对前海人寿的完全控制力。这是通过姚振华本人独资控制的宝能投资集团绝对控股(99%)钜盛华,再由钜盛华控股(51%)前海人寿实现的。其中,存在两个耐人寻味的事项:一是,宝能系用于增资钜盛华的资金大量来源于资管计划和股权质押贷款,并非自有资金;二是,持有前海人寿剩余49%股权的各公司,其前身均曾是宝能系公司,且在前海人寿历次增资行动中显示出非同一般的同步性。借由"穿马甲"的股东,前海人寿事实上成为被宝能系100%控盘的保险公司,沦为实际控制人行"腾挪周转"之便的融资平台。这不仅影响保险公司的稳健经营,而且便利大股东借由控制权任意支配保险公司通过保费收入而获得的巨额负债资金以自利。

首先,在收购上市公司过程中,保险公司作为大股东的一致行动人,二者的行为与利益绑定在一起,保险公司经营的独立性会大打折扣。尤其是收购上市公司后,对内要维持大股东控制地位,对外还要遵守股票出售限制。因此,保险公司要考虑万能险资金的流动性和安全性问题,防范期限错配、短线长投的风险。

---

[1] 胡鹏:《险资举牌上市公司法律监管规则的反思与完善》,载《商业研究》2017年第9期。

其次,前海人寿对房地产投资的热衷与其背后的房地产股东不无关系。前海人寿的实际控制人都曾与宝能系有着千丝万缕的联系,并且自成立以来,通过万能险销售扩大保费规模并将聚集的巨额资金通过重大关联交易投资于宝能集团旗下的房地产公司。[1] 前海人寿在前期大量收购、注资、增资宝能地产的子公司,在后期则演变成收购与宝能亲密合作的建业系子公司,关联交易非关联化的痕迹明显。

最后,整体来看,姚振华控制下的宝能系,一手是现金缺口巨大,亟待开发的地产项目,另一手则是利用银行保险合作渠道,通过出售万能险产品来积累巨额资金为自身所用的保险平台;二者的结合堪称完美。通过复盘整个交易环节可以看出,前海人寿通过销售万能险产品获得了大量资金,并利用这笔资金去收购房地产公司,或明或暗为宝能融资,助涨地价房价。此时,若购房的刚性需求能使房价稳定在高位,那就意味着宝能系把整个交易流程打造成了一个闭环,将资金的利用效率提升到了极致。尽管保险公司通过投资做大资产端,吸引保单进一步流入,投资反哺承保的现象普遍存在,但症结在于投资的回报期限一般要长于保险理财产品的资金结算期限。在这种情况下,易产生"短借长投"的问题,也容易引发流动性风险。而且,此间涉及杠杆叠加、道德风险、利益冲突,以及高风险投资失败后,对众多投保人、金融体系甚至社会稳定所带来的巨大风险。毕竟深陷"控制"囹圄的保险公司并非只是实际控制人的"世外桃源",其作为金融机构,与其他金融行业和整个金融市场存在着密切关联,风险外溢性强。一旦风险爆发,可能通过金融业务往来、关联交易等渠道扩散和放大,最终升级为金融系统性风险。

综上,宝万之争中前海人寿被大股东控制用作激进投资的融资平台,暴露了保险公司所有者权益端(股权结构不清、股东出资不实、循环出资等)、负债端(高现价万能险)和资产端(举牌上市公司、参与收购和控制实业等)均存在问题,蕴含着万能险产品异化、保险公司资产负债不匹配、公司治理失灵等问题。同时,前述问题还相互关联。正是因为股权关系不透明,所以才形成了"隐性"或绝对控股保险公司的大股东;借由资本多数决,大股东可以摆脱公司治理层面的约束,实现对保险公司运营的"自由

---

[1] 前海人寿自2012年成立以来,保费规模突飞猛进的同时,更是大规模投资房地产领域,据前海人寿披露的信息统计,仅仅2014年一年就发生了10宗重大关联交易,全部投向房地产领域,且很多都是与宝能集团旗下企业的关联交易。参见胡鹏:《险资举牌上市公司法律监管规则的反思与完善》,载《商业研究》2017年第9期。

支配";这不仅体现在借助万能险产品募集用于举牌和收购实业的资金,更体现在利用关联交易"反哺"控股股东旗下的其他企业,甚至将保险资金转借其他通道后再用于增资保险公司,进一步强化控制权,这会使保险业最终用于吸收亏损的资本"垫子"荡然无存。这一闭环展现的不只是道德风险巨大的保险公司实际控制人在"刀尖上"惊心动魄的舞蹈,更有着实业主体控制金融机构以自利过程中,对其他实业主体的伤害(南玻 A),以及置保险公司这一具有多重身份主体(既是具有社会公共性的承担风险补偿责任的保险机构,也是负外部性高的金融机构)的审慎经营于不顾,从而伤及投保大众利益及威胁整个金融体系稳定。

第六章 我国保险公司资金运用监管存在的问题及完善建议

第六章 我国保险公司资金运用监管存在的问题及完善建议

本章基于美国保险资金运用监管防范保险资金金融力量滥用的制度,来审视我国保险公司资金运用监管制度中所存在的问题,并提出相应的完善建议。首先,梳理宝万之争前我国保险资金股票投资监管规则和保险公司股权监管规则,从而回答宝万之争中既有监管规则令监管者束手无策的原因。其次,分析宝万之争后监管者重拳出击下全方位监管政策的成效及遗留的未解之题。事实上,自宝万之争以来,监管者一方面倡导"保险姓保"的发展理念,另一方面改进具体监管制度,从强化保险产品保障功能、规范保险资金运用和完善保险公司股权监管这三方面展开监管应对。其在获得监管实效的同时,对于隐性的深层问题——金融与实业过度结合,仍存有疏漏。最后,阐述如何借鉴美国上百年保险监管历史所积淀的经验来完善我国的保险资金运用监管制度。

一、宝万之争前我国保险公司权益投资和股权监管规则梳理

宝万之争前我国保险公司权益投资和股权监管规则经历了从严格监管到适度放开的过程,并在回应保险业发展需求的过程中日趋完善。但这些规则也存在缺陷,致使监管者面对宝万之争中险资被滥用却束手无策,具体包括:其一,保险资金权益投资监管方面,保险监管者对险资运用"双向限制"的监管方式,重在保障保险资金的安全性,对保险公司金融力量的滥用缺乏约束;其二,在约束保险公司实际控制人和保险公司治理方面,保监会除了能够监管单个保险公司外,很难监管保险公司的实际控制人,因此助长了保险公司大股东通过控制保险公司来实现对险资的滥用。

(一)我国保险资金权益类投资监管历史沿革

1. 从稳健安全理念下的严格限制到为履行入世承诺的有限放宽

1995年我国出台的《保险法》规定,保险资金只能用于银行存款、购买政府债券及金融债券,不得进行权益类投资,不得投资企业或设立证券经营机构。立法本意在于规范保险资金的使用,贯彻保险资金运用必须坚持稳健、安全的公共政策,保证资产的保值增值。但人们当时对险资运用安全性的理解较为片面和机械,将安全性简单地理解为把投资渠道控制在最小范围内。此种限制虽在一定程度上保证了险资安全,却阻碍了

保险资金的增值,宏观上看反而造成了不安全。[1]

由于此前严格限定保险资金的使用范围,为了满足保险公司经营的需要,同时为履行加入世贸组织承诺,2002年《保险法》规定保险资金可进行有条件的股权投资,即保险资金可以再投资设立保险公司,但不得设立证券经营机构,也不得投资于非保险企业。这一规定贯彻立法者坚持保险股权投资应围绕保险主业这一监管政策。在保险资金运用方面,由于股票投资收益性高,所以放松保险资金股票投资限制,推进保险资金入市的呼声日渐高涨。2004年《保险机构投资者股票投资管理暂行办法》颁布,明确保险机构投资者可从事或委托符合规定的机构从事股票市场产品交易的行为。

2. 随着险资运用渠道的逐步拓宽,权益类投资约束松绑

2004年起,在《保险法》的授权范围内,保监会分阶段地稳步放宽了保险资金的投资渠道。首先,2004—2005年,准许保险资金直接投资股票,并允许保险资金从事境外投资活动。其次,2006—2008年,准许保险资金间接投资于商业银行股权和基础设施建设。最后,2009年至今,伴随着新《保险法》的出台,以法律形式全面放开了保险资金的投资渠道,取消了保险资金的权益投资限制,这有利于保险资金的保值和增值,提升了我国保险业的发展速度和开放程度。具体阐述如下:

保险业务涉及的产业数量众多,包括养老产业、健康服务业、汽车维修业、农业、互联网等,允许保险资金从事股权投资可以促进相关产业链资源的优化整合。因此,2009年《保险法》响应现实,肯定了继续拓宽保险资金投资渠道的趋势,该法规定保险机构可以投资银行存款、债券、股票、证券投资基金份额等有价证券,还可以投资不动产等国务院规定的其他资金运用形式;删除了"禁止保险资金用于设立证券经营机构和向保险业以外的企业投资"的规定。由此,保险投资扩展到企业债券、股票市场、未上市银行的股权等领域。2009年颁布的《保险法》以法律的形式确认了早先逐步开放保险资金权益投资的实践做法,使得保险资金的权益类投资成为保险公司可依法开展的常规业务。[2]

为防范和化解投资风险、规范保险公司的股权投资行为,2010年7月31日,保监会制定了《保险资金投资股权暂行办法》(保监发〔2010〕79

---

[1] 傅廷中:《保险法学》,清华大学出版社2015年版,第280页。
[2] 同上书,第280—281页。

号),进一步明确了保险资金可以直接投资企业股权或者间接投资企业股权,[1]为保险资金参与股权投资业务提供了明确的操作依据。2012 年,保监会出台《关于保险资金投资股权和不动产有关问题的通知》(保监发〔2012〕59 号),进一步明确了保险资金参与股权投资的相关操作细则。

此外,2010 年 7 月 30 日,保监会发布《保险资金运用管理暂行办法》[2](以下简称《暂行办法》)对保险公司资金运用进行了详细规定,对保险公司资金运用的渠道和比例进行了规范,从而保证保险公司资金运用风险的有效防范。《暂行办法》奠定了我国保险资金运用的大类比例监管体系(见表 6.1)。同时,禁止保险公司使用准备金控股其他企业,[3]并规定了保险公司控股的股权投资应满足偿付能力要求及允许投资的企业类型。[4]

表 6.1 《暂行办法》确定的保险资金投资比例 (单位:%)

资产类别	活期存款、政府债券、央行票据、政策性银行债券和货币市场基金	无担保企业债券和非金融企业债务融资工具	股票和股票型基金	未上市企业股权	其中:未上市企业股权相关金融产品	不动产	其中:不动产相关金融产品	基础设施等债权投资计划
投资比例	≥5	≤20	≤20	≤5	≤4	≤10	≤3	≤10
				合计≤5		合计≤10		

经过多年保险资金运用监管和实践的发展,保险资金可投资的细分品种范围已较为广泛。2014 年 2 月 19 日,保监会发布《关于加强和改进

---

[1]《保险资金投资股权暂行办法》第 3 条:直接投资股权,是指保险公司以出资人名义投资并持有企业股权的行为;间接投资股权,是指保险公司投资股权投资管理机构(以下简称投资机构)发起设立的股权投资基金等相关金融产品的行为。
[2] 现已被 2018 年《保险资金运用管理办法》取代。
[3]《保险资金运用管理暂行办法》第 13 条:保险集团(控股)公司、保险公司不得使用各项准备金购置自用不动产或者从事对其他企业实现控股的股权投资。
[4]《保险资金运用管理暂行办法》第 14 条:保险集团(控股)公司、保险公司对其他企业实现控股的股权投资,应当满足有关偿付能力监管规定。保险集团(控股)公司的保险子公司不符合中国保监会偿付能力监管要求的,该保险集团(控股)公司不得向非保险类金融企业投资。实现控股的股权投资应当限于下列企业:(一)保险类企业,包括保险公司、保险资产管理机构以及保险专业代理机构、保险经纪机构;(二)非保险类金融企业;(三)与保险业务相关的企业。

保险资金运用比例监管的通知》(以下简称《通知》),将保险资金可投资品种划分为固定收益类资产、权益类资产、流动性资产、不动产资产及其他金融资产,每一类又可分为境内、境外不同投资品种;并规定了相应的比例约束和风险集中度监管要求等,这是对我国保险资金运用比例监管体系的进一步完善(具体如表6.2所示)。这一变化也体现在稍后微调的2014年《保险资金运用管理暂行办法》中。[1] 此外,该《通知》的另一重

表6.2 我国保险资金运用比例监管体系

监管内容	监管对象	比例监管要求	处置措施
大类资产监管比例	权益类资产[2]	投资权益类资产的账面余额,合计不得高于本公司上季末总资产的30%;重大股权投资的账面余额,不高于本公司上季末净资产等[3]	保险公司若突破比例,由保监会责令限期改正
	不动产类资产	投资不动产类资产的账面余额,合计不高于本公司上季末总资产的30%;[4] 购置自用不动产的账面余额,不高于本公司上季末净资产的50%等	
	其他金融资产	投资其他金融资产的账面余额,合计不得高于本公司上季末总资产的25%	
	境外资产	境外投资余额合计不高于本公司上季末总资产的15%	
集中度风险监管比例	投资单一资产	投资单一固定收益类、权益类、不动产类等资产的账面余额,均不高于本公司上季末总资产的5%[5]	
	投资单一法人主体	投资单一法人主体的余额,合计不高于本公司上季末总资产的20%[6]	

[1] 2014年《保险资金运用管理暂行办法》仅将2010年《保险资金运用管理暂行办法》第16条修改为:"保险集团(控股)公司、保险公司从事保险资金运用应当符合中国保监会相关比例要求,具体规定由中国保监会另行制定。中国保监会可以根据情况调整保险资金运用的投资比例"。其余规定保持不变。
[2] 允许投资的境内权益类资产分为两种。(1)上市权益类资产品种:主要包括股票、股票型基金、混合型基金、权益类保险资产管理产品等。(2)未上市权益类资产品种:主要包括未上市企业股权、股权投资基金等相关金融产品。
[3] 账面余额不包括保险公司以自有资金投资的保险类企业股权。
[4] 账面余额不包括保险公司购置的自用性不动产。
[5] 单一资产投资是指投资大类资产中的单一具体投资品种。投资品种分期发行,投资单一资产的账面余额为各分期投资余额合计。
[6] 单一法人主体是指保险公司进行投资而与其形成直接债权或直接股权关系的具有法人资格的单一融资主体。

(续表)

监管内容	监管对象	比例监管要求	处置措施
风险监测比例	流动性监测	投资流动性资产与剩余期限在1年以上的政府债券、准政府债券的账面余额合计占本公司上季末总资产的比例低于5%;财产保险公司投资上述资产的账面余额合计占本公司上季末总资产的比例低于7%等	若达到或超出监测比例,保险公司应履行相关报告或披露义务
	融资杠杆监测	同业拆借、债券回购等融入资金余额合计占本公司上季末总资产的比例高于20%	
	类别资产监测	投资境内的具有国内信用评级机构评定的AA级(含)以下长期信用评级的债券,账面余额合计占本公司上季末总资产的比例高于10%等	
内控比例管理		严格控制大类资产投资比例、高风险(类)资产投资比例等监管比例;制定流动性风险、信用风险、市场风险等风险预警监测比例和流动性风险管理方案等	经董事会或董事会授权机构审定后,向保监会报告

要规定还包括:在从事上市公司股票投资时,如果对上市公司构成实际控制,或者参与上市公司财务和决策制定过程,则应遵守有关保险资金股权投资行为的规定。这也是宝万之争发生时所适用的保险资金投资上市公司股票所适用的监管规范。

为了拓展保险资金配置空间,增强资金运用灵活性,以及发挥保险资金长期投资优势,支持资本市场和实体经济发展,保监会于2015年7月8日发布《关于提高保险资金投资蓝筹股票监管比例有关事项的通知》(保监发〔2015〕64号),不仅提高了保险资产投资蓝筹股时的资产认可比例,还扩大了保险资金对蓝筹股票的投资空间,将原有的投资单一蓝筹股票不得超过上一季度末总资产的5%提升至10%;并进一步规定,当权益类投资比例封顶、达到保险资产的30%时,允许继续投资蓝筹股,但权益类资产投资金额不得高于上一季度末资产总额的40%。[1] 这一监管新政

---

[1]《中国保监会关于提高保险资金投资蓝筹股票监管比例有关事项的通知》第1条:自2015年7月8日起,上季度末偿付能力充足率不低于120%、投资蓝筹股票的余额不低于股票投资余额的60%的保险公司,经报保监会备案,投资单一蓝筹股票的余额占上季度末总资产的监管比例上限由5%调整为10%;投资权益类资产的余额占上季度末总资产比例达到30%的,可进一步增持蓝筹股票,增持后权益类资产余额不高于上季度末总资产的40%。

对险资举牌有直接的助推作用。

(二) 我国保险公司资本和股权监管梳理

2017年以前,我国对保险公司资本和股权监管的内容,主要体现为注册资本、偿付能力监管中的资本充足性、股权比例要求,以及对控股股东的约束。

首先,注册资本。我国《保险法》规定保险公司注册资本最低限额为2亿元人民币。2010年发布的《保险公司股权管理办法》(以下简称《办法2010》)规定,保险公司股东应当以来源合法的自有资金向保险公司投资,不得使用银行贷款及其他形式的非自有资金。

其次,资本充足性要求。实际资本与最低资本的比率常常用来衡量保险公司的资本充足程度,而保险公司资本充足与否直接关涉其偿付能力。2003年,保险监管部门发布《保险公司偿付能力额度及监管指标管理规定》,初步建立了保险业偿付能力监管体系(以下简称"偿一代")。2008年发布《保险公司偿付能力管理规定》,要求保险公司必须具有充足的偿付能力(不低于100%),其资本必须与其开展的业务规模和业务风险相适应。对于偿付能力充足率低于100%(偿付能力不足)的保险公司,保险监管部门可采取责令增加资本金、限制分红、停止开展新业务、接管等措施。[1] 2016年1月,保险监管部门正式实施风险导向的我国"偿二代"监管制度,构建了"三支柱"框架。第一支柱"定量监管要求"包括资本分级、资产负债评估、最低资本计算和压力测试等标准,在计算最低资本要求时,从"偿一代"的以规模为导向转变为以风险为导向,根据各类业务风险的概率分布确定风险情景和风险因子,计量保险风险、市场风险和信用风险等可量化风险的最低资本要求。第二支柱"定性监管要求"通过一套评估风险及其防御能力、监管流动性等风险的制度安排,对保险公司偿付能力进行全面评价,并将风险管理水平与资本要求挂钩,防范和化解难以量化的流动性风险、操作风险、声誉风险及战略风险。第三支柱"市场约束机制"通过信息披露和保险公司信用评级等方式,发挥市场相关方的监督约束作用。[2]

再次,股权管理要求。2010年之前,我国对保险公司的股权管理,并

---

[1] 《中国金融稳定报告2018》,第83—84页。
[2] 同上。

没有专门的法律规定。保监会仅对保险公司的关联交易及控股股东约束出台过监管办法,但相关规定过于分散且不成体系。2010年4月12日,保险监管部门发布《办法2010》,规定保险公司的主要股东(持有保险公司股份15%以上),应符合最近三个会计年度连续盈利、净资产不低于人民币2亿元等要求。对于股东持股比例限制,《办法2010》规定包括关联方在内的单一股东持股或出资,最高不能超过保险公司注册资本的20%;根据"坚持战略投资、优化治理结构"等原则,经批准后持股比例可超过20%。2013年4月,保监会下发《关于〈保险公司股权管理办法〉第四条有关问题的通知》(以下简称《办法2010第四条通知》)显示,对于符合条件的单个股东(包括关联方在内),其出资或持股可以突破20%的限制,但须经保监会批准,且最高不得超过保险公司注册资本的51%。2014年对《办法2010》进行了修订(以下简称《办法2014》)。

最后,对保险公司控股股东的约束。对保险公司控股股东的监管规定主要体现在2012年保监会发布的《保险公司控股股东管理办法》。该办法基于保险公司与控股股东之间的关系,从控制权、公平交易、资本协助承诺、信息披露、监督协作五个层面进行规范。具体包括:(1)控制权方面,控股股东对公司董事、监事的提名权应审慎行使,对公司控制权应善意行使;(2)公平交易方面,控股股东在保险公司的任何交易中,不得以任何(合法或非法的)方式损害公司利益,确保交易的公平性和公开性;(3)资本协助承诺方面,当保险公司偿付能力欠缺、监管机构要求增加资本时,控股股东应始终坚守对保险公司作出的资本协助承诺,采取各种有效手段增加资本金,保证保险公司的资本充足;(4)信息披露方面,控股股东应恪守信息披露和保密义务;(5)监督协作方面,控股股东应监督保险公司的业务经营活动,保证公司业务的合规性,并在保险监管者依法进行监管或处置时积极配合协作。

(三)监管评述

宝万之争中前海人寿引发了三方面的问题,即万能险产品异化、险资控制实业经营,以及保险公司大股东对险资的滥用。后两者可视为金融与实业过度结合所衍生风险在我国市场上的集中体现。这三方面问题相互交织,暴露了我国保险监管制度的缺陷。结合着宝万之争前我国保险公司权益投资和股权监管规则的前述梳理,不难发现彼时我国保险监管制度的缺陷主要包括:

首先,宝万之争发生之际,保监会对万能险的监管主要集中在产品经营方面,包括保险产品的精算、销售和信息披露的常规层面,对万能险资金的投资未做特殊规定。然而,异化了的万能险已经蜕变为理财产品,保险公司利用其快速敛财、扩张经营;投资者的购买目的也在于获得投资收益而非保险保障。万能险账户资金的运作与投资基金类似,但因为万能险披着"保险"外衣,最低收益保障使该类产品资金被列入保险公司的表内资金,从而适用保险公司普通账户资金运用规则。而我国对于保险公司普通账户资金金融力量滥用的防范存在缺陷,终究未能扛起约束迅速膨胀的中短存续期万能险资金规范运用的重任。

其次,根据前文对宝万之争前我国保险资金权益投资监管规则的梳理,当时保险监管者对险资运用"双向限制"的监管方式,重在保障保险资金的安全性,对保险公司金融力量的滥用缺乏约束。具言之,保险监管者已经不再强调险资持有单个上市公司股权比例的限制,仅保留了对股票投资总额占保险公司资产比例,以及对单一目标公司投资占保险公司资产的比例限制,且具体数额会配合资本市场总的发展步调进行调整。这实际上助长了险资参与并购,因为只要保险公司做大资产规模,且单一股票投资未超过保险资产的一定比例,就可以收购实业上市公司。

最后,约束保险公司实际控制人和保险公司治理方面的监管疏漏,助长了保险公司大股东通过控制保险公司来实现对险资的滥用。根据当时的监管制度,除了监管单个保险公司外,保监会很难监管保险公司的实际控制人。总体上,归因于《办法2010》《办法2010第四条的通知》以及《办法2014》对保险公司股权监管的规定过于笼统,部分险企在监管的盲区中大行其道。比如,单一股东持股比例上限过高(51%),[1]导致保险公司被大股东控制;控股股东缺少来自其他股东的有效制衡,从而使其恣意操纵保险公司的经营管理。此外,对于关联方未进行详细的界定,导致部分股东通过违规股权代持,隐藏一致行动人等方式形成一股独大和内部人控制,从而加剧大股东操纵现象。甚至,对投资于保险公司的资金规定粗略,致使部分大股东可以将保险资金通过理财方式(如信托、私募基金等)进行自我注资、自我投资、循环使用。监管疏漏终究被市场参与者自

---

[1] 《办法2010》以及《办法2014》均规定保险公司单个股东(包括关联方)出资或者持股比例不得超过保险公司注册资本的20%。然而,对于满足办法第15条规定的主要股东,经批准,其持股比例不受前款规定的限制。《办法2010第四条的通知》将上述规定修改为,在经保监会批准的前提下,单一股东的持股比例可以超过20%,但不得超过51%。

利行为积聚的风险所揭露。前海人寿在收购大战中成为宝能集团对万科25％表决权的行使人,最终沦为了实际控制人收购上市公司的工具,监管机构明知此为滥用行为,却囿于职权有限而无能为力。[1]

二、宝万之争后的监管反思与回归:从弱监管到强监管

2015—2016年,我国市场上的万能险在急速增长的同时,还出现卷入宝万之争、频繁举牌上市公司等问题。其中,个别保险机构采取比较激进的业务发展模式和投资方式,负债端过度依赖投资型保险业务,资产端盲目投资于与保险毫不相关的行业,甚至保险公司本身沦为了实际控制人的融资平台。此间不仅涉及部分保险公司开展高风险业务和激进投资而引发的资产负债不匹配问题,更夹杂着股东使用非自有资金出资或虚假出资以控制保险公司,并利用后者进行利益输送和作为"提款机",由此而带来的杠杆叠加、保险公司资本不实、治理失控、通过关联交易掏空保险公司等问题。这不仅严重影响保险公司的稳健运行,还存在着引发金融系统性风险的可能。为此,保监会大力倡导"保险姓保"的发展理念,并从强化保险产品保障功能、规范保险资金运用和完善保险公司股权监管这三方面展开监管应对。密集出台的保险监管新规使得保险公司从保险产品提供、资金运用到股权管理均受到了全方位规制,但其在获得监管实效的同时,疏漏犹存。

(一)清理规范中短存续期产品、提高万能险保障水平

保监会迅速加强对万能险的监管力度,还围绕审慎监管资产配置、保险资金运用、举牌上市公司的信息披露等问题,发布了一系列新规。[2]

(1)保监会2015年12月11日发布《关于加强保险公司资产配置审慎性监管有关事项的通知》,目的在于防范保险市场的错配风险和流动性风险。其中,对万能险起限制和约束作用的主要条款包括:其一,为实现

---

[1] 刘燕:《万科挑战宝能资管计划:监管层有苦难言》,北京大学金融法研究中心,https://mp.weixin.qq.com/s/it1FdNU1PKZIZL_gYnvVPg,最后访问日期:2024年6月22日。
[2] 江崇光、王君、姚庆海:《中国万能险问题研究及监管策略》,载《山东社会科学》2018年第4期。

万能险的长期化,规定若人身保险公司平均负债持有期少于五年,并且保险公司上一季度末总资产中有超过 20%的资产是股权等金融资产,或者保险公司的普通险、分红险、万能险中有产品账户的收益低于成本,那么保险公司必须测试本公司的资产配置模式及其压力;其二,为控制风险,人身保险公司提交压力测试报告时,应就本公司万能险的份额、产品结构以及资产配置情况向保监会作出说明。

(2) 为提升保险公司资金运用的内控能力,2015 年 12 月 15 日,保监会发布《保险资金运用内部控制指引》及其应用指引,详细规定了保险资金投资各金融领域时的内部控制标准,涉及股票、股票型基金、银行存款、固定收益等投资类别。

(3) 为打击 2015 年下半年爆发的险资举牌行为,加强对举牌上市公司股票的信息披露管理,2015 年 12 月 15 日,保监会发布《保险公司资金运用信息披露准则第 3 号:举牌上市公司股票》,规定保险公司在举牌上市公司时,不仅要说明险资来源,还要报告对有关股票采用的管理模式。如果险资来源于保险责任准备金,保险公司还需披露公司账户和产品在截至交易日时投资有关股票的余额、可运用资金余额、平均持有期,以及最近四个季度每季度的现金流入、流出金额等。

(4) 保监会 2016 年 3 月 18 日发布《关于规范中短存续期人身保险产品有关事项的通知》,规定自 2016 年 3 月 21 日起,保险公司不得开发和销售预期 60%以上的保单存续时间不满 1 年(不含 1 年)的中短期存续期产品;同时控制 1—3 年的中短存续期产品的销售规模。该《通知》对保险公司偿付能力提出了较高要求,规定保险公司资本充足率不得低于 100%且核心偿付能力充足率不得低于 50%,如果达不到这个标准,保险公司将不得出售中短存续期产品。此外,该《通知》还设置了万能型中短期存续产品的进入和退出机制,要求设立万能险子账户,并不再允许保险公司推出低保障型的万能型中短存续期产品,致力于抑制实践中众多小型保险公司利用高现价万能险产品聚集保费的激进扩张行为,以强化对保险公司资产负债错配风险和流动性风险的管控。但该《通知》已失效,被 2019 年中国银保监会发布的《关于规范两全保险产品有关问题的通知》所替代。

(5) 保监会 2016 年 9 月发布《关于进一步完善人身保险精算制度有关事项的通知》和《关于强化人身保险产品监管工作的通知》,要求保险公司应根据精算原理、产品实际销售和管理成本及公司自身经营实际,合理确定人身保险产品预定附加费用、风险保费、初始费用、退保费用等各项费用的收取。此外,提出了一系列新的监管规则,涉及人身险的保险金额、存续时间、产品定价、预定利率、保费规模等方面。还规定自 2017 年 1 月 1 日起,应预先评估万能险的存续期间,判断其存续期是否为中短期;自 2017 年 4 月 1 日起,不合规的产品不得再对外销售。

(6) 保监会 2016 年 12 月发布《关于进一步加强人身保险监管有关事项的通知》,要求保险公司对万能型保险要建立单独核算制度,单独管理万能险账户。保险公司应当根据万能账户单独资产的实际投资状况科学合理地确定万能型保险实际结算利率。该《通知》规定,一季度内,中短存续期产品销售收入占该季度保险产品销售总收入的 50% 以上,或者一季度原保费收入占该季度规模保费收入不足 30%,则该保险公司一年内不得设立新的分支机构。

(7) 2017 年 5 月,保监会发布《关于规范人身保险公司产品开发设计行为的通知》,规定开发新的人身险产品,应以保障作用为出发点。该《通知》赋予投保人更多权利,投保人不仅可以随时增加任何数额的保费,还可以根据自己的实际情况调整保险金额。此外,考虑到保险公司的经营风险,该《通知》禁止将万能险的性质设计为附加险。

(8) 2019 年 12 月,中国银保监会发布《关于规范两全保险产品有关问题的通知》,规定的主要内容包括四点。一是两全保险产品[1]的保险期间应当与实际存续期一致。禁止通过保单质押贷款、部分领取等条款设计,或者通过退保费用、持续奖励等产品定价参数设计改变保险产品实际存续期间,也不得通过调整现金价值利率等方式,变相提高或降低产品现金价值。二是明确两全保险产品应当以 5 年期及以上业务为主。因流动性管理或者资产负债匹配管理需要,保险公司可以开发设计保险期间为 5 年期以下的产品,但不得短于 3 年。三是对 5 年期以下两全保险产品实施额度和比例控制。规定保险公司 5 年期以下两全保险产品的年度规模保费应控制在公司上年度末投入资本和净资产较大者的 1 倍以内,且占公司年度规模保费比例不得超过 20%。四是规范两全保险产品销售宣传行为,明确对违规行为的监管措施。

综上,万能险异化及其衍生的问题令监管者始料未及,保监会原本对

---

[1] 两全保险,又称生死合险,是指被保险人在保险合同约定的保险期间内死亡,或在保险期间届满仍生存时,保险人按照保险合同约定均应承担给付保险金责任的人寿保险。这意味着,两全保险既可以提供风险保障,也可以在保险期间结束后返还本金,实现储蓄功能。

万能险产品的认知是将其作为一款保险产品对待和监管,并未将其视作理财产品而予以约束,因此,未能考虑到万能险短期化经营给保险行业带来的诸多风险。经由宝万之争这面保险监管的"照妖镜",迫使监管者认清事实并出台监管对策予以回应。其中,针对保险公司运用中短存续期万能险资金对保险公司内部经营安全性和稳健性带来的影响,保监会的应对之策是"限制万能险的短期化经营"。总体上,可归为如下几个方面。(1)对经营中短存续期万能险的保险公司设定了偿付能力充足率要求,这是后端管控万能险经营风险的底线。(2)控制中短存续期万能险保费销售规模,但也给利用中短存续期万能险销售而迅速扩张保费规模的保险公司设置了过渡期;另外,致力于调整保险公司产品结构失衡状态,引导保险公司发展长期业务。(3)提高人身保险的风险保障水平,使万能险产品回归保险保障本质。(4)加强资产负债管理以化解万能险短期化经营而带来的保险公司投资期限错配风险,同时强化保险公司资金运用的内控及信息披露约束。

不难发现,在这一阶段,保监会对万能险从规模控制、经营管理及资金运用方面的监管,重点均围绕规范万能险业务经营及资产负债管理以控制投资风险,核心是保障保险业安全运营。换言之,保险监管者依然站在推动保险业发展的立场,只要保险业自身风险可控,就可以继续扩张。这意味着,保险监管者这一阶段的监管措施根本未触及宝万之争中前海人寿实际控制人利用异化的万能险聚集资金进行上市公司收购所暴露出的保险公司金融力量滥用风险。

(二) 保险资金股票投资监管新规

保监会于2017年1月24日发布《关于进一步加强保险资金股票投资监管有关事项的通知》(以下简称《险资股票投资通知》)。2018年1月24日发布《保险资金运用管理办法》,新增两项保险资金运用原则,并将《险资股票投资通知》中规定的保险资金股票投资差别监管规定纳入其中。总体上,二者均致力于约束少数保险公司及非保险一致行动人"盲目而激进的投资""一股独大"等完全偏离了保险资金以"审慎稳健"为原则的行为。具体内容分别阐述如下:

(1)《险资股票投资通知》

《险资股票投资通知》的目标是强化对保险机构与一致行动人重大股票投资行为的监管,遏制因少数保险机构投资过于激进带来的集中度风

险,从而保障保险资金的安全和金融市场有序向好发展。主要内容包括:

第一,为严格落实"财务投资为主,战略投资为辅"这一险资运用监管思路,《险资股票投资通知》不再将险资举牌上市公司作为股权投资加以规范,[1]而是将股票投资分为一般股票投资、重大股票投资和上市公司收购三种情形。在监管层面根据持股份额的不同,实行有针对性的监管模式,如表6.3所示:

表6.3 险资股票投资规则

项目	一般股票投资	重大股票投资	上市公司收购	具体条文
持股比例	<20%	≥20%	无限制	第1条2—4款
是否实现控制	否	否	是	第1条2—5款
核准/备案	无(若涉及举牌须事后报告)	事后备案	事前核准	第4—6条
上季末综合偿付能力	≥100%	≥150%已完成股票投资管理能力备案	≥150%且已完成股票投资管理能力备案	第2条第1款
投资行业限制	自主选择	自主选择	保险类企业;非保险金融企业;与保险业务相关、符合产业政策、有稳定现金流回报预期的行业	第2条第2款、第7条

总体来看,在一般的股票投资行为中,若没有举牌则不会对其进行限制;但若是开展举牌的一般股票投资行为,需要进行事后报告并披露一系列相关信息。对于已经符合重大股票投资标准的,应当采取更高的监管标准,在达到标准后向监管部门进行备案。对于符合有关上市公司收购标准的,更应在事前得到核准。险资举牌、重大股票投资及上市公司收购分别应履行的报批程序和披露文件见表6.4:

---

[1]《关于进一步加强保险资金股票投资监管有关事项的通知》第16条明确规定,"《中国保监会关于加强和改进保险资金运用比例监管的通知》(保监发〔2014〕13号)第三部分第(一)条第二款的规定同时废止。被废止的原文内容是:"投资上市公司股票,有权参与上市公司的财务和经营政策决策,或能够对上市公司实施控制的,纳入股权投资管理,遵循保险资金投资股权的有关规定。"

表 6.4　险资股票投资不同阶段的信息披露要求

类别	监管措施	条文	报告内容
举牌	事后报告	第 4 条	投资研究、内部决策、后续投资计划、风险管理措施
重大股票投资	事后备案	第 5 条	1）投资资金来源、后续投资方案、持有期限、合规报告、后续管理方案等； 2）符合保险资金运用内部控制监管要求的自查报告，涉及本次投资的董事会或投资决策委员会决议纪要等材料； 3）按照《准则 3 号》进行信息披露的基本情况； 4）保监会基于审慎监管原则要求提交的其他材料。
上市公司收购	事前核准	第 6 条	1）股东（大）会或者董事会投资决议； 2）主营业务规划及业务相关度说明； 3）专业机构提供的财务顾问报告、尽职调查报告及法律意见书； 4）业务整合方案； 5）投资团队及管理经验说明； 6）资产负债匹配压力测试报告； 7）附有经监管机构或部门核准生效条件的投资协议。

　　第二，为遏制因少数保险机构的投资过于激进而带来的集中度风险，《险资股票投资通知》对涉及重大股票投资以及上市公司收购方面的监管规则予以明确细化，包括需要具备偿付、股票投资以及内控管理等能力的条件和要求。同时还对保险机构投资比例和资金使用[1]作了明确规定。

　　第三，为有效预防和降低保险机构与一致行动人共同投资风险，《险资股票投资通知》对二者的举牌与收购行为在监管层面进行了强化，并就二者共同收购上市公司、重大股票投资行为和一般股票投资采取差异化的监管对策。[2]

---

[1] 保险机构投资单一股票的账面余额不得高于本公司上季末总资产的 5%，投资权益类资产的账面余额合计不得高于本公司上季末总资产的 30%；对于已经运用相关政策增持蓝筹股票的保险机构，应在 2 年内或相关监管机构规定的期限内调整投资比例，直至满足监管规定的比例要求；若保险机构收购上市公司，应当使用自有资金。

[2] 根据《险资股票投资通知》，保险机构收购上市公司，应当使用自有资金。保险机构不得与非保险一致行动人共同收购上市公司，不得以投资的股票资产抵押融资用于上市公司股票投资。保险机构与非保险一致行动人共同开展重大股票投资，经备案后继续投资该上市公司股票的，新增投资部分应当使用自有资金。此外，保险机构与非保险一致行动人同开展股票投资发生举牌行为的，中国保监会除要求保险机构按本通知第四条规定及时披露信息并提交报告外，还可以根据偿付能力充足率、分类监管评价结果、压力测试结果等指标采取以下一项或多项监管措施：……（三）暂停保险机构资金最终流向非保险一致行动人的股权、不动产等直接投资，以及开展上述资金流向的债权计划、股权计划、资产管理计划或其他金融产品投资。

总体上,《险资股票投资通知》对举牌、重大股票投资以及收购上市公司的情形予以重点关注。一方面,不绝对限制险资一般股票投资,避免阻碍资本市场的健康发展;另一方面,防范少数保险机构或非保险一致行动人盲目、激进地投资与保险毫不相干的行业,通过"快进快出"来"投机逐利",旨在减少系统性风险,维护资本市场的稳定。此外,前述监管彰显了"差别监管",是以风险控制为着眼点的综合监管,也是分类监管原则最重要的体现。差别监管可以避免"一刀切"的盲目监管,从而有的放矢。

(2)《保险资金运用管理办法》

《保险资金运用管理办法》使 2010 年 7 月首发并于 2014 年修改的《保险资金运用管理暂行办法》摘掉了"暂行"的帽子。与保险公司股票投资有关的内容,除了继续强调上市公司收购必须使用"自有资金",将《险资股票投资通知》关于保险公司股票投资实施差别监管的制度纳入进来以外,还包括两方面内容。一是新增两个保险资金运用原则,即保险资金运用必须以服务保险业为主要目标("保险姓保");保险资金运用应当坚持独立运作,不受股东违规干预。这体现了在近年部分险资频频举牌上市公司后,监管机构和市场对保险投资的新要求。二是规定若有偿付能力未达到标准的、公司治理存在重大隐患的、资金使用未遵守关联交易相关规范的,保监会可以限制其资金运用的形式,从而致力于促成险资长期投资、价值投资、多元化投资,推动保险公司稳健经营,避免保险资金成为大股东的"提款机"。

综上,由于 2017 以来,党中央已将金融安全上升到治国理政高度,习近平总书记在多次会议中强调"健全金融监管体系,守住不发生系统性金融风险的底线",保监会在严防金融风险的政治压力下调整了监管方向,由约束保险业急躁跃进的风气、重回稳健安全行业,转向了管控保险公司对外投资行为,同时强化保险公司股权管理和公司治理等。2017 年 1 月,保监会出台的《险资股票投资通知》,要求保险公司收购上市公司只能使用自有资金,由于万能险的保费收入属于保险公司表内的负债资金,这一规定相当于禁止利用万能险资金进行上市公司收购。同时,将保险公司对同一上市公司流通股和权益类资产投资的账面余额各自占本公司上季末总资产的比例进行下调,由此可在额度和规模方面对保险资金运用行为进行一定约束。此外,严禁保险机构和非保险一致行动人联合收购上市公司,要求保险公司严格遵守保险资金关联交易的各项监管要求。若保险公司与非保险一致行动人投资上市公司股票,保险公司不仅要遵循只针对保险公司的大类投资比例、集中度等监管要求,还要合并计算保险公司及其非保险一致行动人的共同投资比例,且要符合三种不同股票投资情形下的差别监管规定。由此约束了保险公司利用负债性的保费收入收购上市公司,并限制保险公司与其一致行动人共同的股票收购行为,避免保险公司沦为实际控制人融资平台这一悲剧重演。

(三) 强化资本和股权监管的措施

针对保险公司在资本和股权方面暴露出的问题,保险监管部门在既有监管制度基础上,出台多项措施,不断加强薄弱环节的监管制度完善。监管部门围绕"公开"和"透明"要求,完善信息披露制度,强化股权变动、重大投资以及关联交易等方面的信息透明度;保障公众监督和利用市场机制切实发挥治理作用;清理保险机构股权结构,厘清关联企业关系,加强保险公司治理和监管,以期不留空白和盲区。具体内容如下:

(1)《关于进一步加强保险公司股权信息披露有关事项的通知》

针对少数社会资本通过股权代持等隐蔽手段投资入股保险公司的行为,2016年7月15日,保监会发布《关于进一步加强保险公司股权信息披露有关事项的通知》。对保险机构强化股权管理、规范筹建和股权变动等方面提出了具体要求,旨在保证投资保险机构资金的合规性。披露的主要内容包括:股权变更的股东大会决策程序、变更保险公司注册资本的方案(增减资规模、对应各股东的增减资金额和股权结构变动前后对照表)、增资资金来源,以及股东之间关联关系的说明。致力于通过信息透明化来对险企资金运作和流向予以监管。

(2) 发布"1+4"系列文件

2017年4月至2018年1月,保险监管部门密集推出《关于进一步加强保险监管维护保险业稳定健康发展的通知》(34号文);《关于进一步加强保险业风险防控工作的通知》[1](35号文);《关于保险业支持实体经济发展的指导意见》(42号文);《关于弥补监管短板构建严密有效保险监

---

[1] 规定保险公司股东不得通过关联交易、多层嵌套金融产品、增加股权层级等方式从保险公司非法获取保险资金,用于向保险公司注资或购买保险公司发行的次级债,切实防范资本不实的风险。

管体系的通知》(44号文);统称为"1+4"系列文件。[1] 这些监管措施均共同指向"保险姓保",从加强资金运用、内部控制到完善准备金评估标准,从对保险产品设计的要求到对保险公司治理的检查,从偿付能力监管到资产负债管理,均让保险公司管理层、投资部门和法律合规部门普遍感受到了严监管的压力。

在资本和股权监管执法方面,集中整治保险公司股东利用保险资金自我注资、使用非自有资金出资、入股资金未真实足额到位或抽逃资本金等问题,严禁代持、违规关联持股等行为。对入股资金来源或股东关联关系申报不实的,采取撤销行政许可、限制行使股东表决权、责令转让或拍卖股权等监管措施。具体实践方面,保险监管部门就违规入股、虚假出资问题,对多家保险公司及相关责任人作出处罚。[2]

(3) 启动我国"偿二代"二期工程建设

2017年9月,保险监管部门发布我国"偿二代"二期工程建设方案,明确了完善监管规则、健全运行机制、加强监管合作三大任务,计划用三年时间完成对我国"偿二代"制度的升级改造。发布了《保险公司偿付能力管理规定(征求意见稿)》,对行业存在的偿付能力风险、偿付能力数据不实、保险公司主体责任不强等问题,建立偿付能力数据非现场核查机制和现场检查机制,并从偿付能力充足率、实际资本、风险综合评级等多个维度对保险公司进行分类,并进一步依据风险形成因素与严重性的不同实施有针对性的监管措施。[3]

(4) 修订《办法2014》:强化股权和资本的真实性监管

2018年3月,保险监管部门发布了修订后的《保险公司股权管理办法》(简称《办法2018》),共9章94条。其中,将单一股东股权比重上限由51%降为1/3;关于保险公司股东的投资入股行为,从事前、事中、事后等阶段进行重点监督管理,构建完善的投资入股保险公司之前、成为保险公司股东之后,以及股权监督管理三方面的规则体系(如表6.5)。总结来看,保险监管进一步明确投资入股保险公司须使用来源合法的自有资金,

---

[1] 这一系列文件集中整治保险资金投资多层嵌套的产品,模糊资金的真实投向,掩盖风险的真实状况;非理性连续举牌,与非保险一致行动人共同收购,利用保险资金快进快出频繁炒作股票;违规开展资金运用关联交易,向大股东和实际控制人输送利益;盲目跨境跨领域大额投资和并购;将短期资金集中投向非公开市场的低流动性高风险资产。

[2] 《中国金融稳定报告2018》,第84—85页。

[3] 同上。

并对资金来源向上追溯认定;在股权结构方面实施穿透监管,投资人情况和关联关系都需要进行穿透审查,解决隐形股东等现存问题;加大对违规股东的查处,视情节采取责令改正、限制股东权利、责令转让所持股权、撤销行政许可等监管措施。[1]

表 6.5　保险公司股权监管新规

总体思路	分类监管,明确股权管理政策导向;[2]从严管理,从源头防范公司治理风险;[3]实施穿透式监管;[4]加强事中事后监管,规范股权管理行为[5]
事前监管	分类准入,严格股东准入,分别设定了控制类股东、战略类股东、财务Ⅰ类股东、财务Ⅱ类股东的资质条件,对重要股东按权责匹配原则提高准入标准
	负面清单式的准入资格条件监管,增设全部股东准入负面清单和控制类股东准入负面清单
	加强对实际控制人适当性评估考察,对股东资本实力、持续出资能力、行业背景、个人素质、管理团队、履职经历、经营记录、既往投资、风险管控能力等方面进行全方位评估
	加强资本真实性监管,[6]任何投资人禁止直接或间接通过保险资金投资,要求必须使用自有资金,并明确其含义

---

[1] 《中国金融稳定报告2018》,第85页。
[2] 对于保险公司财务Ⅰ类、Ⅱ类股东,支持符合条件的各类资本投资保险业,但在财务状况、出资能力、诚信合规等方面提高准入门槛;对于战略类股东、控制类股东,严格准入条件和行权过程监管,建立有效的风险隔离机制,确保保险姓保。
[3] 严格准入条件和审核标准,加强控制权流转监管,提高透明度建设,严格关联关系、一致行动人和实际控制人审查,严格入股资金审查。
[4] 在股东资质方面,规定关联方、一致行动人合计持股比例达到某类股东标准的,其持股比例最高的股东应符合该类别股东的资质条件;持股比例方面,规定股东与其关联方、一致行动人的持股比例合并计算;在资金来源方面,对入股资金的来源向上追溯认定。
[5] 对股权流转中的质押、诉讼保全等事项进行规范,加强对股权状况的监控;加强信息公开披露,规范股权变更和增资行为;增加对股东的监管要求,加大问责力度,确保股权流转有序规范。
[6] 2018年《保险公司股权管理办法》要求投资人取得保险公司股权时,应当使用来源合法的自有资金,该等自有资金以净资产为限,禁止通过设立持股机构、转让股权预期收益权等方式变相规避自有资金监管规定。投资人为保险公司的,不得利用其注册资本向其子公司逐级重复出资,并对资金的来源进行了严格的限定,即《办法2018》第35条的规定:"投资人不得直接或者间接通过以下资金取得保险公司股权:(一)与保险公司有关的借款;(二)以保险公司存款或者其他资产为担保获取的资金;(三)不当利用保险公司的财务影响力,或者与保险公司的不正当关联关系获取的资金;(四)以中国保监会禁止的其他方式获取的资金。严禁挪用保险资金,或者保险公司投资信托计划、私募基金、股权投资等获取的资金对保险公司进行循环出资。"

事中监管	规范股东行为,对限制套利、强制增资、入股家数、限售期等作出明确规定
	加强股权信息披露,要求保险公司就变更注册资本、股东资本金来源、关联关系、股权结构等信息进行预披露,充分利用信息预披露机制,规范股权变更行为,强化社会监督,提高审核透明度
事后监管	加强股权许可审查,股权预披露、公开质询等公众监督手段,股东承诺及声明等自我约束手段,章程特殊条款等公司治理手段,责令改正、限制股东权利、责令转让所持股权、撤销行政许可等监管手段相结合
	强化查处手段和问责力度,创新建立股权管理不良记录、投资人市场准入负面清单、第三方中介机构诚信档案等

(5)《关于加强非金融企业投资金融机构监管的指导意见》

2018年4月,金融监管部门联合印发《关于加强非金融企业投资金融机构监管的指导意见》(银发〔2018〕107号,以下简称《指导意见》),管控非金融企业投资金融机构的行为,旨在解决当时实践中出现的问题。比如,一些非金融企业跟风扩张金融领域业务而忽视了自身的主营业务经营,间接造成企业杠杆率居高不下,还有一些非金融企业使用非自有资本虚假注资,造成金融机构防范风险的实际资本出现缺口。另外,还有小部分非金融企业介入金融机构的正常运行,造成实业领域和金融领域风险交叉传染。因此,《指导意见》对非金融企业投资金融机构时的股东资质、资金来源、公司治理等方面予以规定,[1]促进实业与金融的良性互动,强化监管并防范风险管理。

(6)《金融控股公司监督管理试行办法》

2020年9月,央行发布《金融控股公司监督管理试行办法》(中国人民银行令〔2020〕第4号,以下简称《金控办法》),规范金融综合经营和产融结合,加强金融控股公司统筹监管。由于非金融企业投资控股多家多类金融机构,就会成为事实上的金融控股公司。《金控办法》遵循宏观审

---

[1]《指导意见》的具体内容概括如下。(1)对金融机构的不同类型股东实施差异化监管;对一般性财务投资,不作过多限制;对于主要股东特别是控股股东,进行严格规范。(2)强化金融机构控股股东的资质要求,从正面清单和负面清单明确金融机构控股股东的具体条件,加强金融机构股权质押、转让和拍卖管理。(3)规范非金融企业投资金融机构的资金来源,加强资本的真实性合规性监管。(4)完善股权结构和公司治理,规范关联交易,健全风险隔离机制,防止滥用控制权,严禁不当干预金融机构经营。(5)加强对非金融企业和金融机构的穿透监管,强化部门之间的监管协调和信息共享。(6)充分考虑市场影响,按照"新老划断"原则,积极稳妥组织实施。

慎管理理念,对非金融企业投资形成的金融控股公司依法准入,实施监管;对金融控股公司依照金融机构管理,以并表为基础,对资本、行为及风险进行全面、持续、穿透监管,规范经营行为,防范风险交叉传染,促进经济金融良性循环。因此,《金控办法》对于部分实业主体盲目向保险业扩张,通过控制保险公司来滥用险资以自利具有一定约束力。

综上,在保险公司利用异化为中短存续期理财产品的万能险进行筹资并配合实际控制人争夺上市公司控制权的问题上,我国的保险监管制度存在疏漏,除了保险资金投资限制上的监管缺陷,还涉及保险公司内部治理和股权结构上的监管盲点。因此,监管者开始着手加强保险公司健全公司治理、完善内控机制的要求,严控大股东行为,以此间接达到约束保险公司资金运用的目的。《办法2018》对股东资质、股权取得、股东行为、股权事务等分别作了规定,划分权利的边界,为保险公司理性决策投资提供制度基础。2018年4月出台的《关于加强非金融企业投资金融机构监管的指导意见》则致力于有效约束保险公司控股股东使用非自有资金出资或虚假出资,以及大股东在实现控制后利用保险公司进行利益输送。《金控办法》对金融控股公司股东和出资来源穿透式监管、金控公司股权结构、公司治理和风险管理上的监管要求,能够一定程度上约束实业主体通过控制保险公司来滥用险资以自利。

(四) 监管新政评述

2015年下半年,我国市场出现的以万能险资金为主的险资收购、举牌上市公司的行为,引发了社会公众和保险监管者的密切关注。愈演愈烈的险资举牌随着2017年2月保监会对前海人寿违规运用保险资金作出的"暂停开展新业务、申报新产品及股票投资"等监管措施而落下帷幕。[1] 在此期间及以后的时间里,保监会加强对卷入"举牌潮"的万能险监管,包括在资产配置审慎性监管、资金运用、险资举牌的信息披露、规范中短存续期人身保险产品等方面发布了新规定,从而使险资举牌得到一定程度的规范。同时,针对险资举牌、参与并购给保险公司本身带来的风险,以及保险公司沦为实际控制人"钱袋子"现象,从保险公司资金运用和股权管理入手,通过"严进严出"的股东资质审查,以及股东不得违规干预

---

[1] 江崇光、王君、姚庆海:《中国万能险问题研究及监管策略》,载《山东社会科学》2018年第4期。

保险资金运用等多种角度,尽可能确保险资运用不受股东(尤其是金融业之外的实业股东)的负面影响。总体上,无论是从严监管制度下的预防效应,还是针对个别险企顶格处罚的威慑效应,以及执行监管新政的实际约束,确实使我国保险业中曾经存在的各种乱象得到了一定程度的规范。然而,对于保险资金金融力量的防范仍然存有疏漏。

三、我国保险资金运用监管疏漏的比较法视角分析

我国的保险监管在借鉴域外监管经验时只吸收了最新的偿付能力监管,而忽略了美国百年保险监管历史过程中沉淀下来的防范险资金融力量滥用的监管制度,这使得我国保险监管制度注重保障保险公司偿付能力和险资运用安全性,对防范金融与实业过度结合风险存有疏漏。

(一)对标美国险资监管史来审视我国的险资监管制度

从美国保险资金运用监管历史来看,美国对保险资金涉入证券市场的监管先后出现过三个角度。一是20世纪初,阿姆斯特朗调查后对险资投资标的的监管,其限制甚至禁止保险公司持有上市公司(特别是上市银行)的股票。此种严监管虽经八十年后最终放开,但由此衍生并确立的险资消极机构投资者的基本定位和险资投资管理基本原则,至今仍然被坚守。二是20世纪60年代,美国针对险资资金来源的监管,将投资型保险纳入"证券"监管范畴,相应地将投资型保险独立账户的资金按照"投资公司"监管,起因是保险业在50年代推出的变额保险与共同基金进行竞争,这一监管延续至今。三是20世纪90年代,保险监管转向以风险资本为基础的监管模式,其中对于险资投资行为的约束,主要着眼于投资品种的集中度限制(如持有某种资产不超过保险公司资产的一定比例),并辅之以"审慎人原则"等保险公司治理上的要求。这三种角度的监管目的各不相同,分别是防范保险公司金融力量的滥用、保险业与基金业的公平竞争、保障保险业自身的偿付能力,并据此构建了完善的保险公司表内资金(普通账户)和表外资金(独立账户)的投资监管制度。因此,无论投资型保险资金因其"证券"属性而纳入保险公司独立账户管理,抑或基于其浓郁的"保险"属性而纳入普通账户管理,险资金融力量都得到了有效防范。

比较来看,我国现有的保险公司"偿二代"监管体系与美国第三阶段

相近,但缺乏第一和第二阶段的监管制度。我国万能险异化,以及其资金运用被实际控制人用于举牌甚至收购上市公司,正是由于缺乏美国前两个阶段相关险资运用监管制度所致。因此,我国的保险监管在借鉴域外监管经验时只吸收了最新的偿付能力监管,而忽略了其历史上出现并延续至今的防范保险公司金融力量滥用的监管制度。

(二) 监管疏漏分析:对保险公司金融力量的防控欠缺

我国保险资金运用监管存在未能防范保险公司金融力量滥用的重大缺陷。根据宝万之争发生时我国的险资监管规定,万能险资金运用遵循保险公司普通账户资金的投资约束(大类资产比例监管),投连险产品独立账户资金运用则不受普通账户下保险资金运用的额度和比例等限制,仅受保险合同制约。[1] 然而,我国对于保险公司普通账户资金运用所实施的大类资产比例监管,重点在于保障保险资金运用的安全性,对于保险公司金融力量的滥用未有过多约束。而独立账户资金运用仅受保险合同制约的规定,意味着我国对投资型保险产品独立账户资金金融力量管控的空白,毕竟金融监管目标不可能寄希望于合同主体的意思自治来实现。

尽管我国防范保险公司独立账户资金金融力量滥用的监管制度缺位,但由于投连险的低迷甚至存在负收益率[2],使得该类产品并不受投资者青睐,因此,我国对于独立账户资金运用监管的疏漏并没有引发我国此类产品资金的运用乱象。然而,我国对于保险公司普通账户资金运用的监管缺陷却随着万能险产品的风靡而在2015年下半年出现的险资激进投资中暴露无遗。彼时,保监会对万能险的监管主要集中在产品经营方面(保险产品的精算、销售和信息披露的常规层面),对其资金投资未做特殊规定,因此,万能险资金运用遵循保险公司普通账户资金投资规则。虽然对保险公司实际控制人的较少约束和公司治理监管方面的疏漏也助

---

[1]《保险资产配置管理暂行办法》第14条规定,保险公司应当根据自身投资管理能力和风险管理能力,遵循独立、透明和规范原则,为投保人或者受益人利益,管理独立账户资产。独立账户资产的投资范围,执行该《办法》第18条规定。各资产的投资比例,由保险公司通过书面合同与投保人或者受益人约定。

[2] 如2016年投连险分类账户绝大部分录得平均负收益;将平均累计回报率由高到低排列依次为:类固定收益型(3.89%)、货币型(1.94%)、全债型(1.10%)、增强债券型(-0.15%)、混合保守型(-6.04%)、指数型(-9.50%)、混合激进型(-9.64%)、激进型(-10.39%)。参见李真:《2016年中国投连险分类账户排名年报》,《上海保险》2017年第2期。

长了中短存续期万能险资金成为上市公司控制权争夺的融资工具,但从保险资金投资监管视角看,根源仍在于我国针对保险公司普通账户资金运用的"大类投资比例监管"并不能有效约束万能险资金的金融力量滥用。

事实上,我国保监会早期的投资监管政策是有防范险资作为强大的金融力量而威胁实业经营或其他金融子行业的监管措施的,[1]如《关于保险机构投资者股票投资有关问题的通知》(保监发〔2005〕14号)对险资投资比例进行了限定。具体为:保险机构投资者投资同一家上市公司流通股的成本余额,不得超过本公司可投资股票资产的5%;且不得超过该上市公司流通股本的10%,并不得超过上市公司总股本的5%。与之类似的是我国证券投资基金的"双10%"限制。[2] 其隐含的政策考量是避免保险公司或证券投资基金这些机构投资者成为资本市场上的"野蛮人"。这种"双向限制"的监管方式在险资入市的早期,在保险机构投资者对资本市场的运作尚未积累足够丰富经验的情况下,很好地维持了证券市场的稳定性,也构成了对实业经济的一定保护。

然而,我国后来的险资监管制度放弃了前述"双向限制",不再强调险资持有单个上市公司股权比例的限制,仅保留了对股票投资总额以及对同一上市公司流通股的投资总额分别占保险公司资产比例的限制。此种监管重在保障保险资金运用的安全性,对保险公司金融力量的滥用约束乏力。比如,2015年股市异常波动后,保险监管者出台的提高蓝筹股投资比例上限的规定,仅有"不超过险资资产一定比例"的限制,未见有针对险资投资占上市公司股份比例的限制。这助长了险资参与上市公司收购,即只要其单一股票投资未超过保险资产的一定比例,就可以收购上市

---

[1] 例如2005年颁布的《中国保险监督管理委员会关于保险机构投资者股票投资有关问题的通知》(现已失效)第2条规定,"保险机构投资者股票投资应当符合以下比例规定:……(二)保险机构投资者投资流通股本低于1亿股上市公司的成本余额,不得超过本公司可投资股票资产(含投资连结、万能寿险产品,下同)的20%;(三)保险机构投资者投资同一家上市公司流通股的成本余额,不得超过本公司可投资股票资产的5%;(四)保险机构投资者投资同一上市公司流通股的数量,不得超过该上市公司流通股本的10%,并不得超过上市公司总股本的5%;……"

[2] 《证券投资基金运作管理办法》第31条规定,"基金管理人运用基金财产进行证券投资,不得有下列情形:(一)一只基金持有一家上市公司的股票,其市值超过基金资产净值的10%;(二)同一基金管理人管理的全部基金持有一家公司发行的证券,超过该证券的10%……"

公司。针对 2015 年至 2016 年的险资举牌潮,后续出台的保险资金运用新规,[1]下调保险机构投资单一股票占本公司季末总资产的比例至 5%,明确重大股票投资和收购上市公司须使用自有资金,但并未恢复监管最初的险资投资"双向限制",这使得保险资金金融力量滥用风险依旧存在,具体阐述如下:

监管新规下调保险机构投资单一股票占本公司季末总资产的比例至 5%,目的是约束保险资金的投资集中度,从而保障险资安全,对于防范保险公司利用聚集的巨额保费收入控制实业经营乏力。因为根据险资运用新规的分类管理要求,只要偿付能力达标(100%),保险公司购买上市公司 20% 以下的股票属于一般股票投资,既不要求使用自有资金,也无须监管审核,更没有投资行业的约束。哪怕是保险公司购买上市公司 20% 以上股份,构成重大股票投资,只要保险公司偿付能力达标(≥150%)、已完成股票投资管理能力备案,且不是与非保险一致行动人共同开展重大股票投资,监管规则同样不要求使用自有资金,也无投资行业限制。在前述情形下,理论上只要保险公司做大资产规模,可投资单一股票的资金量就能随之提升;再配合难以被监管执法和司法事后发现的非股权方式,[2]入主并控制股权分散的实业上市公司恐怕并非难事。因此,相较于金融监管执法和司法裁判事后通过认定非股权控制情形下的上市公司"实际控制人"并追究其责任的困难与高成本,倒不如直接采取事前明晰的保险资金股票投资"双向限制"规则,从而有效防范保险资金金融力量滥用风险。此外,监管新政的出台使万能险产品本身得以回归保险保障

---

[1] 2017 年 1 月颁布的《关于进一步加强保险资金股票投资监管有关事项的通知》中规定,保险机构投资权益类资产的账面余额,合计不高于本公司上季末总资产的 30%。除上市公司收购及投资上市商业银行股票另有规定情形外,保险机构投资单一股票的账面余额,不得高于本公司上季末总资产的 5%。

[2] 认定公司控制权最直观的标准是持股比例(比如若持股上市公司 50% 即为控股股东),除此以外,投资者还可以通过投资关系、协议、其他安排的途径成为上市公司的实际控制人。但实践中,如何认定投资者以非股权的方式成为上市公司"实际控制人"常有争议。监管层面重在风险防范,综合采用持股数量、表决权及董事会成员(决定数量)等因素,主要以识别最终控制人为主要抓手;司法层面重在责任承担,裁判标准因个案具体情形而有差异,只要能确认承担责任的主体,就无须穿透至最终控制人。参见周游:《实际控制人识别标准的差异化实践与制度表达》,载《政法论坛》2024 年第 1 期。需要注意的是,无论金融监管执法,抑或司法纠纷裁判,对于上市公司实际控制人认定的争议,均表明非股权控制方式的隐蔽性或被揭露的困难性;但更重要的是,监管执法和司法裁判为了追责而事后认定实际控制人的方式,并不利于金融风险的预先防范。

本质,但这只是处理了保险公司和投保人之间以保险合同为基础而产生的法律关系,保险机构经由万能险而获得的保费在对外投资时存在的金融力量滥用风险尤在。

综上,美国法下对保险公司表内资金(普通账户)和表外资金(独立账户)的对外投资均有完善的监管措施,险资金融力量都会受到相应的监管规范约束。相较而言,我国保险资金运用监管体系并不完善,防范保险公司独立账户资金金融力量滥用的监管制度尚付阙如,且针对保险公司普通账户下的表内资金投资监管并不能有效约束万能险资金的金融力量滥用。这意味着我国要构建健全的保险资金运用监管制度,需要在反思投资型保险产品的本质属性及防范其资金滥用风险最佳监管路径的基础上,建立起针对保险公司独立账户下的投连险资金金融力量滥用的监管制度,且需要完善针对保险公司普通账户下的表内资金投资监管制度,从而实现对我国保险公司表内和表外资金运用的全方位监管,有效约束保险资金的金融力量滥用。

四、美国经验借鉴:完善我国保险资金运用监管制度

在资本市场中,保险公司作为机构投资者的主力之一,其在为实业发展提供坚实资本支持的同时,也引发了公众对其金融力量过度影响实业经营的顾忌。如果以规模和金钱来衡量,保险公司位于"权力巨人"行列。根据美国上百年保险实践及其监管历史,金融力量可借由权益投资而被滥用:保险公司利用所聚集的巨额资金控制其他实业公司,或者被其他主体借由股权投资控制以满足私利。因此,约束保险公司的投资行为和股权结构,使得作为金融机构的保险公司与一般实业公司分离,即"金融与实业分离",便成了防范保险业金融力量滥用的核心路径。这对我国保险资金运用监管制度的完善具有借鉴意义,但方法的有效性与我国具体实际情况密切相关,因此,我国在借鉴时也须考虑自身国情而有所取舍。

(一)总体监管策略

我国险资举牌对上市公司和保险公司自身经营稳定性的影响,以及激进投资受实际控制人操纵的事实,暴露出我国保险资金运用监管制度中防范金融与实业过度结合风险的匮乏。因此,我国保险监管须借鉴美

国保险监管经验及其具体制度,在注重保险公司偿付能力监管之外,构筑起金融与实业适当分离之墙,即落实金融与实业分离原则,从而防范保险资金的滥用风险。此外,我国异化了的万能险资金运用乱象,不仅暴露我国防范保险公司普通账户资金金融力量滥用的缺陷,也体现出不按产品属性去匹配相应监管措施会引发的监管扭曲和无效率。美国对投资型保险产品及其独立账户投资的功能监管路径,可以为我国投资型保险资金监管制度的完善提供新思路,即以产品本质属性为基础,对同类金融产品及其资金运用进行统一监管。

1. 落实金融与实业分离原则

金融监管须审慎对待金融资本与实业经济的关系,避免二者之间过分结合而衍生风险,因为金融业和实业发展存在本质区别。金融业往往是加杠杆来"借鸡生蛋",资金体量巨大而且对投资的流动性、收益性要求高,而实业着眼于生产循环过程,投资资金固化在生产、流通等经营环节之中。由此,也决定了金融与实业在风险及业务管理上的巨大差异。如果保险公司过度涉足其不熟悉的多元化实业经营领域,或利用资金优势通过股票投资在资本市场上"快进快出",会有损于实业经营的稳定性和有序发展。一旦实业经营失败或股价骤跌,反过来也会对保险公司的财务稳健产生不利影响。长远来看,保险公司对实体经济的持续渗透,还会催生出经济力量集中的寡头垄断机构。[1] 此外,当别有用心的实业主体通过杠杆融资来控制保险公司,进而利用其充沛的现金流从事股票炒作行为或入主实业经营,对实体经济及社会公众利益造成的威胁更甚。

从金融与实业过度结合的视角看,组织企业并购的资金并非属于纯粹意义上的金融市场业务,还可能出现隐形金融控股公司或"实业—金融控股公司"这一实业资本与金融资本相结合的结果,从而衍生出金融与实业过度结合风险,甚至因为高杠杆和过度互联而引发系统性风险。因此,我国的保险业监管必须在注重保险公司偿付能力监管之外,借鉴域外监管经验,构筑起金融与实业适当分离之墙,防范保险资金的滥用风险。

2. 从机构监管走向功能监管

美国投资型保险资金运用监管制度是在功能性监管路径下,以投资型保险"证券"属性界定为基础,将经营投资型保险的独立账户视为发行

---

[1] 张佳康、李博:《证保分业及险资股票投资的分水岭——基于1905年美国阿姆斯特朗调查报告的研究探索》,载《证券市场导报》2018年第2期。

"证券"的"投资基金"。由此,独立账户资金对外投资须遵循1940年《投资公司法》等对于投资基金的监管约束,从而借助美国防范投资基金金融力量滥用的举措来实现对保险资金投资力量的管控。这种功能性监管路径为完善我国投资型保险资金监管制度提供了新思路。

由于投资型保险产品混合属性所带来的风险分配异于传统的人寿保险产品,因此,在投保人保护及资金运用监管上需要实施差异化监管。具体来讲,传统的人寿保险产品由保险公司承担死亡风险和投资风险,保险监管法对保险合同条款、保险公司准备金、允许的投资等进行监管,旨在保障保险公司的偿付能力,从而使其有财务能力承担未来的保险责任,以维护保单购买人的利益。但投资型保险产品经由独立账户管理并将聚集的大体量资金投资于高风险、高收益的证券,且由投保人承担全部或大部分投资风险。此时,保障保险公司的偿付能力已经不再是有效保护投资型保险产品购买者利益的监管措施,因为购买者的收益不再依赖于保险公司的偿付能力,而是与投资业绩挂钩。对于收益不确定的投资产品,法律规范与监管措施保护投资者的重点并非使投资者远离市场风险,而在于预防受托人或管理人的违规行为和利益冲突。因此,契合的监管措施通常是保障投资基金或资管计划实现公开、透明的运行原则,并且将风险最大程度详尽地通知投资者。[1] 此外,该类产品资金的对外投资环节往往也会受到国家层面产业、竞争或宏观调控政策的影响。因为该类产品的投资会形成大量资金流动与权益再配置,这会对投资对象及其所处的整体市场和产业都造成较大影响,因此,会受到政策层面的特别重视。以美国为例,防范金融力量滥用的1940年《投资公司法》及联邦所得税法,都有约束共同基金的对外投资,要求其遵守分散化投资的原则。这使得共同基金不可能取得上市公司控制权,更不可能主动发起敌意收购。[2] 同理,我国《证券投资基金法》对于基金对外投资的严格约束也致力于控制其金融力量滥用。

险资举牌上市公司或参与收购堪称2016年资本市场最有争议的主题。金融资本强势投资上市公司,在引发被投资公司股价震荡的同时,也使得金融资本与实业的冲突愈发明显。保险业的巨额资金投资证券市

---

[1] OECD, "White Paper on Governance of Collective Investment Schemes (CIS)", *Financial Market Trends*, No. 88, 2005, pp. 139.

[2] 〔美〕马克·J. 洛:《强管理者 弱所有者:美国公司财务的政治根源》,郑文通等译,上海远东出版社1999年版,第146—155页。

场,市场上持续涌现出混合型金融工具,打破了传统上金融分业经营、分业监管的格局。我国市场上曾出现的万能险激进投资与监管乏力,实际上也暴露出我国忽略投资型保险产品本质而固守机构监管所存在的局限。这源于我国金融监管目标存在偏差,[1]根本原因在于金融监管理念存在问题。首先,金融监管的目标通常是维护金融消费者权益、确保市场公平竞争。但我国存在监管目标偏差的情况,因为在前述共同目标之外,金融监管部门还增加了与行业宏观调控相关的目标内容。不同金融行业的监管部门在制定政策时往往会以维护本行业利益为出发点,从而为本行业市场主体扩大发展空间。这就导致不同监管部门针对同类监管对象的要求及其尺度并不一致,从而为金融机构进行跨市场监管套利埋下隐患。[2]若从根本上讲,监管套利源于我国金融监管理念的缺陷。传统上,金融分业监管秉承"谁审批机构、谁监管"的思路,核心是机构监管,理念是"管法人、管准入、管处罚"。在这一理念下,监管机构既负责规则的制定,也负责其执行,因此无法对监管效果进行合理评判。[3]事实上,监管机构应当从更多方面关注金融产品的创新,如产品法律关系是否明确、风险收益是否匹配、信息披露是否充分等。在金融业务创新方面,监管机构应当杜绝"地盘"意识,依据产品功能特点协调相关部门落实监管,避免因监管权限而忽视产品的性质和功能界定。

反观我国投资型保险资金运用监管制度,内容局限在确立账户分立

---

[1] 全国人大财经委副主任委员、人民银行原副行长吴晓灵女士曾多次指出,以往中国金融监管在目标定位上有些偏差,将行业发展和引导创新也当作了监管的潜在目标和责任。她认为,发展应是市场主体的行为结果,监管的责任是防范发生系统性风险。把市场发展作为监管者的目标之一会产生角色冲突,难以坚持监管原则的持续性。监管机构应当意识到,创新是市场发展的动力,是市场主体适应市场需求的行为,监管的责任是要关注创新的市场基础,关注对投资者的保护。

[2] 依机构监管分工,金融监管者在主要目标基础上,还肩负了促行业发展、防风险的多重目标,并确立了与行业发展、监管话语权相对应的考核指标,如行业增速、资产规模和盈利水平等。这使得金融监管方向与主要目标偏离,甚至政府在"稳增长"、债转股、保障国有企业运行、去产能等方面都让金融监管当局出文件。对于保监会而言,由于保险类金融机构规模较小,行业发展目标重于风险防控。保监会的主要监管资源仍主要集中在支持保险行业、扩大保费收入、提高保险渗透率方面,近年来对保险产品投诉、投保人合法权益的保护、保险资金的监管等方面的资源投入仍是不足。参见谢平、杨硕:《中国金融监管改革的20个热点问题》,载《新金融评论》2017年第4期。

[3] 谢平、杨硕:《中国金融监管改革的20个热点问题》,载《新金融评论》2017年第4期。

规则[1]层面,并未基于产品的本质属性而对投资型保险的资金运用构建完整、透彻的监管体系。我国异化了的万能险资金运用乱象,反映出不按照产品属性去匹配对应监管措施而引发的监管错位,其根源在于功能性金融监管的缺失。具言之,异化了的万能险已经蜕变为理财产品,但就因为它的"保险"外衣,且最低收益保障使该类产品资金属于保险公司表内资金,从而适用保险公司普通账户资金运用规则。不幸的是,我国对于普通账户资金金融力量滥用防范的缺陷,终究未能有效约束急速增长的中短存续期万能险资金的规范运用。固然,我国约束保险公司普通账户资金运用的监管规则存有缺陷,需要完善以期解决实践问题并防患于未然。但如果从万能险产品的本质属性去思考其资金运用监管制度的完善,则是另一番应对思路。

万能险资金受其产品属性影响,与保险公司传统的保险产品资金运用本就不同,即便在我国万能险资金归入保险公司普通账户管理,适用与普通账户资金相同的投资监管规则,但仍难免存在张力。万能险的投资属性,一方面使保险公司必须以单独账户清晰核算购买该类产品保单持有人的投资收益,另一方面使得监管必须放开该类产品资金进行高风险投资限制以获取高投资收益,从而兑现保险公司对投保人高预定收益保障的承诺。万能险资金的单独投资核算与高投资回报需求与传统的保险产品资金管理明显不同,我国保险监管者通过规定保险公司普通账户投资规则的例外来应对前述差异,即保险公司通过单独账户来管理万能险资金并据此核算投保人收益,且允许的单独账户股票投资比例(80%)远高于保险公司管理传统保险产品资金的普通账户股票投资比例(最初为40%,后下调至30%)。这种方法或许对于尚未异化的万能险(侧重保险

---

[1]《保险公司投资连结产品等业务会计处理规定》期望通过人身保险新型产品的"独立账户"或"单独账户"及其核算制度,保证资产独立性和持有人的利益。但是,这种会计核算上的独立是否就是法律上的独立,是否可以实现与保险公司固有资产的独立和破产隔离,还需要探讨。会计处理是保证财产独立的手段,通过会计制度保证财产独立和核算独立,而不能用会计处理来确定法律意义上的财产独立。我国2009年《保险法》修订时,新型人寿保险才刚刚兴起,所以其规定的保险公司的破产清算时清偿顺序(依次是工资等、赔偿或者给付保险金、保险公司欠缴社保和税款、普通破产债权)并没有体现与投资型保险产品相关的问题考量,比如"独立账户的财产是否属于清算财产""独立账户中的财产所对应的债权是否可与保险公司的债务相抵销""非因独立账户财产本身承担的债务是否可以对该独立账户的财产强制执行"等问题都没有涉及。参见田静:《我国人身保险新型产品的投资功能属性及法律框架》,载《比较》2016年第4期。

保障）资金运用尚且有效，至少监管思路上不存在尖锐冲突（均为针对保险产品资金的监管），也有美国的监管先例可循。但对于异化了的万能险资金运用而言，前述办法决计不再恰当，因为不仅存在（保险产品资金与理财资金）监管逻辑的冲突，还涉及投资者利益保护和构建同类金融产品公平竞争环境的问题。

（二）具体监管措施

金融监管须审慎对待金融资本与实业经营的关系，避免二者之间过分结合而衍生风险。根据美国保险资金运用监管历史以及现今的美国保险资金运用监管规则，阿姆斯特朗调查之后对保险公司股票投资的禁令和此后长时间的股票投资比例限制，以及《保险控股公司示范法》的出台，体现了保险监管践行"金融与实业分离"原则。美国保险资金运用监管制度，既有针对传统寿险产品资金投资行为监管的一般原则，也有针对投资型保险产品资金投资行为的特殊监管模式。通过这两种监管模式的结合，美国相对成功地控制了金融资本向实业经营的扩张，保障了美国实业经济的有序发展。比较来看，美国针对保险资金投资的一般监管原则在我国有相应的制度体现（尽管不完善），但对投连险、万能险产品资金运用的监管，我国尚未形成完整且透彻的监管体系，现有规定多只局限在确立账户分立层面，并未对投资行为设立明晰标准。宝万之争暴露出我国以保障偿付能力为重心的保险监管制度，对防范金融与实业过度结合风险的匮乏。因此，我国保险业监管可借鉴美国保险监管经验及其具体制度，构筑金融与实业适当分离之墙，防范保险资金滥用风险。

1. 金融与实业分离：防范保险公司金融力量滥用

美国法下防范保险公司金融力量滥用的监管制度以保险产品资金的性质为基础，分为保险公司表内资金（普通账户）和表外资金（独立账户）的对外投资监管，下文也将从保险公司表内资金和表外资金运用这两方面阐述如何完善我国的险资监管制度。

（1）表内资金：投资比例"双向限制"

当保险公司投资实业时，若对被投资企业持股比例高，不仅带来投资风险的集中，而且会引发过度介入被投资企业经营的权力滥用风险。一般而言，基于险资安全性的考量，在保险资金运用的众多方式中，债券投资备受亲睐,[1]但股票投资却非主流。因为股票投资的高风险,及会计上对股票投资按公允价值计量的方法,会对保险公司的财务稳定带来消极影响,这构成了监管者限制保险公司股票投资的理由。然而,不应忽视在现代公司制组织结构下,股票投资的另一特殊性——获得参与被投资公司经营决策权的机会,[2]更容易经由保险公司资金运用而衍生出金融力量滥用风险。这也是为何美国在阿姆斯特朗调查后长达半个多世纪限制保险公司持有被投资公司股票的比例,防范险资控制实业经营。长时间且严格的投资比例限制将保险公司塑造为了资本市场上的消极机构投资者并成为保险业惯例。即便20世纪90年代美国对于保险公司的投资监管,转变为了"大类比例限制"与审慎人原则相结合,将权益投资的比例交由保险公司自主审慎决策,保险公司也不会作出明显违背行业惯例的非审慎投资行为(利用其金融力量控制实业)。由此,险资投资的审慎人原则持续发挥约束保险资金滥用其金融力量的功能。

反观我国保险公司资金运用监管制度,采取大类比例的量化投资监管方式,只限定了股票投资占保险资金上季末总资产的比例,未能合理限制保险资金持有上市公司股份的比例。[3] 这表明我国的监管规定重点在于保障保险资金运用的安全性以及保险公司的偿付能力,对保险公司金融力量的滥用未有过多约束。需要说明的是,虽然防范保险公司金融力量滥用与保障保险业自身偿付能力的保险资金运用监管措施在表面上有重合之处,比如,均限制险资的投资比例,但因为二者的监管目标不同,所以监管措施的细节存在本质差异。限制险资作为强大的金融力量控制实业经营的代表性监管措施是规定险资持有被投资公司的股票不得超过该公司股份的一定比例,而保障保险公司的偿付能力主要是基于险资多

---

[1] Schwarzschild and Zubay, *Principles of Life Insurance* (*Volume II*), Richard D. Irwin, INC., 1964. p.216.

[2] Daniel P. O'Brien and Steven C. Salop, "Competitive Effects of Partial Ownership: Financial Interest and Corporate Control", *Anti-trust Law Journal*, Vol. 67, 2000, pp. 569-572.

[3] 比如,2015年年中股灾,保监会积极响应救市将投资单一蓝筹股票的余额占上季末总资产的监管比例上限由5%提高到10%,投资权益类资产的余额占上季末总资产的比例由30%提高到40%。2017年1月,保监会颁布《关于进一步加强保险资金股票投资监管有关事项的通知》,为规范激进险企,首先将"股灾"时放宽的投资比例收回,将持有单一蓝筹股占上季末总资产比例上限由10%回调至5%,持有权益类资产占上季末总资产比例上限由40%回调至30%。

元化投资组合以分散风险,因此代表性的监管措施是限制险资对某个金融产品的投资不得超过保险公司自身资产的一定比例。因此,我国的保险监管制度借鉴并采用了最新的偿付能力监管措施,规定险资对外投资不得超过自身资产的一定比例,但并未限制持有被投资公司的股份比例,由此放任了保险公司实际控制人利用巨额险资控制实业上市公司的风险,这也是宝万之争险资运用风险失控的制度原因。

然而,我国投资监管路径也不能完全转向美国的审慎人原则,而是应致力于量化投资监管规则的改良。因为在审慎人原则约束下,保险监管者需要关于内控和公司治理的相关信息,而不是像量化投资监管那样,纯粹依赖于资产组合的构成来监管,前者需要机构投资者关于投资决策的权限划分和资产管理内控制度更高的透明度,以及有效的行业自律监管。我国作为新兴市场国家,保险资金管理者与监管者均缺乏经验、市场动荡且存在内部人投机,当监管者对机构投资者的内控缺乏信心、行业自律监管匮乏及公司治理结构不完善时,量化投资监管是必要的,可在一定程度上确保投资组合的分散化,避免风险过度集中。[1] 因此,我国应对险资股票投资设置"双重比例限制",即同时限制保险公司可以用作投资的资产比例,以及保险公司持有被投资公司有投票权股票的比例。这样可以实现保险资金的分散化投资,同时有效防范巨额保险资金集中投资对实业产生的过度控制风险。

(2) 表外资金:遵循证券投资基金监管路径

美国投资型保险资金运用监管经验能够为我国保险资金监管体系的完善提供借鉴。如前所述,尽管美国各州保险法将独立账户资金豁免于州保险法对于保险公司普通账户资金运用的监管之外,但在功能性监管路径下,美国通过将独立账户经营的投资型保险产品归入"证券"进行监管,使得独立账户资金的投资遵循联邦法下关于"投资公司"投资的严格监管规定,从而实现了对金融资本滥用的严密控制。从产品属性上看,我国的投连险与异化了的万能险,本质上均具有"证券"投资属性;而且投连险独立账户资金以及万能险单独账户资金的具体运作与证券投资基金无异。因此,我国投资型保险资金运用监管制度的完善,可以在功能性监管

---

[1] Davis E. Philip, *Prudent Person Rules or Quantitative Restriction? The Regulation of Long-term Institutional Investors' Portfolios*, Cambridge University Press, 2002, pp. 165-172.

理念下,扩大《证券法》上"证券"的界定范围,将归属"证券"序列的投资型保险纳入证券监管体系;相应地,经营该类投资型保险产品的资金账户就属于"投资基金",可适用我国证券投资基金的对外投资监管规则,从而约束投资型保险资金金融力量滥用。

第一,监管变革的前提:扩大"证券"的界定范围。在功能性监管路径下,投资型产品"证券"属性是其对应的独立账户资金适用"投资公司"对外投资约束的前提。由于我国对于保险产品的分类以及是否经由独立账户运作与美国存在差异,因此,需要在准确对标中、外投资型保险产品属性的基础上来思考美国险资监管经验的借鉴。从产品本质属性上看,我国投连险和异化了的万能险,均对应美国法下归属"证券"序列的投资型保险;相应地,该类产品资金的运用类似于"投资基金"。我国监管投资基金的《证券投资基金法》及相关规定,为基金产品详细规定了包含信息披露和投资监管规则在内的完整体系,当其适用于投连险资金和万能险资金运用监管时,可以有效约束该类资金金融力量的滥用。

我国《证券法》对于"证券"的定义未能涵盖本质上具有证券属性的投资型保险产品。对于投资型保险产品,保险公司将投保人缴费的投资部分归集在一起,由保险公司集中管理,保单持有人以其所持有份额的多少,享有投资收益,保单持有人的缴费灵活、变现也灵活。它与传统的金融产品,例如银行存款和普通保险不同,它的收益取决于(账户资金的)投资收益,是一种以"市场为基础"的投资工具,具有收益的不确定性。[1]因此,我国的投连险和中短存续期万能险属于国际上统称为集合投资计划(collective investment schemes)的产品范畴。而集合投资计划在世界各国均被认定为"证券",但我国对此没有形成共识,造成了金融市场和监管混乱。[2] 已有学者指出,扩张"证券"的概念,将金融机构发行的符合证券定义的资产管理产品纳入《证券法》的调整范围,由此提高法律的科学性、消除监管漏洞,更好地保护投资者的合法权益,进而提高法律的有效性。[3]

---

[1] 田静:《我国人身保险新型产品的投资功能属性及法律框架》,载《比较》2016 年第 4 期。
[2] 吴晓灵:《中国金融的监管改革》,载《商周刊》2016 年第 13 期。
[3] 参见邢会强:《我国〈证券法〉上证券概念的扩大及其边界》,载《中国法学》2019 年第 1 期。证券是投资者为了获取利润而取得的代表投资性权利的凭证或合同,投资者之间共同进行了投资或者它允许投资者对外拆分转让该证券,它具有损失本金的风险且该风险未受其他专门法律的有效规制。根据这个定义,证券的构成要件有三:(1) 投资性,即投资是为了获取利润;(2) 横向共同性,即投资者之间共同进行了投资或者它允许投资者对外拆分转让该证券;(3) 风险未受规制性或风险裸露性,即在它未受证券法的规制之前,它有损失本金的风险且也未受到其他专门法律的有效规制。

因此,要实现功能监管路径下对我国投资型保险产品资金金融力量滥用的防控,有赖于《证券法》拓宽对"证券"界定的范围,将投资型保险产品纳入"证券"范畴。[1] 如此,便可以在《证券法》和《证券投资基金法》的框架下,承认这类产品投资部分的属性并界定相关当事人的权利义务;[2] 从而脱离"堵塞式"事后监管模式,确立一套具有前瞻性的制度体系。

第二,投资型保险资金运用监管:适用证券投资基金的信息披露及投资约束。尽管在我国现行监管体制下,投连险账户和万能险账户资金与证券投资基金分属于不同机构监管,但二者存在很多相似属性。首先,投资者为获取利润授权金融机构管理资产,并自行承担投资风险。[3] 其次,投资者凭借专业机构的投资管理实现收益,不需要作出特定投资决策。[4] 最后,投资者须向专业投资机构支付费用作为投资管理的酬劳。[5] 鉴于我国投连险独立账户和万能险单独账户与证券投资基金的

---

[1] 2014年修订的《证券法》(已失效)第2条第1款仍然沿用1998年《证券法》颁布之初对"证券"的定义:"在中国境内,股票、公司债券和国务院依法认定的其他证券的发行和交易,适用本法。"这一条文将证券基本限定在股票、公司证券的范围内,使得证券相关的监管法律法规无法成为规制投资型保险产品的法律工具。相较而言,美国证券法对"证券"的定义相当广泛,在著名的SEC v. W. J. Howey Co.案中确立的所谓"Howey测试"指引下,法院和监管部门对股票、债券之外各种非典型的投资合同进行实质审查,只要符合该测试的四条标准:(1) 投入资金(investment of money);(2) 用于合资营利的项目之中(in a common enterprise);(3) 依靠他人的运作(solely from the efforts of others);(4) 以求得利(expecting profits)。因此,不论这种合同的名称如何、形式怎样,都将被当作证券而纳入《证券法》和《证券交易法》的监管体系之下。这为我国扩大"证券"定义提供了参考经验,我国可以采用"概括+列举"式的定义方式,以抽象描述强调证券的投资性、可转让性与风险性,并采取不完全列举的方式将重点纳入监管范围的金融产品进行确认,从而为证券法律法规对投资型保险的监管确定前提。

[2] 田静:《我国人身保险新型产品的投资功能属性及法律框架》,载《比较》2016年第4期。

[3] 张冠群:《台湾投资型保险商品分离账户法律规范之检验——理论与比较法之观察》,载《政大法学评论》2009年总109期。

[4] 李奕逸:《论投资型保险保险人义务之建构》,台湾大学2009年硕士论文,第48—51页。

[5] 投资型保险产品的费用结构与传统寿险不同:投资型保险通过独立账户运作,因此其费用结构包括三大部分。(1) 死亡成本费用:风险保费,也就是保户的死亡风险成本。(2) 附加费用:包括行政成本、发单成本、业务人员佣金等,业务人员的佣金低于一般寿险的佣金。(3) 投资管理手续费:包括基金管理费、手续费等。参见Clifford E. Kirsch, *Variable Annuity and Variable Life Insurance Regulation* (*Second Edition*), Volume 1, Practising Law Institute, October 2017, Chapter 1; "An Introduction to Variable Insurance Products", p. 18. 另可参见,江瑞雄:《寿险业兼营投资型保险之研究》,淡江大学2002年硕士论文,第15—17页。

趋同本质,借鉴美国对于投资型保险独立账户资金运用的功能性监管思路,它们都应适用同样的监管规则,即法律对于证券投资基金对外投资限制和信息披露等的约束。具体阐述如下:

第一,投资基金监管制度对证券投资基金资产的投向和比例有明确规定,对分散化投资提出了明确要求。《证券投资基金法》第71条第2款规定,需要在基金合同中对资产组合的具体方式和投资比例依法律法规进行约定。《公开募集证券投资基金运作管理办法》第32条对基金管理人运用基金财产进行证券投资的行为进行约束,其中最重要的是"双向"投资限制。[1] 此种"双向"投资限制,不仅致力于保障基金资产的安全,而且限制基金资产对被投资企业的高比例持股控制。当前述规定适用于投资型保险独立账户或单独账户资金运用时,同样能够防范投连险和万能险资金股票投资对被投资公司带来的控制权威胁,从而有效防范险资金融力量滥用。

第二,在更广的层面上,《证券投资基金法》及相关规定对基金产品的信息披露及基金投资的监管规则,若在功能性监管路径下适用于投资型保险产品的信息披露和资金运用,不仅能够实现更好的投资者保护,还能促成我国理财产品市场的公平竞争。在信息披露上,监管规则要求证券投资基金管理人披露招募说明书、募集情况、资产及份额净值、季度报告、财务会计报告以及其他信息。[2] 相较而言,我国保险监管中曾对中短存续期万能险资金投向信息披露存在监管空白,使得实践中保险公司在保

---

[1] 一只基金持有一家公司发行的证券,其市值不得超过基金资产净值的10%;同一基金管理人管理的全部基金持有一家公司发行的证券,不得超过该证券的10%。

[2] 《证券投资基金法》对基金的信息披露进行了极为严格的规定,该法第76条规定,公开披露的基金信息包括:"(一)基金招募说明书、基金合同、基金托管协议;(二)基金募集情况;(三)基金份额上市交易公告书;(四)基金资产净值、基金份额净值;(五)基金份额申购、赎回价格;(六)基金财产的资产组合季度报告、财务会计报告及中期和年度基金报告;(七)临时报告;(八)基金份额持有人大会决议;(九)基金管理人、基金托管人的专门基金托管部门的重大人事变动;(十)涉及基金财产、基金管理业务、基金托管业务的诉讼或者仲裁;(十一)国务院证券监督管理机构规定应予披露的其他信息。"此外,《保险资产配置管理暂行办法》第26条第2款:"保险公司应当按照合同约定的资产配置范围和比例,明确独立账户风格,及时优化风险调整收益,独立进行投资决策和管理。"第28条:"设立独立账户的保险公司,应当根据中国保监会有关规定,定期披露投资账户信息,确保信息披露真实、准确和完整。其中涉及投资管理的信息披露,应当包括:(一)报告期末投资账户单位价格;(二)报告期末投资账户的投资组合;(三)报告期的投资账户收益率。保险公司变更托管银行或者独立账户投资经理,应当及时向投保人或者受益人披露。"

单上也只表述如"包括债券、存款、基金、股票等投资工具"和"坚持资产负债匹配和稳健投资策略"等较为笼统的措辞。这种投资信息披露并不能使投资者获知保费具体投向。此外,如前文所述,中短存续期万能险本质上是具有保险功能的理财产品,而非具有投资功能的保险产品。中短存续期万能险的筹资和投资均与理财产品相似,但在我国混业经营、分业监管的大环境下,中短存续期万能险及其资金运用均在保险监管体系下进行,产品层面不受《证券法》的约束,其资金投资也不受《证券投资基金法》的限制。这使得无论是在收益率限制还是资金投资范围上,中短存续期万能险与其他理财产品存在不公平竞争。比如,金融监管对银行理财资金直接投资二级市场是非常严格的,若经由通道业务间接投资二级市场也受"穿透式监管规则"约束,而投连险和万能险资金并无此类投资约束。因此,需要对投连险和万能险资金运用适用与证券投资基金相同的监管规则,从而实现更好的投资者保护,并建立同类金融产品的公平竞争环境。

2. 实业与金融分离:防范实业对保险公司控制权的滥用

当实业主体控制保险公司后,对险资的常规滥用方式为"掏空"保险公司,比如,母公司利用子公司的独立法人地位保护,使其成为向母公司输送利益的导管;或者关联方之间通过溢价或折价销售证券、贷款或资产出售来转移利润。这些行为的最终目的都在于转移保险公司的资金来最大化母公司或实际控制人的利益,但这往往与保单持有人保护需求相冲突。[1] 此外,如果对保险资金运用监管存在防范险资金融力量滥用的缺陷,还会催生实业主体通过控制保险公司以利用其巨额保费收入再去控制其他实业以自利。

由于美国保险资金运用监管在应对保险实践问题的历史过程中建立起了约束险资对外投资能力的监管制度,这有效切断了实业主体通过控制保险公司并借助险资权益投资以控制其他实业的可能,因此,美国《保险控股公司示范法》的核心仅在于防范实业股东对保险资金的常规滥用,比如限制控股公司体系内各主体之间的贷款、资产购销和投资分红等,防

---

[1] John R. Dunne, "Intercompany Transactions within Insurance Holding Companies", *The Forum of American Bar Association* (*Section of Insurance*, *Negligence and Compensation Law*), Vol. 20, No. 3, 1985, p. 448.

止保险公司的财务状况遭受损害。[1] 相较而言,我国保险资金运用监管制度在防范险资金融力量滥用方面存在疏漏,这使得我国市场上实业主体对保险资金的滥用,既包括利用关联交易"反哺"控股股东旗下的其他企业(常规滥用行为),还包括借助保险资金举牌和收购实业上市公司(特殊滥用行为)。这也奠定了我国保险监管防范保险公司金融力量滥用的两个规制方向:一方面,管控保险资金对外投资(这属于金融与实业分离层面的问题);另一方面,规范保险公司股权结构和股东关联交易(这属于实业与金融分离层面的问题)。在后者,虽然我国没有保险控股公司法,但可以通过分散立法的方式来实现对保险公司控制权的取得和保险公司及其控制主体之间交易的监管,从而防范滥用保险公司控制权。

宝万之争后,针对保险公司在资本和股权方面暴露出的问题,保险监管部门在既有监管制度基础上,出台多项措施,不断加强薄弱环节的监管制度建设。其中,包括清理保险机构股权结构,厘清关联企业关系,加强保险公司治理建设和监管。但仍然需要注意,尽管规范的公司治理结构对防范保险公司沦为实际控制人的自利工具非常关键,但是规范的公司治理结构与保险公司股权结构的集中度息息相关。若存在"一股独大",那么借由资本多数决,控股股东具有将自身利益最大化的合法机制,也意味着存在实业大股东滥用保险资金的可能。尽管我国《保险公司股权管理办法》将单一股东持股比例由51%回调至1/3,以充分发挥股东制衡作用,但相较于NAIC《保险控股公司示范法》规定的10%股权控制标准仍有一定差距,因此,通过股权分散化而实现制衡的效果有待考量。此外,NAIC《保险控股公司示范法》对于保险公司分红的资金来源及超额分红进行严格监管审查,但我国目前保险监管规则缺乏前述限制,有待未来完善监管制度时予以考量。

---

[1] National Association of Insurance Commissioners, *Model Laws, Regulations and Guidelines*, Volume III: Holding Companies Insurance Holding Company System Regulatory Act, NAIC 440-I. (2014).

结　论

保险公司汇聚投保大众用于分散风险的资金以提供经济发展所需资本,其稳健经营关系到广大投保人的切身利益、经济繁荣和社会稳定,因此保障其偿付能力是监管者的首要目标。然而,仅有偿付能力监管并不能实现对保险公司的金融力量的约束。保险公司作为金融中介,掌握着庞大体量预收保费的资金运用权,其有能力决定融资分配,存在金融垄断风险,因此,防范金融力量滥用也是保险监管的题中之义。

美国20世纪初的阿姆斯特朗调查及此后的从严立法,严格管控保险公司股票投资,致力于通过限制保险公司对外权益投资能力,来约束其滥用险资金融力量以控制实业经营。这彰显了防范金融力量滥用路径的一个维度,即监管金融机构的转投资(权益投资)。此外,保险公司作为经济组织,其所有的投资决策由公司的管理者作出,而保险公司作为"现金奶牛"对于饱受融资困扰的实业经营主体而言具有绝对吸引力,实业公司可以通过收购保险公司的股权来实现对其充沛现金流的支配权。这彰显了防范金融力量滥用路径的另一个维度,即管控金融机构的股东,防止实业通过控制金融业而引发的保险公司金融力量滥用。

本质上,前述两个维度表明作为金融机构的保险公司和实业公司之间的过度结合会衍生金融力量滥用风险,这也奠定了保险资金运用监管制度防范保险公司金融力量的监管路径基础,即金融与实业分离。在我国宝万之争中,前海人寿实际控制人利用万能险资金收购万科股票,可谓金融与实业过度结合所衍生风险在我国市场上的集中体现,暴露了我国保险监管在防范保险公司金融力量滥用方面的疏漏。因此,美国上百年保险监管历史经验对解决我国的现实问题具有借鉴意义。

在防范险资金融力量滥用的第一个维度,即金融与实业分离层面,美国法以保险产品性质为界分,对保险公司的普通账户和独立账户资金实行互异但效果趋同的投资监管模式,从而有效控制保险公司金融力量滥用。作为世界上最早监管保险公司对外投资能力的1905年阿姆斯特朗调查及随后的从严立法,构筑起了金融力量与实业经营间的分离之墙,目前已形成两种监管模式。针对险资投资股票的行为,确立起一般监管原则,其监管思路反映出从"严格数量限制"到"谨慎监管"的转变。而对于投资型保险产品独立账户资金投资股票的行为,则确立了特殊监管模式。相关产品通过司法判例被认定为"证券",经营产品的独立账户则被认定为"投资公司",从而可以运用1940年《投资公司法》的严格投资比例要求而约束账户资金的投资行为。通过这两种监管模式的结合,美国相对成功地控制了金融资本向实业企业的扩张,保障了美国实业经济的有序发展。

在防范险资金融力量滥用的第二个维度,即实业与金融分离层面,美国《保险控股公司示范法》承担起了约束实业主体控制保险公司的监管任务。《示范法》赋予保险监管者对于收购保险公司前全面的审查权、收购后关联交易及分红等的控制权,从而事先筛查拟控制保险公司的企业或个人,并约束控制保险公司后的实业股东对保险资金滥用的可能。需要注意的是,美国市场上并未出现(实业)股东控制金融业,再利用金融机构的钱去并购(同类)实业。这是因为《示范法》出台之际,美国保险资金运用监管处于阿姆斯特朗调查后对险资投资的严格监管延续阶段;而保险资金运用监管制度已经有效防范了保险公司金融力量滥用,这就切断了保险公司大股东利用险资对实业的肆意控制。这也是缘何美国《示范法》防范的只是保险公司股东对险资的常规滥用,如不当分红或关联交易掏空保险公司。

对比来看,宝万之争中前海人寿引发的险资监管问题具有复杂性和特殊性。首先,复杂性源于其夹杂着三个层面的问题,即万能险产品异化、保险资金控制实业经营,以及保险公司大股东利用险资以自利。而且,这三个层面相互纠葛,即本应作为资本市场上审慎机构投资者的前海人寿,却被实际控制人利用,通过发售中短存续期万能险这一穿着"保险"外衣的理财产品来迅速募集巨额资金,从而收购实业上市公司。这展现的不只是道德风险巨大的保险公司实际控制人在"刀尖上"惊心动魄的舞蹈,更有着实业主体控制金融机构以自利的过程中,对其他实业主体的伤害(控制权争夺影响万科的正常经营),以及置保险公司这一具有多重身份主体(既是具有社会公共性的承担风险补偿责任的保险机构,也是具有严重负外部性的金融机构)的审慎经营于不顾而引发的投保大众利益受损及金融系统性风险。

其次,特殊性则是因为我国保险监管制度的缺陷使得前述问题以不同于美国保险实践业态的方式呈现。具言之,宝万之争发生之际,保监会未能预料到万能险的异化,对万能险的监管主要集中在产品经营方面(保险产品的精算、销售和信息披露的常规层面),对其资金投资未作特殊规定,因此万能险资金运用遵循保险公司普通账户资金投资规则。而我国针对保险公司普通账户资金运用的大类投资比例监管致力于保障保险公司的偿付能力,无法有效约束万能险资金的金融力量滥用。此外,彼时保险公司实际控制人和保险公司治理监管方面的疏漏,催生了"隐性"或绝对控股保险公司的大股东的形成,大股东借由资本多数决可以摆脱公司治理层面的约束,实现对保险资金的"自由支配"。这不仅体现在保险公司大股东借助万能险产品募集用于举牌和收购实业上市公司的资金,更体现在其利用关联交易"反哺"控股股东旗下的其他企业,甚至将保险资金转借其他通道后再用于增资保险公司以进一步强化控制权,这会使保险业最终用于吸收亏损的资本"垫子"荡然无存。

  前述问题的复杂性和特殊性,使得在借鉴域外制度来完善我国保险资金运用监管制度时,需要条分缕析厘清美国保险监管防范保险公司金融力量滥用的实践历史、制度规则及其背后的变迁逻辑,并结合我国的特殊情况思考我国监管制度的完善。宝万之争期间及以后的时间里,保监会加强了对卷入"举牌潮"的万能险监管,包括在资产配置审慎性监管、资金运用、险资举牌的信息披露、规范中短存续期人身保险产品等方面发布了新规定,从而使险资举牌得到一定程度的规范。同时,针对险资举牌、参与并购给保险公司本身带来的风险,以及保险公司沦为实际控制人的"钱袋子"现象,从保险公司资金运用和股权管理入手,通过严进严出的股东资质审查以及股东不得违规干预保险资金运用等多种角度,尽可能确保保险资金的运用不受股东的负面影响。总体上,无论是从严监管氛围下预防效应,还是针对个别险企顶格处罚的威慑效应,以及执行监管新政的实际约束,的确使得我国保险业中曾经存在的各种乱象得到了一定程度的规范。然而,对于保险资金金融力量防范仍然存有疏漏。我国的保险监管须借鉴域外监管经验,构筑金融与实业适当分离之墙从而防范险资滥用风险。

  第一,在金融与实业分离层面,我国的保险监管在借鉴域外监管经验时只吸收了最新的偿付能力监管,而忽略了其百年保险监管历史过程中沉淀的防范保险公司金融力量滥用的监管制度。美国法下对保险公司表内资金(普通账户)和表外资金(独立账户)的对外投资均有完善的监管措施,无论保险资金因其所对应产品的"证券"属性而纳入保险公司独立账户管理,抑或基于"保险"属性而纳入普通账户管理,其金融力量都会受到相应的监管约束。相较而言,我国保险资金运用监管体系并不完善,防范保险公司独立账户资金金融力量滥用的监管制度尚付阙如,且针对保险公司普通账户下的表内资金投资监管并不能有效约束万能险资金的金融力量滥用。因此,需要反思我国投资型保险产品的本质属性及防范其资金滥用风险的最佳监管路径。既建立起针对保险公司独立账户下的投连险资金金融力量滥用的监管制度，也要完善针对保险公司普通账户下的表内资金投资监管制度，以有效约束保险资金的金融力量滥用，从而实现对我国保险公司表内和表外资金运用的全方位监管，构建完善的保险资金运用监管体系。具言之，针对保险公司普通账户下的表内资金，对其股票投资设置"双重比例限制"，不仅限制保险公司可以用作投资的资产比例，而且约束保险公司可能会积聚起来的对被投资公司的投票权。这可以促成保险资金的分散化投资，从而有效防范巨额保险资金集中投资所带来的过度控制实业风险。此外，由于从产品属性上看，我国的投连险与异化了的万能险，本质上均具有"证券"投资属性；而且投连险独立账户资金以及万能险单独账户资金的具体运作与证券投资基金无异。因此，对于保险公司独立账户下的表外资金，可以在功能性监管理念下，扩大我国《证券法》上的"证券"概念，将归属"证券"序列的投资型保险纳入证券监管体系；相应地，经营该类投资型保险产品的资金账户就属于"投资基金"，可以适用证券投资基金的对外投资监管规则，从而约束保险公司金融力量滥用。

　　第二，在实业与金融分离层面，我国市场上出现的实业主体控制金融机构来实现实际控制人的意图具有特殊性。具言之，宝万之争中保险公司实际控制人利用保险资金收购上市公司，体现了实业利用金融业的特殊方式，其围绕产融关系展开，与金融机构股东掏空公司这一惯常的利用方式不同。美国《保险控股公司示范法》对保险公司股东的监管重心只在于约束股东掏空公司，那么，为防范我国出现的实业经营主体控制金融机构之后利用其充沛的现金流对外收购实业上市公司，需要"双管齐下"：一是保险资金对外投资端的管控，二是规范金融机构股权结构和股东。对于后者，虽然我国没有保险控股公司法，但可以通过分散立法的方式来监管保险公司控制权的取得、保险公司及其控制主体之间的关联交易，从而防止滥用保险公司控制权。宝万之争后，监管政策强化对保险公司健全公司治理、完善内控机制的要求，严控大股东行为，这间接达到了约束保险公司资金投资行为的目的；但在保险公司股权集中度和分红约束方面存在诱发保险公司治理问题和险资滥用风险，未来监管制度应对此予以完善。

参考文献

一、中文文献

（一）著作

[1]《保险法论文（第二集）》(增订四版)，政治大学学报报业书 1988 年版。
[2] 陈文辉等：《保险资金股权投资问题研究》，中国金融出版社 2014 年版。
[3] 陈文辉等：《新常态下中国保险资金运用研究》，中国金融出版社 2016 年版。
[4] 陈文辉等：《中国寿险业经营规律研究：费用、盈亏平衡、资本需求》，中国财政经济出版社 2008 年版。
[5] 邓成明等：《中外保险法律制度比较研究》，知识产权出版社 2002 年版。
[6] 丁昶、李汉雄主编：《投连险和万能保险的原理与监管》，中国财政经济出版社 2009 年版。
[7] 傅延中：《保险法学》，清华大学出版社 2015 年版。
[8] 江朝国：《保险业之资金运用》(修订一版)，财团法人保险事业发展中心 2003 年版。
[9] 金涛：《保险资金运用的法律规制》，法律出版社 2012 年版。
[10] 廖世昌、郭姿君、洪佩君：《保险监理实务》(修订二版)，元照出版社 2017 年版。
[11] 刘喜华、杨攀勇、宋媛媛：《保险资金运用的风险管理》，中国社会科学出版社 2013 年版。
[12] 刘喜华等：《保险资金运用的风险管理》，中国社会科学出版社 2013 年版。
[13] 刘宗荣：《保险法》，三民书局 1997 年版。
[14]〔美〕马克·J. 洛：《强管理者 弱所有者：美国公司财务的政治根源》，郑文通等译，上海远东出版社 1999 年版。
[15]〔美〕克利夫德·E. 凯尔什主编：《金融服务业的革命——解读银行、共同基金及保险公司的角色转换》，刘怡、陶恒等译，西南财经大学出版社 2004 年版。
[16] 孟龙：《中国保险监管国际化问题研究》，中国金融出版社 2004 年版。
[17] 孟昭亿：《保险资金运用国际比较》，中国金融出版社 2005 年版。
[18] 沈烈：《保险公司资产负债管理》，经济科学出版社 2009 年版。
[19] 申曙光等：《中国保险投资问题研究》，广东经济出版社 2002 年版。
[20] 石人仁：《美国金控法制与实务》，台湾金融研训院 2004 年 9 月出版。
[21] 孙祁祥等：《中国保险业：矛盾、挑战与对策》，中国金融出版社 2000 年版。
[22] 魏巧琴：《保险投资风险管理的国际比较和中国实践》，同济大学出版社 2005 年版。
[23] 王文宇：《新金融法》，中国政法大学出版社 2003 年版。
[24] 王文宇主编：《金融法》，元照出版社 2014 年版。
[25] 谢平、蔡浩仪：《金融经营模式及监管体制研究》，中国金融出版社 2003

年版。

[26] 谢易宏：《企业与金融法制的昨是今非》，五南图书出版社 2008 年 4 月版。

[27] 熊海帆：《大资管时代保险资金运用监管创新》，经济科学出版社 2015 年版。

[28] 郑玉波著，刘宗荣修订：《保险法论》（修订八版），三民书局 2010 年版。

[29] 朱南军：《保险资金运用风险管理研究》，北京大学出版社 2014 年版。

（二）论文

[1] 陈明珠：《保险业资金参与并购之法律相关问题》，台北大学 2006 年硕士学位论文。

[2] 陈斐纹：《美国金融服务业现代化法案之内容及其影响》，载《"中央银行"季刊》2000 年第 1 期。

[3] 陈惟龙：《保险资金之运用与公司治理》，台湾大学 2006 年硕士学位论文。

[4] 杜墨：《英国保险资金的运用、监管及其借鉴》，载《保险研究》1999 年第 4 期。

[5] 费安玲、王绪瑾：《保险投资监管法律问题的思考》，载《北京商学院报》2000 年第 1 期。

[6] 郭金龙、胡宏兵：《我国保险资金的运用的问题、原因及政策建议》，载《中国保险报》2009 年第 6 期。

[7] 郭婷冰：《穿透安邦资本魔术》，载《财新周刊》2017 年 5 月 1 日。

[8] 郭宪勇、罗桂连：《保险资金运用管理创新的着力点》，载《中国金融》2013 年第 20 期。

[9] 胡良：《偿付能力与保险资金运用监管》，载《保险研究》2014 年第 11 期。

[10] 胡鹏：《险资举牌上市公司法律监管规则的反思与完善》，载《商业研究》2017 年第 9 期。

[11] 胡颖：《保险资金入市的投资风险及监管》，载《经济学家》2000 年第 5 期。

[12] 黄敬哲：《我国金控跨业经营规范检讨——以金控公司为重心》，载《月旦法学》2007 年第 144 期。

[13] 江崇光、王君、姚庆海：《中国万能险问题研究及监管策略》，载《山东社会科学》2018 年第 4 期。

[14] 江瑞雄：《寿险业兼营投资型保险之研究》，淡江大学 2002 年硕士学位论文。

[15] 李伟群、胡鹏：《保险机构股票投资行为的法律规制——以"金融与商业分离原则"为视角》，载《法学》2018 年第 8 期。

[16] 李桐豪：《由美国金融服务业现代化法看台湾地区的金融控股公司法》，载《台湾金融财务季刊》2001 年第 2 期。

[17] 李奕逸：《论投资型保险保险人义务之建构》，台湾大学 2009 年硕士学位论文。

[18] 林义:《论保险资金运用的风险控制》,载《保险研究》2002 年第 9 期。

[19] 林盟翔:《金融控股公司监理法制之探讨与发展动向》,中正大学 2004 年硕士论文。

[20] 林盟翔:《金融服务业横向整合之困难与挑战》,载《中正财经法学》2010 年 1 月创刊号。

[21] 刘连煜:《金融控股公司监理之原则:金融与商业分离》,载《律师杂志》第 333 期。

[22] 刘生月:《从资产管理的角度看保险公司负债经营》,载《中国保险资产管理》2017 年第 5 期。

[23] 刘新立:《我国保险资金运用渠道的拓宽及风险管理》,载《财经研究》2004 年第 9 期。

[24] 刘燕:《大资管"上位法"之究问》,载《清华金融评论》2018 年第 4 期。

[25] 刘燕:《万科挑战宝能资管计划:监管层有苦难言》,载北大金融法研究中心微信公众号。

[26] 陆磊、王颖:《金融创新、风险分担与监管:中国转轨时期保险资金运用的系统性风险及管理》,载《金融研究》2005 年第 6 期。

[27] 罗惠雯:《金融控股公司转投资之法制研究——以投资非金融事业为主轴》,东吴大学 2006 年硕士学位论文。

[28] 龙卫洋:《保险投资基金——保险资金运用的新道路》,载《上海保险》1999 年第 6 期。

[29] 邱皇锜:《金融机构跨业经营之研究——以金融控股公司为中心》,台湾中国文化大学 2006 年硕士学位论文。

[30] 任燕珠:《试析我国保险资金运用法律监管制度的完善》,载《学术探索》2007 年第 1 期。

[31] 阮品嘉:《金融跨业经营法治上的选择及其业务规范》,载《月旦法学》2003 年第 92 期。

[32] 施敏雄:《利益冲突与美国银行、证券业务分离的规定》,载《台湾经济金融月刊》1992 年第 28 卷第 6 期。

[33] 孙赫:《美国保险资金股票投资监管研究》,北京大学 2017 年硕士学位论文。

[34] 隋学深,奚冬梅:《保险公司偿付能力和保险资产风险联动监管机制研究》,载《上海金融》2013 年第 1 期。

[35] 田静:《我国人身保险新型产品的投资功能属性及法律框架》,载《比较》2016 年第 85 期。

[36] 吴杰:《中短存续期万能险资金运用特点、风险防范与配置建议》,载《中国保险》2016 年第 10 期。

[37] 谢平、杨硕:《中国金融监管改革的 20 个热点问题》,载《新金融评论》2017 年第 4 期。

[38] 谢易宏:《简介美国 1995 年金融服务业竞争法案》,载《证券管理》1995 年 5 月第 13 卷第 5 期。

[39] 徐敦盈:《也谈恩隆效应,正视金融业跨业经营与金融控股公司监理》,载《台湾经济研究月刊》2002 年第 25 卷第 6 期。

[40] 徐高林、郭盈盈:《巴菲特保险资金运用模式探究》,载《中国保险》2017 年第 2 期。

[41] 许纹瑛:《金融控股公司之法治建构——以美日比较法观点评析台湾地区相关规定》,私立中原大学 2001 年硕士学位论文。

[42] 叶颖刚:《保险资金频繁举牌面临的风险及对策研究》,载《保险市场》2016 年第 3 期。

[43] 杨枫、薛逢源:《保险资金运用与最优监管比例——分红险资产负债管理模型探讨》,载《保险研究》2014 年第 10 期。

[44] 杨华柏:《把好保险资金运用拓渠增效的安全阀》,载《中国金融》2011 年 17 期。

[45] 杨敬先:《商业银行投资股票之规范》,台湾"中央"大学 1999 年硕士学位论文。

[46] 杨明生:《对保险资金运用与监管的思考》,载《保险研究》2008 年第 8 期。

[47] 杨秦海:《在金融控股公司架构下如何防范银行安全网遭滥用》,政治大学 2005 年硕士学位论文。

[48] 杨秦海:《台湾地区金融机构转投资相关问题探讨》,载《"中央银行"季刊》2008 年 6 月第 30 卷第 2 期。

[49] 曾彦硕:《金融与商业分离原则——金融控股公司转投资非金融事业相关问题探讨》,中国文化大学 2009 年论文。

[50] 张冠群:《台湾投资型保险商品分离账户法律规范之检验—理论与比较法之观察》,载《政大法学评论》2009 年 6 月总 109 期。

[51] 张敬国:《中国寿险资产配置的宏观分析》,载《新金融评论》2018 年第 1 期。

[52] 张佳康、李博:《证保分业及险资股票投资的分水岭——基于 1905 年美国阿姆斯特朗调查报告的研究探索》,载《证券市场导报》2018 年第 2 期。

[53] 张立秋:《现行保险法对于保险业投资于证券之分析》,政治大学 1991 年硕士学位论文。

[54] 张素敏、孙伊展:《保险资金举牌上市公司股票的现状、问题及政策建议》,载《北京金融评论》2016 年第 2 辑。

[55] 张巍:《从美国经验剖析:万能险究竟是不是证券?该如何监管?》,载《新财富杂志》2016 年 12 月 16 日。

[56] 周伏平:《美国保险监督官协会的 RBC 管窥》,载《精算通讯》2000 年第 2 卷第 4 期。

[57] 朱波:《对保险资金运用的探讨》,载《天津金融月刊》1987 年第 9 期。

[58] 祝杰:《我国保险监管体系法律研究——以保险资金运用为视角》,吉林大学 2011 年博士学位论文。

[59] 庄书雯:《金融机构跨业经营防火墙制度研究—以金融控股公司为中心》,台湾大学 2012 年硕士学位论文。

[60] 卓俊雄、唐明曦:《投资型保险契约中投资属性之再省思——以美国法的经验为核心》,载《朝阳商官评论》2011 年 6 月第 10 卷第 1 期。

(三) 报告

[1] 王文宇、余雪明:《银行跨业经营之法制研究》,台湾地区行政部门经济建设委员会委托专案研究报告,台北,2000 年 11 月。

[2] 吴晓灵、王忠民:《主报告:规范杠杆收购,促进经济结构调整》;《子报告 5:杠杆收购资金组织方式的法律框架》;《子报告 6:关于保险资金参与企业并购》。

[3] 张真尧、龚昶元主持:《美国银行控股公司法及其重要判例之研究》,台湾地区行政部门科学委员会辅助专题研究计划成果报告,2000 年 10 月。

[4]《2018 中国金融稳定报告》。

二、英文文献

(一) 书籍

[1] Alan Gart, *Regulation, Deregulation, Reregulation: The Future of the Banking, Insurance, and Securities Industries*, Wiley, 1994.

[2] Clifford E. Kirsch, *Variable Annuity and Variable Life Insurance Regulation* (Second Edition), Practising Law Institute, 2017.

[3] Davis E. Philip, *Prudent Person Rules or Quantitative Restriction? The Regulation of Long-term Institutional Investors' Portfolios*, Cambridge University Press, 2002.

[4] David Lynch, *The Concentration of Economic Power*, Columbia University Press, 1946.

[5] Ellis W. Hawley, *The New Deal and the Problem of Monopoly: A Study in Economic Ambivalence*, Princeton University Press, 1966.

[6] Eversheds Sutherland, *Insurance Regulation Answer Book (2017-2018 Edition)*, Practising Law Institute, 2018.

[7] Herbert Sidney Denenberg, Spencer L. Kimball, *Insurance, Government, and Social Policy: Studies in Insurance Regulation*, Irwin, 1969.

[8] Howard M. Zaritsky, Stephen R. Leimberg, *Tax Planning with Life In-*

surance: *2002 Financial Professionals' Edition*, Warren Gorham and Lamont, 2002.

[9] John S. Pruitt, Cynthia R. Shoss and Justin Kitchens, *Insurance Regulation Answer Book*, Practising Law Institute, 2016.

[10] Kenney R., *Fundamentals of Fire and Casualty Insurance Strength* (3rd), The Kenney Insurance Studies, 1957.

[11] Lawrence D. Jones, *Investment Policies of Life Insurance Companies*, Harvard University, 1968.

[12] Peter M. Lencsis, *Insurance Regulation in the United States: An Overview for Business and Government*, Praeger, 1997.

[13] Raymond A. Guenter and Elisabeth Ditomassi, *Fundamentals of Insurance Regulation: The Rules and the Rationale*, American Bar Association, 2017.

[14] Ross Cranston, *Principles of Banking Law*, Oxford University Press, 2002.

(二) 论文

[1] Adam Nguyen and Matt Watkins, "Financial Service Reform", *Harvard Journal on Legislation*, Vol. 37, 2000.

[2] A. H. Bailey, "On the Principles on Which Funds of Life Assurance Societies Should Be Invested", *The Journal of the Institute of Actuaries*, Vol. 10, 1862.

[3] Alan Lazarescu and Harold Leff, "Universal Life Insurance: Legal, Regulation and Actuarial Aspects", *The Forum (American Bar Association. Section of Insurance, Negligence and Compensation Law)*, Vol. 17, No. 4, 1982.

[4] Babbel D. F. and Arthur B. H., "Incentive Conflicts and Portfolio Choice in the Insurance Industry", *Journal of Risk and Insurance*, Vol. 59, No. 4, 1992.

[5] Black F. and Scholes M., "The Pricing of Options and Corporate Liabilities", *Journal of Political Economy*, Vol. 81, No. 3, 1973.

[6] Boe W. Martin, "The Status of the Variable Annuity as a Security: a Lesson in Legal Line Drawing", *Ohio State Law Journal*, Vol. 30, 1969.

[7] Christine E. Blair, "The Mixing of Banking and Commerce: Current Policy Issues", *FDIC Banking Reviews*, Vol. 16, 2004.

[8] Calvin Crumbaker, "Note on Concentration of Economic Power", *Journal of Political Economy*, Vol. 50, No. 6, 1942.

[9] Carl Felsenfeld and Genci Bilali, "Business Divisions from the Perspective of the US Banking System", *Houston Business & Tax Law Journal*, Vol. 66, 2003.

[10] Chris Brummer, "Disruptive Technology and Securities Regulation", *Fordham Law Review*, Vol. 84, 2015.

[11] "Commingled Trust Funds and Variable Annuities: Uniform Federal Regu-

lation of Investment Funds Operated by Banks and Insurance Companies", *Harvard Law Review*, Vol. 82, 1968.

[12] Daniel P. O'Brien and Steven C. Salop, "Competitive Effects of Partial Ownership: Financial Interest and Corporate Control", *Anti-trust Law Journal*, Vol. 67, 2000.

[13] David L. Glass, "The Gramm-Leach-Bliley Act: Overview of the Key Provisions; Presentation before the State of New York Banking Department", *New York Law School of Human Rights*, Vol. 17, 2000.

[14] Day J. Edward., "A Variable Annuity Is an Annuity", *Insurance Law Journal*, Vol. 12, 1955.

[15] Douglas I. Friedman, "Universal Life Product Development and Tax Aspects", *Cumberland Law Review*, Vol. 13, No. 3, 1982-1983.

[16] E. A. M., Jr., V., "Variable Annuity—Security or Annuity?", *Virginia Law Review*, Vol. 43, No. 5, 1957.

[17] Edward A. Mearns, "The Commission, the Variable Annuity, and the Inconsiderate Sovereign", *Virginia Law Review*, Vol. 45, No. 6, 1957.

[18] "Federal and State Regulation of the Variable Annuity", *Minnesota Law Review*, Vol. 44, 1959.

[19] Frankel F., "Risk and Value at Risk", *European Management Journal*, Vol. 14, 1996.

[20] Harrington S. E. and Nelson J. M., "A Regression-Based Methodology for Solvency Surveillance in the Property Liability Insurance Industry", *Journal of Risk and Insurance*, Vol. 53, No. 4, 1986.

[21] Homer Jones, "Investment in Equities by Life Insurance Companies", *The Journal of Finance*, Vol. 5, No. 2, 1950.

[22] Jay B. Gould, "Unit Investment Trusts: Structure and Regulation under the Federal Securities Laws", *Business Lawyer (ABA)*, Vol. 43, No. 4, 1987-1988.

[23] Joanne M. Derrig, "Regulating Transactions Between Affiliates: A Comparison of the NAIC Model Insurance Holding Company Law with Its Federal Banking Law Counterparts", *Journal of Insurance Regulation*. Vol. 3, Issue 4, 1985.

[24] John Krainer, "The Separation of Banking and Commerce", *Federal Reserve Bank of San Francisco Economic Review*, 2000.

[25] J. Bradford De Long, "J. P. Morgan and His Money Trust", *Wilson Quarterly*, Vol. 16, No. 4, 1992.

[26] John R. Dunne, "Intercompany Transactions within Insurance Holding Companies", *The Forum of American Bar Association (Section of Insurance*, Neg-

ligence and Compensation Law), Vol. 20, No. 3, 1985.

[27] J. Virgil Mattingly, Keiran J. Fallon, "Understanding the Issues Raised by Financial Modernization", *North Carolina Banking Institute*, Vol. 2, 1998.

[28] Lintner J., "The Valuation of Risk Assets and the Selection of Risky Investments in Stock Portfolios and Capital Budgets", *The Review of Economics and Statistics*, Vol. 47, No. 1, 1965.

[29] Lissa L. Broome and Jerry W. Markham, "Banking and Insurance: Before and After the Gramm-Leach-Bliley Act", *Journal of Corporation Law*, Vol. 25, Issue 4, 1999.

[30] Markowitz H., "Portfolio Selection", *The Journal of Finance*, Vol. 7, No. 1, 1952.

[31] Merton R. C., "Theory of Rational Option Pricing", *Bell Journal of Economics and Management Science*, Vol. 4, No. 1, 1973.

[32] Michaelsen J. B. and Goshay R. C., "Portfolio in Financial Intermediaries: A New Approach", *Journal of Financial and Quantitative Analysis*, Vol. 2, 1967.

[33] Milton S. Wolke, "Curing the Cure—Insurance Holding Companies," *The Forum of American Bar Association*, Section of Insurance, *Negligence and Compensation Law*, Vol. 6, No. 2, 1971.

[34] Mossin J., "Equilibrium in a Capital Assets Market", *Econometrica*, Vol. 34, No. 4, 1966.

[35] Nancy R. Guller, "The Separation of Banking from Commerce: the Nonbank Bank Dilemma", *7 Annual Review of Banking Law*, Vol. 7, 1988.

[36] Nance Mark E. & Singhof Bernd, "Banking's Influence over Non-bank Companies after Glass-Steagall: A German Universal Comparison", *Emory International Law Review*, Vol. 14, 2000.

[37] Orson H. Hart, "Life Insurance Companies and the Equity Capital Markets", *Journal of Finance*, Vol. 20, 1965.

[38] Patrick Conlon, "Grandfathered into Commerce: Assessing the Federal Reserve's Proposed Rules Limiting Physical Commodities Activities of Financial Holding Companies", *North Carolina Banking Institute*, Vol. 22, 2018.

[39] R. Goldman, "The Development of the Prudent Man Concept in Relation to Pension Funds", *Journal of Pensions Management*, Vol. 6, No. 3, 2000.

[40] Richard G. Shectman, "New Concepts in Life Insurance Planning Universal Life", *Cumberland Law Review*, Vol. 13, No. 2, 1982-1983.

[41] Robert E. Schultz and Raymond G. Schultz, "The Regulation of Life In-

surance Company Investments", *Journal of Risk and Insurance*, Vol. 27, No. 4, 1960.

[42] Robert K. E., "The Federal Deposit Insurance Fund That Did not Put a Bite on Taxpayers", *Journal of Banking and Finance*, Vol. 20, No. 8, 1996.

[43] Sharpe W. F., "Capital Asset Price: A Theory of Market Equilibrium under Conditions of Risk", *The Journal of Finance*, Vol. 19, No. 3, 1964.

[44] Stephen E. Roth, Susan S. Krawczyk and David S. Goldstein, "Reorganizing Insurance Company Separate Accounts under Federal Securities Laws", *The Business Lawyer*, Vol. 46, No. 2, 1991.

[45] Stephen P. D'Arcy and Keun Chang Lee, "Universal Variable Life Insurance Versus Similar Unbundled Investment Strategies", *The Journal of Risk and Insurance*, Vol. 54, No. 3, 1987.

[46] Susan E. Dew, "The Insurance Holding Company Systems Regulatory Act—What dose the Future Hold?", *Journal of Insurance Regulation*, Vol. 2 Issue 1, 1983.

[47] Symons, Edward L. "The Business of Banking in Historical Perspective", *George Washington Law Review*, Vol. 51, 1983.

[48] Spencer L. Kimball and Barbara P. Heaney, "Emasculation of the McCarran-Ferguson Act: A Study in Judicial Activism", *Utah Law Review*, Vol. 1, 1985.

[49] Tamar Frankel, "Variable Annuities, Variable Insurance and Separate Accounts", *Boston University Law Review*, Vol. 51, No. 2, 1971.

[50] Tamar Frankel, "Regulation of Variable Life Insurance", *Notre Dame Law*, Vol. 48, No. 5, 1973.

[51] "The Classification and Regulation of Variable Annuities", *Minnesota Law Review*, Vol. 42, 1958.

[52] Treynor J. L., "How to Rate Management of Investment Funds", *Harvard Business Review*, Vol. 43, No. 1, 1965.

[53] William J. Wise, "Regulation of Business: Securities Act of 1933: SEC Loses Fight to Regulate Variable Annuity", *Michigan Law Review*, Vol. 56, No. 4, 1958.

[54] W. M. F., "The Insurance Holding Company Phenomenon and the Search for Regulatory Controls", *Virginia Law Review*, Vol. 56, No. 4, 1970.

(三) 报告

[1] "Financial Restructuring, Leach Circulates GAO Study Criticizing Mixing of Banking and Commerce", *Banking Policy Report*, April 7, 1997.

[2] G. Dickinson, "Issues in the Effective Regulation of the Asset Allocation of

Life Insurance Companies," In Blommestein, H. and Funke, N. (eds), *Institutional Investors in the New Financial Landscape*, Paris: OECD (1998).

[3] "Regulation of Insurance Company and Pension Fund Investment", *OECD Report to G20 Finance Ministers and Central Bank Governors*, 2015.

[4] "The Rise and Fall of the Executive Life Empire is Chronicled in Wishful Thinking: A World View of Insurance Solvency Regulation," *A Report by the Subcommittee on Oversight and Investigations of the House Committee on Energy and Commerce*, (Committee Print 103-R Oct. 1994).

后 记

后 记

时光如梭,上一次对书稿的修改还是在五年前博士论文预答辩之后。同样是农历年这个节点,在举国同庆、家人团聚之际,而我需要宅京改文稿。同样事关重大,上一次为毕业,这一次为前程。只不过,这一次的成稿变成铅字后不再只是送交学位论文室作馆藏,而是还要面众接受学界同仁评判,因此也倍加小心,尽自己所能去完善内容。

人对于未知的恐惧搭配追求完美的心态后,基本上等于画地为牢。在重新梳理了博士论文完成至今的保险监管政策、行业实践、学界研究之后,发现内容上修改的工作量尚且可控,内心压力稍得缓释。但整体内容改完,日益增长的学术审美与五年前青涩文笔之间的矛盾变成了最大的内耗。于是,在反复的自我批判与毕竟是"亲生"的自我宽慰中完成了形式修改。

重读自己付出心血的文字,思绪难免穿越到曾经。那些去北大保险学院听课、在伯克利法学院图书馆踩着梯子找书架上尘封已久的美国保险监管历史藏书、每天靠三杯咖啡撑过在法图一隅长达数月的闭关写作、夜晚经过空寂的未名湖边冷风袭来眼泪划过脸颊的苦楚,以及最终答辩通过时内心的骄傲与成就感……历历在目。我想,所有的辛苦,终究会值得。磨炼的意志会沉淀为一生的精神财富,也期待留下来的文字能为这个小众领域的研究贡献知识增量。

这本小书凝结了博士四年加工作五年的心智成果,能够面世离不开师长、领导同事、朋友家人的悉心支持。首先要感谢我的博导刘燕教授,博学儒雅,严谨仁爱。她传授给我扎实且前沿的知识储备,让我走上工作岗位后依旧受益;她教给我的法律与会计交叉研究方法,让我对研究问题能够多视角分析,从而有更加贴近本质的认知;她始终高涨的学术热情和对问题研究的透彻惊艳,令人折服且让我明白了做学问该有的态度和持守。恩师长久以来的鼓励和支持,是我前行最大的温暖和底气。

感谢赵磊教授,不仅是我论文写作的启蒙老师,也是坚守学术道路的良师益友。2017年的春季学期,那时候我先生在对外经贸大学读博,恰巧赵老师给他们开论文写作课,于是一整个学期的跨城旁听学艺开启了师生缘。除了"术"的层面,所获的秘籍在于:学习哲学锻炼思辨能力,勤写多练提升写作能力。这恐怕也是我博士毕业之际论文成果至少能在量上取胜的重要原因。此后的时间里,感谢赵老师的鼎力支持、帮助和给予的锻炼机会,让我拓展了认知与格局,见识了学术生态的多样性,从而定位适合自己的路径,并努力坚守。

在北大求学读书的日子依旧是生命里汲取养分最多的美好时光。感谢经济法专业的张守文老师、郭雳老师、甘培忠老师、刘剑文老师、蒋大兴老师、邓峰老师、彭冰老师、叶姗老师和洪艳蓉老师。老师们的传道授业解惑，给予了我前行路上的知识铠甲；老师们为人师长的风范和责任心，更是我学习的榜样。愿未来能够砥砺前行，不负栽培！

感谢中财法学院的领导和同事，支持我的工作和发展，能在自己喜欢的平台上逐梦是件难得且幸福的事情。感谢戴乐师姐，传授经验和鼎力相助的同门情谊令人感动。感谢我的诸多闺蜜和朋友们，多年的姐妹情分与深厚友谊是距离隔不断的心灵滋养与温暖。感谢北京大学出版社的王晶老师和张新茹老师，是她们的辛勤付出让本书得以问世。

要特别感谢我的人生伴侣涂先生，他理解我的选择、包容我的个性、支持我的决定、成全我的梦想，让我努力时没有后顾之忧，疲惫时有停歇的港湾。感谢我的父母，给予了我无限的爱和自由成长的环境，永远是我坚实的后盾。感谢我的亲弟弟，是我无话不谈的好友，求学在外的远程陪伴，让我感受到了无条件的爱。感谢我"并表"的爸妈，待我犹如亲女儿，让我多了一份未曾期待但却真实存在的呵护与温暖。

最后，愿自己努力成长为可以遮风挡雨的乔木，回报恩师、家人和朋友，不负此生来人间一趟！

2024 年 2 月于北京